Languages and Cultures of the Russian Far East

Kulturstiftung Sibirien

Т. Д. Булгакова

Камлания нанайских шаманов

Verlag der Kulturstiftung Sibirien
SEC Publications

Bibliografische Informationen der Deutschen Nationalbibliothek:
Die Deutsche Nationalbibliothek verzeichnet diese Publikation in der Deutschen
Nationalbibliografie: detaillierte bibliografische Daten sind im Internet über
<http://dnb.d-nb.de> abrufbar.

Kulturstiftung Sibirien | Фонд культуры народов Сибири
SEC Siberian Ecologies and Cultures Publications

Серия: Языки и культуры народов Дальнего востока России
Нанайский язык и культура т. 2 / отв. редактор серии: Э. Кастен

Татьяна Булгакова
Камлания нанайских шаманов
Ответственный редактор Эрих Кастен

Запись камланий, составление, исследование, фотографии –
Татьяна Диомидовна Булгакова

Транскрибирование и перевод камланий – Алла Кисовна Бельды, Гара Кисовна Гейкер, Лингдзе Ильтунгаевна Бельды, Мария Васильевна Бельды, Минго Чусембовна Гейкер, Николай Петрович Бельды, Раиса Алексеевна Бельды, Татьяна Диомидовна Булгакова.

Редактирование нанайского текста и перевода камланий –
Раиса Алексеевна Бельды.

Рецензенты – доктор исторических наук Надежда Васильевна Лукина; кандидат социологических наук, PhD (University of Aberdeen), Владимир Николаевич Давыдов.

Рисунок обложки – Галя Оненко, с. Троицкое.

В основанном на полевых материалах монографическом исследовании анализируются выраженные в камланиях представления нанайских шаманистов о болезни и лечении, о зависимости человека от родовых духов и о странствиях души по родовым духовным территориям. Исследование иллюстрируется записанными от шаманов в естественной ситуации и публикуемыми на нанайском языке текстами камланий с параллельным переводом их на русский язык. Книга предназначена для культурологов, этнографов, филологов и всех интересующихся шаманской культурой народов Дальнего Востока России.

ISBN: 978-3-942883-25-2
Herstellung: Books on Demand GmbH, Norderstedt
Alle Rechte vorbehalten
Printed in Germany

© 2016 Kulturstiftung Sibirien   © Autoren / Авторы

Предисловие[1]

Как во многих частях мира, так и на Дальнем Востоке России, языки и культуры коренных народов находятся под угрозой исчезновения. И все же удивительно, как нанайцам, живущим на реке Амур, вопреки сталинским преследованиям шаманов, а позднее советской политики в отношении языков коренных народов, смогли сохранить большую частью традиционных знаний до 1980-х годов, когда Татьяна Булгакова начинала свои первые полевые работы. С 1990-х годов в связи с трудностями перестройки общественный и государственный интерес к сохранению языков и традиционных знаний коренных народов был отодвинут на задний план, так как на первом месте стояли первостепенные задачи, а именно, реорганизация и модернизация экономических основ.

Все же благодаря большому стремлению местного населения сохранить свою культуру в те трудные времена, а также тесному сотрудничеству с Татьяной Булгаковой появились данные документы, фиксирующие тексты камланий. Это был тот особый счастливый случай, когда опытный и компетентный исследователь-специалист смог вовремя подхватить этот интерес и распознать срочность данной работы. Благодаря чуткому подходу Булгакова смогла завоевать доверие местного населения, которое в последующие годы подтверждалось и углублялось. Таким образом носители традиционных знаний раскрывали и такие чувствительные сферы как шаманские ритуалы, что обычно является редким в отношениях с чужими.

Дополнительные благоприятные обстоятельства способствовали тому, что обширный материал, собиравшийся в течение многих лет Татьяной Булгаковой и её местными партнерами, сегодня вновь возвращается к коренному населению – в условиях, когда эти особые знания чаще всего не могут передаваться следующим поколениям привычным образом. В 2007 году состоялось её первое знакомство с Эрихом Кастеном в Санкт-Петербурге, где он находился в связи с подготовкой к выставке «Шаманы Сибири» в Линден-музее города Штутгарта (2008–2009 гг.), в которую Татьяна Булгакова внесла существенный вклад.

Позднее немецкое *Общество по языкам находящихся под угрозой* (*Gesellschaft für bedrohte Sprachen e.V.*) поддержало проект *Фонда культуры народов Сибири* в г. Фюрстенберг/Хавел. Во время пребывания в Фюрстенберге Татьяна Булгакова вместе с Эрихом Кастеном в первую очередь просмотрели большое количество сделанных ею звукозаписей с целью оцифровать выбранные из них по соответствующей архивной технологии, чтобы гарантировать их длительное сохранение и затем подготовить этот материал для использования в разных целях в будущем. Материалы Татьяны Булгаковой были опубликованы в виде двухтомной коллекции нанайских текстов[2] и одновременно монографии[3] по этой же теме на английском языке. Первые примеры будущей

---

1 Вольный перевод с немецкого Тьян Заочной.
2 Наряду с данной книгой также «Нанайские сказки»
   http://www.siberian-studies.org/publications/nanaiskazki_R.html
3 «Nanai Shamanic Culture in Indigenous Discourse»
   http://www.siberian-studies.org/publications/nanaishaman_R.html

цифровой фонотеки-архива уже предоставлены на вебсайте *Фонда культуры народов Сибири*.[1]

Наряду с текстами книга содержит также другой вид возвращения нематериального культурного достояния нанайцев. В прошлом многие – прежде всего, ритуальные – предметы культуры нанайцев попадали в коллекции музеев российских и других мировых метрополий. Одна из таких коллекций фигур, использовавшихся нанайскими шаманами во время лечения, находится в Линден-музее города Штутгарта, где несколько лет тому назад она была показана на упомянутой выставке «Шаманы Сибири». Показанные в книге иллюстрации этих фигур подчеркивают большое значение культурного наследия этого народа и уважение к нему за рубежом. В книге они могут пробудить не только культурную память. Они могут послужить импульсом как молодым людям[2] вообще, так и профессиональным нанайским художникам,[3] чтобы не только сохранять эту часть культурного наследия, но и способствовать ее дальнейшему многостороннему развитию.

Издателю данной серии важно, чтобы ценные и находящиеся под угрозой исчезновения знания – а вместе с тем и культурное многообразие – документировать, и таким образом сохранять для длительного пользования в научных целях, но прежде всего для самого местного населения. Татьяна Булгакова и её помощники данной книгой внесли свой неповторимый и значительный вклад в решение этой задачи.

Эрих Кастен

Раиса Алексеевна Бельды и Вера Чубовна Гейкер

---

1 http://www.kulturstiftung-sibirien.de/sam_76_R.html
2 http://www.kulturstiftung-sibirien.de/vir_233_2_R.html
3 http://www.kulturstiftung-sibirien.de/vir_21_4_R.html

Благодарности

Выражаю глубокую признательность профессору Алиану Супиоту и Самуэлю Джюбу за предоставленную мне возможность работать над этой книгой в интеллектуально стимулирующей и вдохновляющей обстановке Института перспективных исследований в. г. Нант (Nantes Institute for Advanced Study, France). За поддержку моей работы приношу также благодарность проекту "Musique du Gran Nord: Collection des enregistrements musicaux des peuples de l'Arctique" университета Монреаля и особенно участникам этого проекта Торе Геррманн и Натали Фернандо. Особые слова благодарности адресую Роберте Амайон, всегда поддерживавшей мое исследование. Благодарю также за советы и поддержку моих дорогих наставников, друзей и замечательных исследователей культуры коренных народов Сибири Марджори Мандельштам Балцер, Вирджинию Вате, Аймара Вентцела, Пиерса Витебского, Патрицию Грэй, Штефана Дудека, Дэвида Коестера, Александру Лаврилье, Арта Леете, Карину Лукин, Патрика Платета, Хокана Рыдвинга, Анну-Леену Сиикала, Олле Сундструма, Еву Тулуз, Отто Хабека, Валентину Ивановну Харитонову, Михая Хоппала, Флориана Штаммлера.

Пользуюсь случаем выразить свою глубокую признательность своей подруге Раисе Алексеевне Бельды за ее дружескую поддержку и добросовестную и бескорыстную помощь. Поминаю также добрым словом ушедших уже из жизни моих доброжелательных, терпеливых и глубоко заинтересованных в нашем общем успехе помощниц-шаманок Гару Кисовну Гейкер, Лингдзе Ильтунгаевну Бельды и Минго Чусембовну Гейкер, а также помогавших мне с переводами и дававших ценные комментарии к камланиям Николая Петровича Бельды, Каду Ингиривну Киле, Ивана Тороковича Бельды, Марию Васильевну Бельды, Аллу Кисовну Бельды, Чапаку Даниловну Пассар и других информантов, чьи имена приведены в Приложении 2.

Лето 2012 года. Прощание при последней встрече с последней традиционной шаманкой Ольгой Егоровной Киле (1920–2013).

Введение

Шаманство является центральной зоной традиционной нанайской культуры, тем средоточием и центром, в котором сходится и откуда питается самое в ней существенное. Но, несмотря на всю актуальность его изучения, способного дать исследователю ключи к постижению концептуальных основ шаманской культуры, а также вопреки многократным попыткам исследователей проникнуть в его сущность, А. В. Смоляк имела, к сожалению, все основания утверждать в своей книге, что зафиксированные в литературе сведения о нанайском шаманстве фрагментарны и поверхностны (1991: 6).[1] Монография самой Смоляк (1991), содержащая подробный пересказ аудиозаписей нескольких камланий, внесла значительный вклад в изменение этой ситуации, но претендовать на то, чтобы преодолеть ее окончательно, она не могла. Это обстоятельство достойно сожаления, поскольку все еще остающиеся пробелы в наших знаниях о традиционном нанайском шаманстве могут оказаться уже невосполнимыми, так как в последние годы оно фактически прекратило свое существование, оказавшись вытесненным существенно отличающимся от него, так называемым, «неошаманством» с его практикой использования «эклектичных шаманских техник», «освобождённых от культурно-социального контекста» (Харитонова 2004: 26).

Одним из немаловажных препятствий, сдерживающих развитие шамановедения, является та неравномерность, с какой собираемые в полевых условиях данные отражают разные стороны объекта исследования. В силу определенной конфиденциальности, существующей внутри шаманской культуры, доступ к информации о некоторых ее сферах затруднен не только для исследователя, но (еще в большей мере) и для простых шаманистов.[2] Между тем, без знания о засекреченных, а потому менее изученных или даже вовсе неизвестных исследователю сферах шаманской практики проблематичной может оказаться сама возможность постижения ее сути. Кроме того, неравномерность данных о разных сторонах шаманской культуры способна ограничивать исследователя в его стремлении увидеть эту культуру как целостную единую систему и вынуждать его к предпочтению одних и тех же исследовательских тем в ущерб другим. Так, множество работ посвящено шаманскому костюму, бубну, изображениям духов-помощников и другим атрибутам шаманского обряда. Хорошо изучены представления шаманов о мире (о трехчастном его строении), о душе человека, о шаманских и других духах. Достаточно полно описана последовательность действий в шаманских обрядах, особенно в обрядах посвящения. Много внимания уделено также связанной с обрядами посвящения проблеме избранничества в шаманстве. Как определяет это Смоляк (1991: 6), исследователи предпочитают либо описывать внешние стороны шаманских камланий (И. А. Лопатин), либо касаться отдельных частных

---

[1] Подробный обзор литературы по нанайскому шаманству приведен в книге А. В. Смоляк (1999: 5–7).

[2] О различиях в степени информированности разных носителей шаманской традиции говорит хотя бы то обстоятельство, что не только на нанайском языке, но и на языках других коренных народов Сибири и Дальнего Востока информация, получаемая от шаманов и от обычных людей, даже называется по-разному (Симченко 1996. Ч. 1: 10).

вопросов (В. Диосеги), таких как скульптурные изображения духов, отдельные предметы шаманского снаряжения – шапка, металлические зеркала и прочее (1991: 6).

Полевые исследования шаманской культуры осложнены также неодинаковой осведомленностью информантов. Многое из того, что знают посвященные шаманы (*саман*), простым шаманистам (*солги най*) практически неизвестно. Неизвестны простым нанайцам-шаманистам и некоторые из зафиксированных исследователями ценнейших сведений. Так, выдвинутую Штернбергом теорию сексуального избранничества в шаманизме, Смоляк подтвердить не смогла, несмотря на целенаправленные опросы большого числа информантов, в то время как позднее верность и актуальность этой теории была сполна доказана полевыми материалами автора настоящей работы. Другой пример – несмотря на ряд посвященных нанайскому шаманству компетентных исследований, только в 1991 году Анной Васильевной Смоляк впервые была опубликована информация о шаманских потусторонних хранилищах душ и других территориях духовного мира. Это объясняется тем, что шаманы редко говорят о своих шаманских территориях, а большинство простых шаманистов даже не догадывается, как правило, об их существовании. Как пишет Смоляк, представления об этих территориях шаманы «тщательно скрывали» (1991: 139), и когда шаман Моло Онинка рассказал о них, «его односельчане не хотели этому верить (он сам им сказал, что нарушил запрет)» (1991: 139–140).

Еще одна проблема, существенно осложняющая исследование шаманизма, заключается в постоянно стоящем перед исследователем искушении произвольно и порой незаметно для себя интерпретировать его, приспосабливая его к своим собственным убеждениям и к «научному», как он это понимает, мировоззрению. Обращая на это внимание, Дмитрий Анатольевич Функ и Валентина Ивановна Харитонова приходят к неутешительному выводу, что представитель элитарной культуры вряд ли сможет когда-либо достичь адекватности в восприятии традиционной народной культуры и понять ее хранителя. По их словам, неизбежно «исследователь, точнее собиратель материала, пытается воспринять необычный для него пласт культуры через свое представление о явлении, уже, как правило, сложившееся у него под влиянием прочитанного и ранее виденного» (2012: 109). В результате шамановеды обретают такую фактическую базу, оценивая которую Функ и Харитонова получают возможность утверждать, что в настоящее время адекватность шамановедческих исследований «более чем проблематична». Проблематична она потому, что материалы «шаманских камланий и иных шаманских действ собраны в незначительном количестве», и что «они далеко не самого хорошего качества». Кроме того, как они утверждают, «описания камланий и иных шаманских действ делались, как правило, не в естественной ситуации (в лучшем случае собиратель сначала наблюдал камлание, а потом старался записать увиденное или просил "пересказать" происшедшее) и часто даже не от самих шаманов, а от тех, кто "подшаманивал" или просто был сторонним наблюдателем. Это означает, что в распоряжении исследователя, поставившего себе цель понять такие формы как "шаман" и "шаманство", очень мало шансов оценить их достоверно при изучении только по имеющимся записям и поверхностным наблюдениям» (Функ, Харитонова 2012: 129).

Тем не менее, утверждения Функа и Харитоновой все же излишне пессимистичны. Некоторые из опубликованных шамановедческих трудов содержат не просто «адекватные», но замечательно глубокие по содержанию сведения. Достаточно указать хотя бы на труды С. М. Широкогорова (1919; 1935). Кроме того, несмотря на то, что публикаций текстов камланий действительно крайне мало, они все же есть. Например, это публикация якутских шаманских текстов известного этнографа А. А. Попова с предисловием Р. И. Бравиной и В. В. Илларионова (2008), в которой впервые представлен полный текст более чем тридцати шаманских камланий, записанных в бывшем Вилюйском округе в 1922–1925 годах на якутском языке с параллельным переводом их на русский язык. И все же острая потребность в аналогичных работах, в публикации текстов камланий, записанных исследователями в естественной ситуации, несомненно остается. Только в случае, если мы будем иметь достаточное количество тщательно документированных конкретных материалов, у нас отпадут причины называть шаманизм труднодоступным для изучения или даже в принципе неисследуемым. Причем, центральное место в формировании таких материалов должны занимать не только информативные интервью, но также, а может быть, и в первую очередь, аудиозапись с последующей расшифровкой текстов камланий. Именно в камланиях неизбежно затрагиваются различные секретные шаманские темы, исключенные из дискурса с непосвященными носителями шаманской традиции; и возможно, что именно работа Смоляк над текстами камланий позволила ей выйти на информацию о тех же шаманских территориях и о других важных вопросах, ранее не упоминавшихся ее предшественниками. Только строго задокументированные и достаточные по объему конкретные материалы можно считать той основой, той фактической базой, на которой единственно возможным становится строить объективное исследование. В противном случае «исследование» может свестись к свободным рассуждениям по поводу шаманства, далеким от позитивной фиксации действительно совершающихся процессов и от поиска реально действующих закономерностей. Иными словами, оно может свернуть на тот бесперспективный путь, о котором собственно и предостерегают нас Функ и Харитонова.

Основывавшийся на многолетних традициях институт традиционного шаманства, до недавнего еще времени мог служить исследователю надежным источником для создания соответствующей документальной исследовательской базы. К сожалению, в результате стремительных социорелигиозных трансформаций последнего времени он утрачивается. По данным В. И. Харитоновой, в отдельных районах Сибири традиционное шаманство сохранялось до середины 1980-х годов (2009: 148), но среди нанайцев мне пришлось наблюдать его несколько дольше – до середины 1990-х годов. В 1993–1997 годы стали уходить из жизни наиболее активные шаманы. Лишь после того, как в условиях явного периода «тишины», то есть, после прекращения традиционной шаманской практики, когда прерванность традиции окончательно закрепилась, с середины 2000-х явился неошаманизм с его заимствованными эклектичными техниками.

Публикуемые в настоящей книге тексты камланий записывались от нанайских шаманов в 1981–1994 годах. Фактически полевая работа проводилась в

1980–2014 годы, то есть, более тридцати лет, но во время двух полевых сезонов 1980 года (лето и поздняя осень) исследованием шаманизма я еще не занималась, а после 1994 года не присутствовала более ни на одном камлании.[1] Мои записи камланий пришлись на годы, когда, несмотря на плоды советского периода культурных трансформаций, среди старшего поколения продолжала стойко держаться немногочисленная группа шаманистов, живущая все еще захватывавшими их событиями шаманской практики. Соответствие того состояния шаманизма, который я наблюдала среди нанайцев в это время, с подробными описаниями исследователей-предшественников, наблюдавшими нанайское шаманство задолго до этого, позволяет мне утверждать, что это было (несмотря на всю условность этого термина) именно традиционное шаманство.

Глава 1.
Полевые записи и работа с текстами камланий

В поездках по селам Хабаровского края мне пришлось убедиться в том, насколько добрую память оставили о себе среди нанайцев мои предшественники, исследователи нанайской культуры. Добрым словом нанайцы вспоминали Анну Васильевну Смоляк, исследователей нанайского языка Александру Петровну Путинцеву и Александра Валерьевича Столярова, а также японского филолога Синдзиро Казама. Мои информанты горячо интересовались теми материалами, которые удалось зафиксировать предыдущим исследователям нанайского шаманства. Я привозила в Нанайский район копию аудиозаписи (фрагмент камлания) голоса легендарного нанайского шамана Чонгиды Оненко, сделанную в 1910 году Львом Яковлевичем Штернбергом. Неоднократная демонстрация этой краткой записи собирала большую аудиторию и производила особое впечатление на Гару Кисовну Гейкер, унаследовавшую часть своих духов, как она уверяла, именно от этого шамана. Мне приходилось также сообщать всегда критически настроенной аудитории некоторые из зафиксированных предыдущими исследователями этнографических данных и выяснять ее отношение к ним. Кроме того, мне удалось проследить судьбу некоторых информантов Анны Васильевны Смоляк. Так, в книге Смоляк был опубликован пересказ камлания Г. К. Гейкер для страдавшей шаманской болезнью Гини Онинка (1999: 201–209), в котором пациентка время от времени восклицала: «Останусь ли живой? <...> Я мучаюсь, помогите, я скоро умру!». Мне удалось выяснить, что, к сожалению, опасения Гини сбылись. Несмотря на свой относительно молодой возраст (49 лет) почти сразу после посвящения в шаманки она умерла также, как умирали в те годы многие другие вновь посвящаемые шаманы. Записи Смоляк помогли мне также проследить дальнейшее развитие шаманских событий в семье Гары Кисовны Гейкер и трех ее сестер. В своей книге Анна Васильевна опубликовала пересказ камлания, совершенного Г. К. Гейкер для ее старшей сестры, «лежавшей тогда в тяжелом

---

[1] В ходе полевой работы мне удалось пообщаться с 18 шаманами.

состоянии в больнице, в райцентре, селе Троицкое» (1991: 197–201).[1] В настоящей же книге помещены камлания, исполненные другими двумя шаманками для другой, младшей сестры Г.К. Гейкер, которая страдала от того, что духи умершей уже Г.К. Гейкер забирали ее душу-тень в могилу сестры, вынуждая ее тем самым стать шаманкой-преемницей.

В постсоветский период моей полевой работы шаманов было уже относительно немного, но практиковали они активно, и вокруг каждого из них формировался свой «приход», группа постоянных клиентов и столь же постоянных посетителей, любителей послушать камлание и поучаствовать в нем. Несмотря на то, что бо́льшая часть жизни этих людей (преимущественно лица пожилого возраста) пришлась на советское время, далеко не все из них были в свое время охвачены требованием всеобщего обязательного школьного образования, и не все говорили по-русски. (Так, русский язык практически не знала шаманка Лингдзе Бельды, исполнительница некоторых камланий, включенных в настоящую книгу). Это способствовало относительной культурной и мировоззренческой изоляции группы шаманистов от остального населения. (Типичной в те годы была, например, ситуация, когда некоторые из пожилых людей, не знавших русского языка, не могли без переводчика напрямую общаться с собственными внуками, почти не владевшими уже нанайским языком). Этим же определялось отчасти нарушение преемственности в культуре и резкий отход представителей следующего поколения от все еще сохранявшихся шаманских традиций.

Несмотря на относительную языковую изоляцию и своеобразие своего мировоззрения, шаманисты не отвергали нового в разных сферах жизни и старались быть активными членами общества. Так, шаманка Лингдзе переживала, что из-за приступов шаманской болезни, часто настигавших ее в молодости прямо во время работы, ей не дали вполне заслуженную медаль за трудовые достижения. Прямо в бригаде, рассказывает она: «я пела по-шамански, кричала, что делала! <...> Приду работать, мне плохо станет, и я пою по-шамански. Не могла молчать! Трясет, трясет меня! День ли, или ночь, когда заболею, тогда и запою по-шамански. Думала, что медаль мне дадут за хорошую работу. Но пропала моя медаль! Кто даст шаману медаль?».[2] На фоне нововведений советского времени шаманить стало непрестижно, и это обусловило социальную невостребованность шаманства среди значительной части нанайцев (Иващенко 2012). Те нанайцы, которые уже после вступления в коммунистическую партию обнаруживали у себя проявления шаманской болезни, добросовестно старались от этих проявлений избавиться, чтобы

---

1 Данное камлание, записанное Смоляк, приведено в настоящей книге в Приложении 1.
2 Интервью с носителями шаманской традиции всегда записывались на магнитофон, и при цитировании их автор стремился сохранить все особенности их речи. Поскольку далеко не все информанты говорили по-русски, значительная часть материалов записывалась на нанайском языке, а затем с помощью носителей нанайского языка или самостоятельно переводилась на русский язык. Так, переведенными с нанайского языка на русский являются высказывания Л.И. Бельды, Т.П. Бельды, У.С. Бельды, Г.К. Гейкер, М.Ч. Гейкер, К.И. Киле, О.Е. Киле, Ч.Д. Пассар и отчасти И.Т. Бельды. Другие информанты говорили преимущественно по-русски.

избежать шаманской судьбы. Часто это заканчивалось трагически,[1] но некоторым это все же удавалось. Так, отец Ольги Егоровны Киле вынужден был подчиниться своим родственникам, желавшим его выздоровления от тяжелой шаманской болезни.[2] Он прошел обряд шаманской инициации, но сразу после обряда, фактически уже сделавшего его шаманом, он заявил, что ни во что не верит и шаманить не собирается. Поддержав действовавшую в то время антишаманскую кампанию, он сдал все сделанные для него ритуальные предметы в клуб. После этого он ни разу не камлал, но и не болел больше. «Не хочет! Не шаманил! <...> Он сперва согласился, пока сильно болел, а потом передумал!» (О. Е. Киле). Шаманка-коммунистка Мария Петровна, как утверждала не только она сама, но и многие свидетели, страдала от того, что у нее время от времени мучительным для нее образом выходили изо рта и вскоре бесследно исчезали странные существа, похожие на змей.[3] Добросовестно придерживаясь приличного коммунистке материалистического мировоззрения, Мария Петровна специально ездила в Хабаровск для того, чтобы обследоваться у лучших врачей и выяснить, что у нее за болезнь и как лечиться. По словам ее племянника Михаила Пыкевича, «она сама очень не хотела быть такой», не хотела становиться шаманкой. Обладавший шаманскими способностями и также страдавший от приступов шаманской болезни Михаил Пыкевич на себе испытал, каково это – обнаружить, что начинает рушиться выстроенное по советским атеистическим лекалам мировоззрение: «У меня тоже бывали такие ситуации. Я вполне цивилизованный человек и вдруг у меня такое! Возмущение-то все равно изнутри идет!». У Марии Петровны «такое же было. Как же так! Она коммунистка, член правления, туда-сюда, и вдруг такое! Поэтому она и ездила в Хабаровск на обследование к врачам. Ей УЗИ сделали, ничего не увидели, и сказали, что она здорова». В конце концов, Марии Петровне пришлось начинать шаманить. Шаманом должен был также стать младший брат Марии Петровны Николай Петрович Бельды, который

---

[1] Отказ от шаманства часто приводил призываемого неофита к смерти.

[2] По словам Ольги Егоровны, он «три года все время лежал, болел, ноги не ходили. Только руками мог шевелить. После обряда посвящения в шаманы он полностью поправился и после этого не болел, несмотря на то, что передумал и шаманить отказался.

[3] Приведем один рассказ очевидца: «Она сидела у печки. Когда я зашел, она сказала: "Миша, уйди!" Я вышел, но смотрел в приоткрытую дверь. У нее из угла рта змея выползала. Я видел кольцо такое, змея выползала и кольцом сворачивалась. Она на меня махнула рукой, я вышел, смотрю – плюх – шелест такой, змея на газету упала. Она раз, завернула ее и туда в печку. Было лето, печка не топилась. Потом меня зовет и на бутылку показывает. Я наливаю, она хоп, выпила, а потом как ни в чем не бывало, встала, давай по дому туда-сюда что-то делать. Она потом за водой что ли пошла. Я давай в печке шурудить. Газету нашел, а в газете вообще никакого следа той змеи нет» (М. П. Пассар). Позднее, когда Мария Петровна стала уже шаманкой, данное явление неоднократно случалось с ней во время обряда: «Она начинает плясать по-шамански, и из двух уголков ее рта выходят две змеи» (Ч. Д. Пассар). «У Марии Петровны чуть потолще пальца две змеи изо рта выходят. Я в Даде видел. Начинает петь и плясать по-шамански, у нее даже бубна в руках не было. Ты представляешь? Я видел своими глазами! Змеи вылезают, извиваются! Видел! Своими глазами видел!» (Вячеслав Иванович Бельды).

переживал шаманскую болезнь и уже обнаруживал у себя необычные способности, но стремление к «новой жизни» у него превозмогло, и шаманом он не стал. «Я же был тогда членом Крайкома, – говорит он, – членом Бюро Троицкого Леспромхоза, да еще членом Райкома КПСС. Куда мне такому шаманом становиться? Хоть разорвись, а надо ехать в Крайком, а потом Пленум в Троицком собирается, а тут еще какое-то шаманство!». Не стал шаманом также бывший председателем колхоза Иван Торокович Бельды. Но даже у тех, кто, пережив внутреннюю борьбу, сумели преодолеть шаманский призыв, со временем начинало доминировать шаманское мировоззрение, в контексте которого они истолковывали даже новую советскую действительность (Bulgakova 2013: 193–219).

Для исследования еще активного, но уже уходящего традиционного шаманства позднесоветский период был благоприятным. Мне не приходилось специально искать случая, чтобы попасть на какое-либо камлание; сами шаманисты извещали меня о предстоящих камланиях и приглашали непременно приходить. Шаманы, как правило, охотно соглашались на то, чтобы их камлания записывались и с готовностью и заинтересованностью обсуждали возникавшие у меня вопросы. Открытость и сообщительность шаманов-информантов отмечалась и другими исследователями. Например, Сергей Михайлович Широкогоров писал: «В результате опыта моей полевой работы с (эвенкийскими – *Т. Б.*) шаманами, я пришел к выводу, что, как только они чувствуют с твоей стороны хоть сколько-то понимания, они стараются с большим желанием объяснить тебе все больше и больше, особенно если не досаждать им с авторучкой и блокнотом в руках и с другими предметами чуждой им культуры. Когда хочешь что-то узнать от шаманов, с ними значительно легче общаться, чем с некоторыми европейскими профессионалами, озабоченными тем, чтобы продемонстрировать свою авторитетность, часто ревнивыми и боящимися раскрыть свои профессиональные секреты, за счет которых они живут» (Широкогоров 2004: 118). Доброжелательность шаманов как информантов отмечала и известный исследователь шаманства приамурских народов Анна Васильевна Смоляк, работавшая с 1950-х до середины 1980-х годов в тех же селах[1], куда позже стала ездить и я.

Слова Анны Васильевны Смоляк о том, что ей «удалось избежать какого-либо барьера при контактах с шаманами», и что шаманы обычно «проявляли большую заинтересованность в проводимых исследованиях, стремились к точности фиксации их знаний и верований» (Смоляк 1991: 8), в полной мере относятся и ко мне. Будучи заинтересованными в исследовании их деятельности, нанайцы-шаманисты строго контролировали правильность моих записей и вдохновляли мое исследование, то поощряя, то критикуя меня. Сама инициатива транскрибирования и перевода аудиозаписей камланий принадлежала не мне, но шаманке Гаре Кисовне Гейкер. О ней как об «очень активной» шаманке, которая за одну ночь «проводила по два-три камлания» писала А. В. Смоляк (1991: 188), и именно от нее на магнитофонную пленку Анна Васильевна записала несколько камланий. С этой же шаманкой со второго года

---

[1] Села Хабаровского края, в которых мне пришлось проводить полевые исследования: Ачан, Бельго, Верхний Нерген, Дада, Даерга, Джуен, Искра, Кондон, Лидога, Найхин, Нижние Халбы, Синда, Троицкое, Таежное.

своей полевой работы (с 1981 года) стала работать и я. Удивившись тому, что мои исследовательские интересы лежат в стороне от самого, с ее точки зрения, интересного – от шаманизма, Г.К. Гейкер убедила меня пересмотреть свои планы и заняться шаманской темой. Помня, как работала с ней Смоляк, она сама посоветовала мне записывать на магнитофон ее камлания и предложила воспользоваться ее помощью для их расшифровки. Жалуясь на отсутствие интереса молодежи к шаманству и опасность утраты нанайских религиозных традиций, Г.К. Гейкер убеждала меня в том, что я, так же, как и Анна Васильевна Смоляк, непременно должна «писать о нанайских шаманах в книжках».[1] Она говорила: «Буду обо всем говорить, все буду людям рассказывать, потому что после моей смерти никто не будет об этом рассказывать!» (Г.К. Гейкер). Столь же открытой к общению была шаманка Минго Чусембовна Гейкер. Она и ее муж Николай Петрович Бельды постоянно интересовались результатами моей научной работы и упрекали меня в том, что я не спешила публиковать те сведения, которые они мне сообщали. Открытости шаманов как информантов способствовало также их желание зафиксировать в публикациях свое собственное место в уходящей шаманской традиции. Так, они категорически возражали против моего предложения дать им всем в публикации псевдонимы и настойчиво просили упоминать их реальные имена: «Пусть будут настоящие имена. <...> Подлинность должна быть! <...> Пишите, все, что есть, как есть. И мою фамилию пишите! Потом мои дети, внуки увидят: "О! Это баба моя!"» (Элла Ивановна Киле). «История нанайского народа, культура наша нанайская должна сохраниться, и эти имена шаманов [должны все знать]. <...> Не надо псевдонимов. Сколько у нас страданий! Даже порой – я уже в возрасте – порой не так уж хочется жить! Если будете что-то писать обо мне, мои слова эти вы точно скажите! <...> Все написать так, как есть! Всю правду!» (Зинаида Николаевна Бельды). «Никаких псевдонимов не надо. Изменять настоящие имена на другие несуществующие имена не надо. С настоящими именами это будет сильнее, подлиннее и узнаваемо!» (Константин Мактович Бельды).

Перехожу к методам работы с аудиозаписями. В книге А.В. Смоляк приведены пересказы нескольких нанайских и ульчских шаманских камланий, записанных, в том числе, от Гары Кисовны Гейкер (1972–1973), камлания которой в 1981–1982 годах записывала и я. Поскольку тексты Смоляк представляют собой единственные публикации такого рода, и кроме того, поскольку мне пришлось после нее работать в тех же селах, где работала она, имеет смысл сопоставить ее и мои методы работы с материалом. Так же, как и Анна Васильевна, я присутствовала в разных нанайских селах на множестве различных камланий, записывая их на магнитофон, а затем вместе с исполнительницами камланий (все записанные мною камлания исполнялись женщинами-шаманками) «расшифровывала» некоторые из полученных аудиозаписей. Смоляк говорит о важности работы именно с тем шаманом, от которого камлание было записано. Я также столкнулась с необходимостью поступать именно так, поскольку это было обусловлено наличием индивидуальных особенностей текстов, вплоть до своеобразной лексики, предпочитаемой тем или

---

[1] К сожалению, Гара Кисовна не дождалась выпущенной в 1991 году книги А.В. Смоляк, так как в 1985 году ее не стало.

иным шаманом и часто неизвестной другим шаманам, а также некоторой ревностью шаманов, не любивших комментировать камлания друг друга. Главное различие наших с Анной Васильевной способов работы с аудиозаписями состояло в том, что она записывала сразу перевод, который ей предлагали ее помощники, включая в него лишь отдельные нанайские слова, тогда как мне приходилось транскрибировать весь текст на языке оригинала и лишь затем его переводить. Эта работа была весьма трудоемкой и растягивалась на долгое время; она осложнялась наличием в камланиях специфической лексики, часто не известной простым шаманистам, а также тем обстоятельством, что слова в аудиозаписи заглушались грохотом бубна, а при пляске шамана еще и звоном металлических подвесок на поясе. Подобные помехи ограничивали возможности транскрибирования и перевода текстов камланий не только у нанайцев. На них ссылались исследователи и других шаманских культур. Так, И. М. Суслов, пытавшийся записывать камлания эвенкийского шамана Спиридона, столкнулся с тем, что сделать это оказалось практически невозможно. «Отрывки незаконченных строф в стихотворной форме, не связанные между собою строфы и отдельные импровизационные стихи чрезвычайно трудно переводить сразу, тем более что дикция шаманов всегда бывает мало внятной, и если прибавить к этому еще обилие изобретаемых шаманом синонимов и лишних слогов для получения рифмы, то одновременный перевод шаманских текстов может производить лишь лицо, блестяще знающее тунгусский язык и притом еще все приемы шаманов при импровизации, на что способен не всякий тунгус» (Суслов 2011: 291).

Само собой разумеется также, что не только камлания, но и интервью с шаманами, особенно с теми, кто плохо говорил по-русски, требует от исследователя не просто знания языка информантов, но и тщательного анализа значительного количества языковых лакун, неизбежных при столкновении шаманского (у информанта) и научного (у исследователя) мировоззрения. Напомним, что еще Сергей Михайлович Широкогоров предупреждал исследователей о риске искажения смысла высказываний информантов о шаманстве при поверхностном и непрофессиональном их переводе: «Наблюдение шаманства требует от исследователя, прежде всего, знания языка исследуемой народности, без чего наблюдения могут быть только частичными и к тому же плохо истолкованными переводчиками» (1919: 4). Таким образом филологическое исследование следовало бы признать той необходимой ступенью, без преодоления которой корректные культурологические обобщения в сфере шамановедения вряд ли возможны.

Работа над каждой аудиозаписью проходила в следующем порядке. Вначале мне приходилось самостоятельно транскрибировать и переводить то, что удавалось расслышать и понять. Затем оставшиеся непонятыми фрагменты, и, прежде всего, те, которые содержали неизвестные мне и незафиксированные в словарях слова, прослушивались вместе с шаманом-исполнителем данного камлания. Я просила шаманов-исполнителей проговорить эти слова вслед за аудиозаписью с тем, чтобы мне быть уверенной в их транскрипции. Шаманы по-разному относились к такой работе. Наибольшую заинтересованность проявляла шаманка М. Ч. Гейкер. Она была готова часами терпеливо и сосредоточенно разбирать со мной аудиозаписи своих камланий, а когда я уставала и просила ее отпустить меня отдохнуть, она сердилась и на отдых меня обычно не отпускала, заставляя продолжать работу.

Совсем иначе вела себя Лингдзе Бельды. Услышав интересующий меня фрагмент своего камлания и мою просьбу еще раз повторить только что прозвучавшие слова, она иногда эти слова действительно повторяла, давая возможность уточнить транскрипцию неизвестной ни мне, ни другим нанайцам лексики, но чаще моя просьба ставила ее в тупик. Повторить – значило для нее еще раз пережить данное камлание, снова войти в то состояние, в котором оно совершалось, а это казалось ей невозможным: «Можно ли просто так это говорить? Если бы взять бубен, то с бубном все можно было бы вспомнить!» – разъясняла она мне. В результате камлания именно этой шаманки оказались для транскрипции и перевода самыми трудными. Более того, в некоторых из ее камланий целые протяженные фрагменты были абсолютно мне непонятны. Когда я спрашивала ее, о чем она тут поет, Лингдзе отвечала, что она тоже этого не знает, что, видимо, она поет тут на маньчжурском языке. При этом Лингдзе уверяла, что маньчжурского языка она вовсе не понимает и вне камлания не сможет сказать по-маньчжурски ни одного слова. Во время же камлания она, по ее словам, все-таки понимает то, о чем она поет, так как у нее есть дух-переводчик, который в случае необходимости может перевести для нее невольно выговаривающиеся у нее маньчжурские слова на нанайский язык. Лингдзе объясняет это так: «Как про это говорить, если мне самой это непонятно? У вас тоже есть переводчики, и у меня переводчики. Один [дух-*эндур*] переводчик обращается к [другому] *эндуру*. К одному *эндуру* я обращаюсь как к переводчику, а к другому плачу, кричу. Янгой *эндур* старше. А Ненгне – это переводчик, она ниже, она мой переводчик, она мне помогает, потому что я не понимаю [по-маньчжурски], а она понимает. Сама маньчжурскими словами, по-маньчжурски, я разговаривать с этим [Янгой] *эндуром* не могу». Разумеется, браться за перевод подобных камланий было абсолютно невозможно; в настоящую книгу включены были только те камлания Лингдзи, которые целиком пелись по-нанайски и которые перевести все-таки удалось. Своеобразие работы с этой шаманкой заключалось еще и в том, что, чтобы спросить ее о значении какой-нибудь фразы из камлания другого шамана, зачитав эту фразу из тетради, и вовсе не могло быть речи. Она искренне не понимала, как можно повторить то, что сказал другой шаман: «О том, что пел по-шамански другой человек, разве найдешь что сказать? Чтобы говорить о шаманском пении другого человека, слов не найдешь!».

Поскольку шаманы, как правило, плохо говорили по-русски (а Лингдзе Бельды, как уже упоминалось, по-русски практически и вовсе не говорила), на следующем этапе работы над текстами мне приходилось прибегать к помощи тех людей из близкого окружения шамана-исполнителя, которые, с одной стороны, хорошо говорили и по-нанайски, и по-русски, а с другой стороны, разбирались в особенностях шаманской практики. Тем не менее, несмотря на все свои знания, такие помощники также были способны понять на аудиозаписи далеко не все. Приходилось вместе с ними вновь обращаться к шаманам-исполнителям и уже втроем (а иногда и с бо́льшим числом присутствующих) обсуждать возникавшие у нас вопросы. С глубокой благодарностью я вспоминаю их терпение и неоценимую помощь. Наиболее трудные фрагменты камланий Минго Чусембовны Гейкер мне помогал переводить ее муж, замечательный знаток нанайской культуры Николай Петрович Бельды. В работе с камланиями Г. К. Гейкер мне помогала ее сестра Алла Кисовна Бельды, а над текстами, исполненными Лингдзей Ильтунгаевной Бельды, мы работали с ее постоянными пациентками Марией Васильевной Бельды и Аллой Кисовной Бельды. Всегда ценной была помощь присоединявшейся к нам моей подруги Раисы Алексеевны Бельды.

Совместная работа моих помощников с шаманами отчасти была похожа на то, что описывает в своем исследовании Смоляк: «Магнитофонные записи камланий <...> расшифровывались <...> в присутствии еще двух-трех человек той же национальности. Запись подробно обсуждалась небольшими частями, последовательно, причем шаман каждый раз не довольствовался дословным переводом, но по собственной инициативе давал пространные объяснения о каждом из упоминавшихся духов, когда и при каких обстоятельствах появился у него данный дух-помощник, о его функциях, особенностях, пристрастиях, взаимоотношениях с шаманом и т. п. Он подробно рассказывал обо всем, что видел на пути, следуя за похищенной душой больного: это были его встречи с препятствиями – горами и реками, труднопроходимыми завалами на дороге, высокими скалами, которые необходимо было преодолеть. Шаман в каждом случае обосновывал свои поступки: почему он послал вперед того или другого духа-помощника, дал другим духам те или иные приказания и т. п. В результате принятого метода расшифровки пленок материалы по каждой из них давали объем информации в два-три раза больший, чем простой дословный перевод, причем каждый раз открывались новые "грани" во взглядах и верованиях, которые при обычной беседе с информатором не вскрываются» (Смоляк 1991: 8). Мне тоже приходилось сталкиваться с тем, что процесс перевода порождал пространные и интересные комментарии, становившиеся порой открытием не только для меня, но и для моих помощников-шаманистов.

Несмотря на то, что работа над аудиозаписями начиналась обычно на следующий день после того, как камлание было записано, закончить работу за короткое время мне с моими помощниками никогда не удавалось. Даже после всех описанных здесь этапов работы с аудиозаписью (самостоятельно, с исполнителем, с помощниками и затем совместно с исполнителем и помощниками) удавалось получить не перевод собственно, но лишь необходимые для перевода материалы. Выяснялся семантический круг использованной в камлании редкой лексики, прояснялась общая линия сюжета, собирались необходимые для понимания текста комментарии. Дальнейшая работа растягивалась еще на много дней и часто откладывалась до следующего полевого сезона. На следующем этапе работы мне приходилось самостоятельно заново проходить весь текст, а затем к работе подключалась моя подруга учитель истории Найхинской школы-интерната Раиса Алексеевна Бельды. Она была знакома со спецификой филологического и фольклористического исследования, и в течение долгих лет нашей дружбы часто сопровождала меня в моих странствиях по Нанайскому району. Р. А. Бельды тщательно уточняла и редактировала как нанайский текст, так и перевод, указывая на те места в тексте, которые оставались, с ее точки зрения, сомнительными. Тогда в последующих экспедициях я вновь обращалась к шаманам-исполнителям и к своим помощникам-шаманистам с тем, чтобы уточнить значение соответствующих фрагментов. Иначе говоря, на протяжении нескольких лет мне приходилось неоднократного периодически возвращаться к одним и тем же информантам, и иногда для уточнения значения одной какой-либо фразы и получения дополнительных к ней комментариев специально ехать в какое-то отдаленное селение, чтобы еще раз встретиться с той или иной исполнительницей камлания, так как никто другой, кроме нее, не мог разъяснить мне то, о чем она пела.[1] Таким образом, транскрибирование и перевод камланий стали возможными благодаря нашему коллективному труду и нашей совместной надежде защитить от забвения тот островок традиционной нанайской культуры, который в глобализирующемся мире начинало уже затапливать море стремительно унифицирующейся культуры.

Глава 2.
Проблема понимания текста шаманского камлания

Необходимость участия шаманов-исполнителей в переводе их камланий была обусловлена отчасти тем обстоятельством, что простые слушатели, пациенты и заказчики, как они утверждали, понимали в камланиях далеко не всё: «Я слушаю [камлание] и ничего не понимаю. Почему так, думаю? Она [шаманка] видит, а почему мы не видим?» (С.С. Бельды). «Около нее [около шаманки] сижу; она такие слова говорит, что непонятно. Она одна только понимает» (М.В. Бельды). Нанайцы-шаманисты полагают, что во время камлания зрители подвергаются воздействию активизирующихся шаманских духов, которые способны вовлекать в совершающееся действие души-тени (*паняны*) зрителей, а также их индивидуальных духов (*сэвэнов*). В результате собственное «я» присутствующих частично вытесняется взбудораженным камланием духовным миром, чем и обусловливается определенная их невнимательность и непонимание происходящего. Духовное вовлечение аудитории во все происходящее парадоксальным образом, выражается, согласно разъяснениям шаманистов, вовсе не в сосредоточенном внимании слушателей, но наоборот, в одолевающей их дремоте и рассеянности. Отмечая предрасположенность посетителей камланий к дремоте, А.В. Смоляк объясняла это как непонятное безразличие по отношению к происходящему. «Мы не раз наблюдали, – писала она, – что аудитория была далеко не столь внимательна во время камлания, как это можно было бы ожидать. Некоторые переговаривались шепотом, если же камлание затягивалось иные уходили, другие, прикорнув где-нибудь в укромном уголке спали» (Смоляк 1991: 58). Об одном камлании она сообщает, что вначале «в комнате находилось около 15 человек. Коткин шаманил... часа полтора. <...> К концу камлания оказалось, что человек 5 из зрителей спали по углам, несколько человек незаметно ушли» (Смоляк 1991: 173). Сами же шама-

---

[1] Особые сложности возникли с аудиозаписями тех камланий, которые были исполнены Г.К. Гейкер. Начатая уже с ней работа по транскрибированию и переводу ее камланий приостановилась из-за ее смерти в 1985 году. Только спустя несколько лет из уважения к памяти умершей шаманки другая шаманка М.Ч. Гейкер и ее муж Н.П. Бельды помогли мне эту работу закончить.

нисты полагают, что склонность присутствующих на камлании людей к дремоте, напротив, означает некое состояние податливости, благодаря которому, они, не сознавая этого, глубоко погружаются в духовный мир.[1] Даже заинтересованные лица, которых камлание касается непосредственно, признаются в том, что для того, чтобы понимать в камлании хотя бы что-то, им приходится делать над собой определенное усилие. Так, Мария Васильевна Бельды, время от времени заказывает камлания у двух разных шаманок для своей дочери Эллы Ивановны, и каждый раз шаманки находят в духовном мире душу-тень ее дочери, «всю опутанную веревками». М.В. Бельды признавалась, что не сразу стала понимать это обстоятельство: «Надо хорошо слушать уметь! В первый раз я не умела слушать. Не понимала! Надо хорошенько слушать, чтобы понять, где и как она находится. Я сперва не понимала, потом [во время следующего камлания, дай], думаю, послушаю».

На невнимательность аудитории указывает то обстоятельство, что существенные для понимания сути только что совершенного камлания подробности осознаются иногда только во время расшифровки его аудиозаписи. Так, Смоляк указывает на то, что только при расшифровке записи камлания ульчской шаманки, совершенного для русской пациентки, выяснилось, что шаманка сделала роковую ошибку, «забыла схватить душу больной», оставив ее у «белых птиц», злых духов (1991: 215). Еще более драматичной оказалась невнимательность всей аудитории во время камлания, которое шаманка Лингдзе совершала в моем присутствии по поводу только что скончавшейся шаманки Марии Петровны Бельды (1 февраля 1993). Только год спустя, взявшись вместе с теми, кто присутствовал на том камлании, за расшифровку аудиозаписи, мы услышали шокировавшие нас слова шаманки: «Маруська! Это не день твоей смерти! Может быть, ты в гробу проснешься, не знаю. Но в могиле ты не сможешь спастись! Сколько было у тебя мужей, друзей! Хоть один твой муж поможет тебе, когда ты очнешься [в своей могиле]?». В то время, когда были произнесены эти слова, Мария Петровна не была еще похороненной, еще можно было все проверить и не допустить трагедии. Но ни сама шаманка и никто из присутствовавших этих слов словно бы не услышал. На следующий день после данного камлания Марию Петровну похоронили.

В процессе транскрибирования и перевода камланий неоднократно выяснялось также то обстоятельство, что не только пациенты и слушатели бывают во время камлания невнимательны, но и сами шаманы не до конца осознают то, о чем сами же они и поют. Так, прослушивая записи своих камланий, Г. К. Гейкер удивлялась тому, что каждый ее *сэвэн* (дух-помощник) приходит, оказывается, с собственным напевом. Помогая транскрибировать мне аудиозапись одного из ее камланий, Г.К. Гейкер обратила мое внимание на то, что она, оказывается, предсказала смерть обоих сыновей своей пациентки Груни. Вот фрагмент этого камлания (с. 127, строки 64–66).

Шаманка пациентке: У этой женщины [у духа] подмышками — интересно! – что-то... Человек... Два маленьких человека! Один? Один у тебя [был в твоем сновидении] сын? Ты видела во сне одного сына? *Пациентка:* Да, одного. Саши не было. *Шаманка пациентке:* Эта женщина [дух] забрала

---

[1] Такое состояние может быть иногда небезопасным, поэтому присутствующие на камлании прилагают усилия, чтобы не дремать.

обоих [твоих сыновей]. Эта женщина, превратившаяся в сестру Эдэнкэ из рода Ойтанка, эта *дяка* [дух], погубившая твою мать!

Согласно объяснению Г. К. Гейкер, то обстоятельство, что женщина-дух держала под мышками и уносила куда-то сыновей пациентки, предвещало их гибель. Вскоре предсказание сбылось, но непосредственно во время камлания ни шаманкой, ни пациенткой оно замечено не было и не обсуждалось.

Сами шаманы объясняют такую свою пассивность во время камлания тем, что, когда они шаманят, тело их становится, как выразился один мой информант, «контейнером для духов». В это время душа шамана вылетает и может оказаться, например, «в поле. Пшеница колосится там, вдалеке там домик стоит. [Только] на крыльцо взошел, дверь открыл, раз, из транса вышел. А там [где идет камлание] прошло уже полчаса. О чем [там] шел разговор, кто приходил, он [шаман] не знает. <…> – Но при этом он что-то и говорит, поет? – Естественно! Дух сам [через него] говорит. А душа шамана гуляет в астрале, и не знает, где и что. <…> О чем разговор шел, он ничего же не знает! <…> Совершенно он не знает, кто пришел [в то помещение, где идет камлание], о чем говорили». К сожалению, мне не пришлось записать ни одного камлания шамана, который заявлял это о себе. Что касается тех шаманок, чьи камлания я записывала, никто из них, не погружался в такое состояние, чтобы не помнить вовсе ничего. Во время камланий я наблюдала то же, что и Смоляк: «шаман упоен погоней, кричит от волнения, покрывается потом, задыхается, едва не валится с ног от усталости, наполовину теряет сознание и в то же время реагирует на происходящее поблизости; ни на секунду не отключаясь от обстановки, он находится в постоянном контакте с окружающими» (1991: 64–65). При этом даже «контактирующие с окружающими» шаманы признают свою пассивную и словно бы вторичную по отношению к духам роль. «Только с бубном идут слова. Без бубна не помнишь [о чем нужно петь]. Сами *сэвэны* [духи-помощники] слова вкладывают (Г. К. Гейкер). «*Сэвэн* [дух-помощник] сам поет, хоть ты и не умеешь петь по-шамански (М. Ч. Гейкер). «Это само выходит, это не значит, что я хочу, а само выходит из меня, хочет выйти. Я просто поддерживаю [пение]. <…> [Если не пою], тяжесть! Если бы я, наоборот, запела бы, мне, наоборот, легко стало бы» (Э. И. Киле). Вспоминая то, что говорила ей на эту тему шаманка Лингдзе, М. В. Бельды говорит: «Шаман, когда тебе будет делать [камлать], заранее ничего не знает. Так бабка говорила Линдзе: "Когда я бубен возьму, тогда бубен сам мне подсказывает." <…> Как [шаманка] бубен возьмет, *сэвэна* позовет, сразу, откуда, говорит. [что появится]! <…> Она сама себе удивляется: "Откуда слова такие выходят? Кто-то подсказывает, наверно, правда?" Она так говорила: "Откуда все это?" <…> Бабка говорила, что, когда она в бубен бьет, все говорит, говорит, [словно ей] кто-то подсказывает, а бубен бросила, и все забыла. А мы тем более! Слушала, слушала, все не запомнишь. Я только самые страшные моменты запоминаю». Сама Лингдзе Бельды говорит об этом так: «Не хочу [шаманить], не надо! Разве легкое это дело! Как лицо мое горит! Кто это видит? Кто понимает? Легко ли сесть вот так перед всеми людьми, которых пришло так много, что дом полон, сидеть перед ними и говорить! А как только начнешь, уже о том, что где-то у тебя горит, никакого дела нет. И о чем говоришь, не знаешь. Как только бубен положила, все, о чем говорила, забыла. <…> Только бубен возьму, начну стучать, и само находится, что говорить. Положу бубен, сяду, и слов нет, ничего нет. Какой бы ни был шаман большой, все одинаково. И в старину такое было. Просто так сидишь, и не знаешь, о чем петь. А как возьмешь бубен, слова сами находятся». Один из информантов говорил, что, камлая, шаман фактически отдает свое тело на время духам напрокат: «Вы [свое тело] как пальто оставили подруге [то есть, духу], [и не знаете] где она ходила в этом пальто, к кому в гости заходила. Точно также». Потому и относятся к шаману как к воплощенному в его теле духу. Например, у нганасан также относятся к шаману как к «живому» духу. По словам Г. Н. Грачевой, шаман сам становится во время камлания духом *дямада*, посылая песню (самого *дямада*) в духовное пространство (1983: 139–140).

О возможности непонимания или частичного понимания шаманом своего собственного камлания говорит также упоминавшееся уже обстоятельство, что он может запеть на незнакомом ему языке (среди нанайцев чаще на удэгейском и на маньчжурском). Мне рассказывали о шамане, который иногда специально приглашал на свои камлания переводчика с маньчжурского языка на нанайский. Для того чтобы обеспечить необходимый во время камлания диалог шамана с пациентом (шаману необходимо бывает выяснить, верно ли он угадывает сновидения пациента, не ошибся ли он, забирая соответствующую душу-тень и т. п.), приглашенный переводчик переводил слова шамана как пациенту, так и самому шаману, не понимавшему свои собственные слова. Говорят, что в обыденной жизни этот шаман «слова не мог сказать по-маньчжурски, но у него *сэвэн* был маньчжур, и потому пел он [шаман] по-маньчжурски. Потом его спрашивают, о чем он пел, а он ничего не знает. <...> Не знает, какие слова он пел!.. Не понимал! Вообще не понимал! Ему нужен был переводчик. Переводчик ему же самому! Он [переводчик] и тому больному человеку [маньчжурские слова шамана] переводил» (Н. П. Бельды).

С тем обстоятельством, что во время камлания сознание шамана словно бы затуманивается, коррелирует и тот любопытный факт, что некоторые шаманы, как полагают нанайцы-шаманисты, в определенных случаях могут совершать свои обряды во сне. Мне пришлось столкнуться с этим в своей полевой работе. Как-то, когда я работала с шаманкой Кадой Ингиривной Киле, к ней приехал из другого села человек, заказавший камлание. Ему нужно было разыскать пропавшего соседа. Шаманка расспросила его только об одном: как именно относительно реки и леса расположен дом пропавшего человека (в этом доме шаманка ни разу не была), и в какую сторону (к лесу или к реке) смотрит входная дверь его дома. Затем, к моему удивлению, камлать шаманка не стала, но на следующий день она рассказала ожидавшему результата заказчику свой сон, в котором она решила ту проблему, с которой он приехал. В своем сновидении она встретила пришедших к ней духов и отправилась с ними к дому, где жил пропавший человек. Там она увидела все события рокового вечера (вышедшего на крыльцо человека позвали подойти к калитке какие-то люди, затем они его ударили, связали, потащили к реке и утопили в проруби). Шаманка также проследила во сне путь, по которому проплыло подо льдом по реке тело этого человека и точно назвала, где именно (в нескольких километрах ниже по течению от места происшествия) летом обнаружится его тело.¹ Позже К. И. Киле объяснила мне это так: «Во сне нам все показывают. Как телевизор смотришь, все видно». Шаманка Тоё Петровна Бельды говорит, что она тоже часто лечит своих пациентов, разыскивает их души-тени не *илуду* (не в часы бодрствования), а *толкинду* (в сновидении), и при этом время от времени просыпается от своего собственного крика «ао-о-о!», с которым обычно шаман «заглатывает» найденную душу пациента. «Шаманя» во сне, шаман иногда поет с характерными для камлания возгласами «*сиэ-сиэ-сиэ*», «*хэй*». О пассивности шамана, сквозь сознание которого в сновидении словно бы проходит некий независимый от него процесс, другая шаманка говорит так: «*Дяка* [духи] дают тебе дорогу во сне. <...> Разве думает кто-нибудь, вот, хочу увидеть такой-то и такой-то сон? *Дяка* во сне работать тебя заставляют, эти *дяка* с собой тебя таскают. Сколько ни думай, сама не увидишь тот сон, который хочешь» (Л. И. Бельды).

Важно отметить, что во время некоторых шаманских обрядов, согласно обычаю, шаман должен намеренно заснуть с тем, чтобы в своем сновидении совершить соответствующее этой части обряда действие. Смоляк упоминает своеобразную деталь обряда посвящения у низовых нанайцев: «когда шаман посвящал человека в шаманы, посвящаемый в это время как будто спал. Из девяти присутствовавших тут человек каждый поочередно танцевал с бубном вокруг него. <...> Затем начинал камлать старый шаман. Посвящаемый хотя как будто и спал, но был с ним все время в контакте, отвечал на его вопросы» (1991: 135). Добавим к этому, что во время обряда *каса* (проводов душ, умерших в загробный мир), когда шаман сидел на нарте, якобы груженных душами умершей, он должен был в определенный момент, не вставая с этой нарты, заснуть. Предполагалось при этом, что запряженный в нарту невидимый «дух-олень бодрствовал, продолжал идти» и везти нарту, отчего звенел один (только один) из девяти колокольчиков на шапке спящего шамана. Накануне обряда *каса* некоторые необходимые для обряда действия также совершались во сне. Так, обладающие соответствующими способностями лица *тудины* должны были в своих сновидениях изготовить для этого обряда нарты: «*Тудин* спит, *тудин* день и ночь спит, а как уснул, так он поет. Из этого узнают о том, что он кому-то [какому-то готовящемуся к обряду *каса* шаману] "нарты" делает» (Н. П. Бельды).

Противоречивые данные, касающиеся, с одной стороны, убеждения шаманов в том, что они действуют во время камлания бессознательно и лишь транслируют то содержание, которое проводится через них духами, а с другой стороны, наблюдение над их действиями (способность, камлая, контактировать с пациентами, выяснять нужные им сведения и планировать свои последующие действия) могут указывать на разную степень интенсивности погружения разных шаманов в соответствующее состояние сознания или (если следовать логике самих носителей шаманской традиции) разной силе, с которой на время камлания духи-помощники вытесняют личность каждого из них. Между тем, наличие такого противоречия само по себе симптоматично и требует дальнейшего исследования.

---

1 В названном шаманкой месте после того, как на реке сошел лед, тело этого человека действительно было найдено.

Глава 3.
Возможны ли в шаманстве письменные формы коммуникации

При огромной популярности шаманства у разных народов число письменно зафиксированных текстов камланий непропорционально мало. Даже те шаманствующие народы, у которых есть письменность (например, монголы или корейцы), «в отношении действий шаманов» письменностью не пользуются (Амайон 2007: 15). Более того, если кое-где (например, у маньчжуров) с определенными практическими целями и предпринимались попытки письменной фиксации текстов ритуалов, они оказывались не просто неудачными, но, как указывал Сергей Михайлович Широкогоров, становились одним из разлагающих шаманизм факторов. По словам Широкогорова, письменная фиксация духов, молитв и ритуалов ограничивала возможности тех шаманов, которые желали ввести инновации или «опустить некоторые элементы обряда, способные просто стать для них обузой». Появление у маньчжурских шаманистов письменных текстов предполагало введение определенной дисциплины: «поскольку прежние шаманы делали так, новые должны поступать аналогично, если они хотят добиться эффективного воздействия на духов. Таким образом, в некоторых кланах комплекс разросся далеко за пределы, необходимые для эффективности действий шаманов, и постепенно стал превращаться в замысловатый ритуализм. Число духов фактически возросло до такой степени, что ни один шаман не смог бы их перечислить. Молитвы стали повторяться довольно автоматически, так же, как это делается в ламаистской службе. Методы психологического воздействия превратились для пациентов, для аудитории и для самих шаманов в почти профессиональные трюки фокусников. Такое состояние шаманизма в некоторых кланах обязано не одной только фиксации; существуют также и другие причины, но именно фиксация ритуалов стала одним из важнейших факторов, которые привели к утрате функциональной эффективности шаманизма среди маньчжуров» (Широкогоров 1935: 342).

Говоря о причинах, препятствующих использованию в шаманстве зафиксированных, письменных текстов, Роберта Амайон справедливо утверждает, что шаманизм почти всегда опирается на устные формы коммуникации не из-за отсутствия письменности, а в силу своей прагматичности (2007: 15). Камлая, шаман стремится не повторять заученные тексты, но достигать определенных целей. «Шаман должен не отыграть обряд, а, используя известную ему структуру ритуала (порой же, не опираясь даже на это), решить конкретную задачу, связанную с болезнью человека, чьим-то исчезновением, какой-либо пропажей, кражей и т. п.» (Харитонова 2007: 61–62). От обряда «ждут эффективности, а не представления, адресованного зрителям и содержащего в самом себе свою цель». Такая эффективность «искажается или теряется в театрализованных обрядах, поставленных на сцене и адресованных зрителям, чуждым культуре, которая их производит. Еще более она теряется, если обряд воспринимается как "искусство перформанса", когда в центре внимания – тот, кто его проводит и когда цель представления заключается в самом представлении» (Амайон 2007: 13).

Поскольку каждый раз шаман решает различные конкретные задачи, он не может использовать стереотипные решения и воспроизводить ранее озвученный текст. Шаман «всегда принимает во внимание особенности того определенного случая, с которым он имеет дело, и, в соответствии с этими особенностями он выбирает те или иные методы» (Широкогоров 1935: 358). Велика степень адаптивности и открытости шамана к восприятию внешних обстоятельств и в отношении тех средств, к которым он прибегает, решая разнообразные проблемы. Его задача – это «работа в окказиональной ситуации, прогнозировать которую заранее почти невозможно, а совершать применительно к ее решению стандартный ритуал маловероятно» (Харитонова 2007: 61–62). Кроме того, прагматическими устремлениями определяется и то обстоятельство, что, если какие-то чужие духи кажутся шаману более эффективными, чем его собственные, он будет стремиться их заполучить, забывая при этом собственных менее эффективных духов. Этим обусловлено то обстоятельство, что шаманы «очень быстро и продуктивно впитывают любые влияния со стороны, включая их в уже сложившуюся картину мира, в поле своей деятельности, таким образом, усиливают себя, расширяя свои возможности» (Грачева 1983: 129). Все это делает шаманскую практику чрезвычайно гибкой, способной меняться, приспосабливаясь к обстоятельствам и позволяет нам говорить о шаманстве как о принципиально открытой системе, способной вбирать в себя личный опыт и мировосприятие каждого отдельного шамана.[1]

К причинам окказиональности и недогматичности камланий следует также добавить ярко выраженные индивидуальные особенности шаманов, их склонность к соперничеству. В ходе своей лечебной практики шаманы могут невольно совершать действия, противоречащие интересам других шаманов, а это ведет к сокрытию ими друг от друга некоторого содержания своего персонального опыта. Все это может осуществляться только в рамках устной коммуникации.

Уникальная и индивидуальная стратегия каждого шамана, сочетающаяся с открытым, динамическим характером его представлений и технических приемов, «с неизбежностью открыта импровизации», она «исключает всякий догматизм» (Амайон 2009: 7). Будучи крайне изменчивой, она меняется «не только от одного шамана к другому внутри одного сообщества, но и от одного ритуала к другому у одного и того же шамана» (там же). Шаманы не пользуются письменными текстами потому, что они «должны поступать только так, как им внушают их "духи"» (Амайон 2007: 15). Будучи ведомым духом, шаман импровизирует, и каждый раз он не ведает следующего своего шага в своем собственном камлании, не знает, куда в следующую секунду дух его поведет. Повторение каких-либо зафиксированных текстов, хотя бы и в варьированном виде, принципиально не входит в эту реальность.

---

[1] Картина мира и даже пантеон (не говоря уже о команде духов-помощников) могут модифицироваться под влиянием впечатлений, полученных шаманом в ходе экстатических путешествий в миры сверхъестественных сил. Важным фактором модификации оказываются внешние контакты. Изменение внешних условий жизни, появление новых реалий подталкивают шамана к вступлению в контакт с теми сверхъестественными силами, которые, по его представлениям, связаны с подобными новшествами и способны определенным образом воздействовать на них (Хелимский, 2000: 159).

Шаманы настаивают также на том, что записанные тексты камланий других шаманов категорически нельзя воспроизводить потому, что это может быть опасно. «Такие песни петь нельзя, тебе плохо будет!» (Н. П. Бельды). «Это не слова, которыми играются. Это слова, которыми шаманят. Их играючи нельзя говорить! Вот сказку можно рассказывать» (Лингдзе). «Шаманить опасно <...> шаманишь, разговариваешь, чуть слово не так сказал, тоже наказывает». Если это петь, «амбашки [злые духи] нападут быстрее. Мы сами боимся, что делать. Одно слово неправильно скажешь, и накажет! Заболеешь! Такой закон» (О. Е. Киле). Аналогичные высказывания зафиксированы и исследователями других шаманских культур. Так, Г. Н. Грачева пишет о нганасанском шаманстве следующее: «Петь песни шаманских дямада не в соответствующей обстановке, как бы между прочим, – значит, навлекать на себя их недовольство, гнев как реакцию на ненужное дерганье, поднимание без надобности. Они могут «затоптать» надоедливого человека, то есть, он может умереть (1983: 140–141).

Об одной нанайке, не имевшей настоящего шаманского призвания, но пытавшейся петь по-шамански, шаманка Када Киле говорила так: «Я ей говорю: "Ты не пой такими словами, иначе быстро тебя не станет. Чтобы петь, сон нужно видеть. Человек [дух] объяснял тебе во сне?" – "Нет, – отвечает. – Никто мне не объяснял." – Долго ли она прожила после этого? <...> Не боится!». Если даже в своих собственных камланиях шаманы страшатся сказать что-либо не так, ошибиться, тем более нереально представить себе повторение записанных шаманских текстов другими лицами: «Если ты ошиблась языком и одно-два слова не так сказала, то умрешь. <...> Сколько угодно может изо рта слов выйти, но правильно если не будет, то шаман может умереть. <...> Нельзя ошибиться ни в одном слове. Ошибся в словах и сразу умер. <...> Как это умирает человек, с людьми разговаривая?» (Л. И. Бельды). К шаманке Лингдзе Бельды то ли из Москвы, то ли из Ленинграда – она этого точно не знала – приезжали две русские женщины, которые хотели, чтобы Лингдзе сделала их шаманками. Шаманка рассказывает об этом так: «Если простого человека возьмешь и сделаешь шаманом, станет ли он на самом деле шаманом? <...> Если нет у нее данных быть шаманкой, а ты ее шаманкой сделаешь, долго ли ее этим убить? [Но даже] если и есть у нее что-то, если я сделаю ее шаманкой, она долго не проживет! Ей будет плохо! Помочь другому человеку стать шаманом – это нехорошее дело,[1] и, если человек, став шаманом, вскоре этого умрет, меня потом осуждать будут. <...> Меня они [приехавшие русские женщины] ругали, а в мои уши не входит. Пусть ругают, если хотят. Пусть сами шаманками становятся. Я им сказала, что не надо, что я не хочу, чтобы они умирали. Поняли они или нет, не знаю, перевел ли им кто-нибудь? Мне только сказали: "Сестра, тебя ругают эти русские люди!"».

Когда я рассказывала своим информантам об опыте работы шаманской школы М. Харнера и об организации различных курсов по обучению шаманству в нашей стране, они реагировали на это так: «Говорим [об этом], а у меня что-то аж мурашки!» (Лариса Ганзулиевна Бельды), – и решали, что среди

---

[1] Имеется в виду, в традиции обряд посвящения в шаманы совершался только тогда, когда «у человека все было уже готово», то есть переживалась шаманская болезнь и были соответствующие сновидения.

слушателей таких курсов непременно должны быть серьезные проблемы (например, контакты с опасными для них духами, скрытая вражда между собой).

Обладающие традиционным мировоззрением шаманисты с осторожностью относились к энтузиазму современных идеологов национально-культурного возрождения, организовывавших праздники и выступления с имитацией шаманского камлания. Ни унификации правил шаманской практики и формирования обрядово-ритуального канона, ни догмы, ни организации, ни специальных текстов, ни лидеров, ни административного управления, о чем ратуют такие идеологи, ничего этого, с их точки зрения, не может быть в принципе. Мария Васильевна, которую пытались привлечь на одном из праздников в качестве исполнительницы обряда, так говорила об этом: «Зачем я буду говорить это по-шамански? <...> Не умеющей... шаманские слова... нет, конечно, я боюсь! <...> Я заболею! Кто-то меня накажет! Я не знаю, я буду болеть, наверно! <...> Зачем я буду говорить шаманские слова? Нельзя!».

Следует подчеркнуть, таким образом, исключительно научную, но не практическую целесообразность публикации представленных в этой книге текстов камланий. Гибкость и изменчивость камланий, определяемая ситуацией и личным опытом исполнителя, противится какой-либо фиксации и канонизации. Значение же публикации их текстов ограничивается тем, что они могут, на наш взгляд, оказаться важным научным источником, способным помочь шамановеду глубже проникнуть в сущность изучаемого им явления.

Глава 4.
Попытка классификации камланий

Попытки классификации камланий нанайских шаманов имели место, несмотря на отсутствие соответствующих зафиксированных текстов и явный дефицит сведений о содержании камланий. Некоторые исследователи исходили из предположения, что тексты камланий следует относить к обрядовой поэзии и что классифицировать их нужно наряду с другими текстами устного народного творчества. В жанровую структуру нанайского фольклора включали камлания такие исследователи как Н. Б. Киле (1983: 110–111), Ю. А. Сем (1986: 44), Н. А. Соломонова (2000), С. В. Мезенцева (2006: 9). Между тем, тексты камланий вряд ли можно считать фольклорными уже потому, что даже в варьированном виде они никогда не повторяются.[1] «Даже у одного шамана было множество вариантов камланий, в зависимости от его фантазии» (Смоляк 1991: 167), так как «один и тот же шаман, заинтересованный в многочисленной аудитории, разнообразил свои действия, говоря, что это зависит от того, какие духи напали на больного человека» (Смоляк 1991: 169). Спонтанность текстов камланий обусловлена разнообразными и постоянно меняющимися поводами для их проведения. Шаманы поют «так, как ведет их *сэвэн*». Более того, за крайне незначительным исключением, шаманы не пользуются

---

[1] Рассматривать как фольклор можно разве что музыкальную сторону камланий. Несмотря на то, что она также импровизационна, у некоторых шаманов есть свои индивидуальные мелодические формулы, на основе которых они строят свои импровизации. Подробнее см. Булгакова, 1984.

и какими-либо определенными словесными формулами, оборотами и стилевыми приемами, что не позволяет рассматривать тексты их камланий и как фольклорные импровизации.

Поскольку зафиксированные в этнографической литературе сведения о камланиях касались прежде всего тех ситуаций, в которых шаманы брались шаманить, и описания тех внешних действий, которыми камлания сопровождались, появлялась возможность типологизировать камлания на основе выявления их «утилитарной направленности» и при учете «тех ситуаций, в которых совершались камлания» (Новик 1984: 21). Но разнообразие и многочисленность таких функций указывали одновременно и на то, что вряд ли их перечень можно будет исчерпать.[1] Показательно, что лучший знаток нанайских камланий А. В. Смоляк даже не ставила перед собой задачу перечислить все утилитарные функции камланий и назвать все возможные их виды. Вместо этого она ограничилась описанием лишь отдельных из них. Так, помимо самых популярных лечебных камланий она указывает на камлания *хэргэнты* (малые поминки по умершим) и *касаты* (большие поминки, представляющие собой перевоз душ умерших в загробный мир *буни*, а также *унди*, камлания-самолечения, связанные с жертвоприношениями группы пациентов для духов лечившего их шамана и совершаемые преимущественно осенью и весной. О других камланиях исследовательница сообщает, что они устраивались по следующим поводам: шаманы камлали «с целью помочь беременным, узнать о пропавших вещах, о причине внезапной смерти и т. п.». Те шаманы, которые сохраняли «детские души, ежемесячно устраивали для детей камлания. Для рыбаков (а однажды для целой колхозной бригады) <...> шаманы камлали вплоть до 1950-х годов на берегу, либо дома, раскинув сетку на полу». Смоляк пишет также о различных камланиях шаманов охотникам. У верховых нанайцев такие камлания «заключались, в частности в расчистке в тайге завалов, преграждавших путь пушным зверям к ловушкам; эту работу производили духи помощники шамана» (Смоляк 1991: 155). Добавим также, что не только у ульчей, как говорит об этом Смоляк, но и у нанайцев были камлания по добыванию накануне охоты *сунгкэ* – душ пушных животных. В позднесоветский период в связи с изменением социокультурной ситуации появлялись новые утилитарные причины для совершения камланий – для поддержки нужного кандидата на выборах, перед заседанием суда с тем, чтобы судья вынес именно тот приговор, в котором заинтересован был заказчик камлания и т. д. Насколько различны утилитарные потребности, заставляющие шаманов браться за бубен, настолько разными будут и камлания, совершающиеся для их удовлетворения.

Попытка другой классификации базировалась на ином основании – на перечислении регулярно исполняемых шаманом действий, таких, как созывание духов, изгнание духов, получение информации, принесение жертвы (кормление духов), заклинание и т. п. Каждое из этих действий может либо

---

[1] Вот, например, некоторые из таких функций, перечисленных Е. С. Новик: помимо лечения к помощи шамана прибегали «при бесплодии и затяжных родах, при эпизоотии, табуировании домашних животных, для очищения и освящения дома, промыслового инвентаря, <...> обеспечения удачи на охоте или приплода в стаде, при похоронах свадьбах и т.д.» (1984: 21).

совершаться в пределах отдельного самостоятельного краткого камлания, либо соединяться с другими действиями, включаясь в более продолжительные камлания. Помещенное в настоящей книге камлание «Улетающие фигуры из травы», если акцентировать его утилитарную направленность, – это лечебное камлание. Если же включать его в классификацию по иному основанию, принимая во внимание совершающееся в ходе его действие, – это отдельное самостоятельное камлание по изгнанию духов. В данном камлании шаманка вселяет беспокоящих пациентку болезнетворных духов в специально приготовленные для этой цели травяные фигуры с тем, чтобы в конце камлания выбросить их, то есть, заставить их улететь вместе с патронирующим их главным родовым духом пациентки. Но в более продолжительном камлании-гадании «Из-за дедовских дел нас лихорадить стало» в строках 188–190 на страницах 60–61 шаманка совершает фактически то же самое действие – заклинает родового духа хозяйки дома, в котором она оказалась, забрать духов этого дома с собой и улететь прочь. В строках 339–365 на страницах 202–203 камлания «Мальчик, спрятанный в горе» шаманка также изгоняет духов сходным образом. Она велит своим духам-помощникам затолкать вредоносных духов в три воображаемые сетки и привязать эти сетки к себе, а затем, преодолев пространство, сбросить сетки с духами в озеро Ханко.

Обряд *солбочо* – надевание на пациента изготовленного из прутьев обруча с последующим опусканием его от головы до пят – проводится иногда как самостоятельный обряд. Но в *таочи*, продолжительных обрядах-путешествиях в поисках души-тени в духовном пространстве душехранилища *дёкасо* по указанию шамана духи пропускают таким же образом сквозь воображаемый обруч душу-тень доставленного к ним пациента. (Например, это строки 396–432 на страницах 209–210 камлания «Мальчик, спрятанный в горе».) Можно перечислить еще несколько таких действий, либо составляющих самостоятельный обряд, либо включающихся в другое более сложное камлание. Это такие действия, как кормление шаманом его духов-помощников *калаори* или души умершего человека (*добочиори*) и говорить от лица умершего *кэкуури* (*кэкуэри*), душа которого во время поминок «переставала плакать, начинала говорить, прощаться с родными» (Смоляк 1991: 161). *Кэкуэри* называются также действия духов шамана, обитающих в душехранилищах, «моющих» души-тени принесенных шаманом пациентов (например, в камлании «В плену у умершей сестры» это строки 259–269 на страницах 276–277. К этому можно добавить такое действие как принесение жертвы *кэсиэ гэлэури* (букв. – просить счастья), а также заклинание *эпилэури*, или сокращенно *эпили*.[1] Все камлания, включенные в седьмую главу («Тело, сданное на прокат») представляют собой отдельные самостоятельные заклинания *эпили*. В то же время тот фрагмент камлания «Мальчик, спрятанный в горе», в котором М. Ч. Гейкер желает умилостивить духа горы с тем, чтобы тот отпустил душу больного мальчика, и ставит на колени прибывших с ней духов, заставляя их умолять и заклинать хозяина горы, также, по словам шаманки, называется *эпили*. Строки 86–93 на страницах 131–132 камлания «Лечение женщины из

---

[1] Ю. А. Сем отметил только одно значение терминов *эпили* и *эпилэури* – оживление *сэвэнов*, то есть, фигур изображающих духов (1986: 44). В действительности так называются также другие заклинательные действия.

дома, построенного на месте старого жертвенника» – это тоже *эпили*, заклинание, обращенное к родовому духу пациентки, обитающему на жертвеннике у заброшенного стойбища возле озера Эворон.[1] Можно назвать и другие действия, используемые шаманами во время камланий. Это *дакпочиори* – изгнание духов криками всех присутствующих вместе с шаманом, коррелирующее с другим приемом изгнания духов *ниэвучи*: вселение шаманом нежелательных духов в изображения, которые сразу после такого вселения должны быть разрушены или выброшены прочь, а также еще одно действие *мэдэучи* – обряд предупреждения, оповещения духов о кровавом жертвоприношении, которое будет совершено на следующий день, и во время которого *олгиа панямбани*, душа-тень свиньи, будет к ним отнесена. Камлания представляют собой открытую гибкую систему, подчиняющуюся меняющимся потребностям каждого конкретного момента той реальности, в которой шаман действует. Можно поэтому попытаться наметить некие ориентиры их классификации, но нельзя исчерпать перечень возможных их типов. Для настоящей книги выбрана лишь незначительная часть тех видов камланий, которые исполняли нанайские шаманы. Это наиболее популярные среди нанайских шаманистов лечебные камлания.

Глава 5.
По дороге рода вглубь поколений. (*Пэргэчи* / Гадание)

В камланиях-гаданиях шаман обычно выясняет, какие именно духи претендуют на внимание пациента и что происходит с его *паняном*, то есть, с его душой-тенью. *Панян* – это лишь одна из душ, человека,[2] отличительной особенностью которой является ее способность временно (во время сна или болезни) отлучаться от человека. Шаманы утверждают, что они способны видеть *паняны*, которые «как близнецы» похожи на своих хозяев. *Панян* «такой же, как сам человек, как его тело, только духом» (М. Ч. Гейкер). Принятое в литературе наименование *паняна* душой-тенью обусловлено тем, что для перевода слова *панян* на русский язык сами шаманы предпочитают использовать слово «тень». «Когда светит солнце, видишь тень [падающую от человека]. Она такая же, как твой *панян*» (М. Ч. Гейкер).

Шаманисты полагают, что человек наиболее подвержен воздействию духов своего собственного патрилиниджа, и что по интенсивности это воздействие несравнимо с влиянием чужих духов. Именно осознание этого воздействия актуализирует патрилинейный счет родства и духовно объединяет членов патрилиниджа. Одним из проявлений такого духовного единения является

---

1 Поскольку оживление *сэвэнов* представляет собой также моление *сэвэна* о том, чтобы он вошел в приготовленное для него изображение, оно также называется *эпили*, (и в этом Сем был прав), но более точно называть его все-таки *дюгбумбучиори* – *дюгбэмбичи эпили* (букв. – о том, чтобы воплотился, моление) или кратко *дюгбэчуури* (воплощение).

2 Обстоятельный разбор традиционных представлений нанайцев о душах, а также обзор соответствующей литературы представлен в 4-й главе монографии А. В. Смоляк (1991).

коллективная «болезнь»,[1] во время которой *паняны* агнатов, как это явствует из их сновидений, странствуют по одним и тем же территориям невидимого глазами духовного мира. Пространство сновидений (оно же пространство духовного мира, в которое попадает камлающий шаман), по представлениям шаманистов, коллективно, но при этом оно разделено на разные сферы, принадлежащие разным родовым группам. Когда во время болезни человек теряет свою душу-тень, чаще всего это означает, что ее увели прочь духи его же собственного патрилиниджа вглубь поколений по «дороге» отцовского рода. «*Панян* не может идти в любую сторону, как придется. Например, если заболел [кто-то из рода] Оненко, его *панян* пойдет в ту сторону, где Оненко», так как духи «таскают всех Оненко по одним и тем же дорогам» (И. Т. Бельды). Гадать, а затем лечить пациента – это, как выражаются шаманы, *балдихани тэхэвэ дэгбэлими яи*, то есть, «раскрывать корни его рода», то есть, «идти туда, где жили его предки испокон веков, может быть, в заброшенные места, и там шевелить, искать его душу-тень» (Н. П. Бельды). «За людьми из рода Ойтанка идешь туда, где Ойтанки. Если там *панян* пациента [рода Ойтанка], то туда за *паняном* надо идти. Шаманя, нужно жизненные корни [рода] открывать» (Г. К. Гейкер).

В то же время может случиться (обычно это происходит с лицами, наследующими шаманских духов), что через какую-либо родственницу по восходящей линии *панян* переходит на «дорогу» патрилиниджа этой родственницы. Кроме того, *панян* замужней женщины может быть уведен не только по дороге духов ее отца, но и по линии мужа. Таким образом оказывается, что возможных дорог, на которых шаману приходится искать ушедший *панян*, несколько, и гадание заключается в поиске маршрута души в духовном пространстве и одновременно в пространстве родственных связей пациента по восходящей линии. Определить, по какой именно «дороге» была унесена душа-тень пациента, помогают сновидения, в которых пациент видит своих умерших родственников. При этом речь идет не о контактах с душами умерших родственников как таковых, но о контактах с духами, влиянию которых при жизни данные родственники были подвержены.

Поскольку духовные территории, по которым уводят душу-тень родовые духи, всегда связаны с конкретным физическим пространством, Анна Васильевна Смоляк пыталась понять истоки представлений нанайцев о шаманских территориях. Первоначально, как она признается, она предполагала, что представления эти – не что иное, как отражение в памяти реальных фактов о родовых территориях, на которых в далёком прошлом жили предки тех или иных шаманов. Но допущения эти оправдались лишь отчасти. Некоторые из мест, включенных в освоенные отдельными шаманами маршруты, не соответствуют тем территориям, на которых проживали представители их рода

---

1 Коллективная болезнь, о которой идет здесь речь, является шаманской потому, что в контексте эмной перспективы, причина ее заключается в том, что духи, освободившиеся после смерти предыдущего родового шамана начинают искать себе нового хозяина среди членов рода и, «добиваясь жертв или внимания к себе или просто, быть может, мстя данному роду, мешают людям упромыслить добычу и массовые неудачи на промысле иногда грозят роду голодом и гибелью» (Широкогоров 1919: 48). О шаманский природе заболевания говорит также то, что излечено оно может быть лишь созданием в роде нового шамана (Широкогоров 1919: 44).

(Смоляк 1991: 138). Между тем, догадка Смоляк весьма близка была истине. Желательно лишь чуть скорректировать ее, и иначе интерпретировать слово «факты». Смоляк подразумевала под словом «факты» проживание представителей рода на некоей территории. В действительности же речь должна идти о событиях, связавших в определенном месте, на некоей территории людей с духами, а такие события могли происходить не только в местах проживания рода. Шаманское пространство – это пространство духовное, и связь с ним идет через имеющие духовный смысл события. Именно событие делает то место, на котором оно совершилось, дверью в потусторонний мир, «пространственным разломом», через который это событие продолжает воздействовать на потомков тех, благодаря кому это событие свершилось.

Гадание часто заключается, таким образом, в распознании шаманом тех родственников (обычно умерших уже), чьи духи, обретенные ими при жизни, увели и пленили *панян* пациента, а также в определении конкретного маршрута, по которому душа-тень была уведена. Именно поэтому в гадании «Человек из сновидений» шаманка Г.К. Гейкер выясняет, кто из родственников снится ее пациентке, и, значит, по которой из линий ушла ее душа, по линии мужа или по линии отца. Но если пациентка этого гадания простой человек (*солги най*), не шаманка, то в следующем камлании «Из-за дедовских дел нас лихорадить стало» шаманка Лингдзе Бельды разузнаёт о проблемах живущей в Даерге семьи, члены которой страдают от шаманской болезни, и сами могли бы стать шаманами. В роду Ивана Тороковича Бельды, главы этой семьи, по отцовской линии были сильные шаманы, и, несмотря на то, что они давно ушли из жизни, их духи продолжают беспокоить семью и трагическим образом влиять на ее жизнь. Практически у каждого из членов семьи серьезные проблемы со здоровьем, кроме того в семье вешаются, стреляются, умирают молодые мужчины. Так, в течение только 2008–2009 годов один за другим совершили самоубийство четверо братьев-подростков, внуков главы семьи. Подобные несчастья происходили и в предыдущих поколениях. Как только приехавшая из Дады в Даергу в гости шаманка Лингдзе вошла в дом И.Т. Бельды, она сама без приглашения, не успев даже взять в руки бубен, начала петь по-шамански и гадать. Закончив гадание, она призналась хозяевам: «Мне страшно, мне тяжело сюда приезжать! Я все никак не решаюсь [сюда приехать], все время мне трудно. [Здесь] шаманить страшно! Ваши *очики* [духи] топорщатся, бунтуют, гурьбой встают против [меня]. Их трогать нельзя!». Свой страх Лингдзе объясняет также тем, что в Даерге и в Найхине (фактически это две части одного большого села) раньше было много шаманов, и их бывшие духи-помощники не покинули ни этих сел, ни их жителей. По словам Лингдзи, духи не только живых, но и умерших шаманов «могут людей убивать», и она боится оставленных умершими шаманами местных духов, поскольку умершие шаманы были, как она опасается, сильнее, чем она сама. «Мои *амбаны* [духи-помощники], – говорит она, – слабые. Мне страшно!»[1]

---

[1] Начав шаманить сразу по прибытии в Даергу, Лингдзе «увидела» духов этого дома: «Я увидела "мальчика" на крыше [вашего дома]. Думаю, что это такое? Дом, а наверху был "мальчик" небольшой. Он лежит вниз лицом на самом коньке крыши. Лег вниз лицом и лежит. Я видела такого "мальчика", когда шаманила. Он себя никому не показывает, лицо свое спрятал, но тело его видно».

Проблемы семьи И. Т. Бельды также обусловлены, как полагает Лингдзе, тем, что ее продолжают лихорадить духи взбудораженные имевшими место среди давно ушедших из жизни членов семьи случаями инцеста и насилия.[1] «Раньше люди много дрались, друг друга убивали», «сами себя убивали» (Лингдзе). Все эти «дела старых людей», по ее словам, продолжают «распространяться дальше», люди сами себя "занозили". Кроме того, по мнению шаманки, духи предков главы семьи, умерших шаманов его рода вынуждают его самого и других членов его семьи становиться шаманами. Годами преодолевая шаманскую болезнь, Иван Торокович шаманом так и не стал, поскольку этого не позволяло ему его высокое общественное положение (он был председателем колхоза). В последние годы жизни его шаманская болезнь обострилась. В своих непрекращающихся видениях и во сне, и наяву он видит возле своей кровати каких-то людей (духов) и гонит их прочь, а они при этом медленно пятятся: «Это они [духи] сны мне показывают, – рассказывает он, – но я не могу подчинить их себе. Ты будешь писать, так и напиши! <...> Они отсюда начинают [идти] и вот так, пятясь, туда! Меня не будят, я сплю. Тут один рядом, и там еще один стоит, и там один! Я их – раз! – [бить начинаю]!». Продолжая спать, Иван Торокович встает с постели; ему кажется, что он бьет непрошенных гостей, но в действительности он ударяет по стенке, разбивая собственные руки. Он боится когда-нибудь нечаянно ударить свою жену, «потому что голова не разбирает». «Я вижу борьбу с ними! – говорит он. – Ой-ой-ой! Страшно! Помногу бывает их!»

Шаманка Ольга Егоровна Киле считает, что главной причиной проблем семьи Ивана Тороковича является то обстоятельство, что его отец, прадед и другие шаманы его рода по отцовской линии, хоть и умерли, но те духи, с помощью которых они шаманили, «ходят неприкаянные, и убивают людей». «*Очики* [духи], с помощью которых шаманили деды, <...> детям остались, и детей поубивали» (Ч. Д. Пассар). После смерти шаманов, те из духов, которые этим шаманам помогали, то есть, «хорошие» *сэвэны* ушли прочь, а вредоносные духи «*амбаны*, все плохое перешло к детям», так потомки «получили в наследство *сэвэна*, который убивает людей» (Л. И. Бельды). Многие из моих информантов утверждали, что передающиеся из поколения в поколение духи-помощники умерших уже шаманов «убивают детей», то есть, людей, живущих в настоящее время, не только в случае с данной семьей. Мне говорили также о том, что влияния шаманов на их потомков не прекращает даже их смерть. Даже после смерти души шаманов продолжают враждовать друг с другом и бороться со своими умершими врагами, шаманами других родов, отдавая этим врагам в качестве выкупа души своих живых потомков: «Они [шаманы] не живые [уже], они умерли, а духом все равно дерутся друг с другом. <...> Хоть шаман и умер, он все равно продолжает отдавать людей, невинных людей своему врагу. <...> Вражда никогда не кончается, не прекращается» (О. Е. Киле).

В камлании «Из-за дедовских дел нас лихорадить стало» часто встречается труднопереводимое слово «*байта*». Этим словом нанайцы называют

---

1 О духах, появляющихся в результате инцеста и практически охватывающих своим влиянием целый линидж, см. Гаер 1991: 64; Козьминский 1927: 44; Лопатин И. А. 1922. Как пишет Козьминский, «опустошения, производимые» появившимися в результате инцеста духами, «всегда очень велики, благодаря их невероятной кровожадности».

зависимость человека от духов, возникающую не только в результате его собственных действий, но и из-за определенных поступков умерших родственников. В словаре С.Н. Оненко данное слово переводится как «дело, интересы», «задача», «задание, поручение», «вина, виновность» (1980: 57). Л.Ж. Заксор определяет *байта* как «дело, интересы, поручение, вина, виновность, событие, происшествие; *байталамди* – обвинитель; *байтало* – предъявлять обвинение, привлекать к ответственности» (2008: 83). Но в контексте шаманского дискурса слово *байта* обретает особое значение, которому нет соответствия в лексической системе русского языка, и поэтому в текстах камланий оно оставляется без перевода. Для шаманистов *байта* – это те проблемы, которые встают перед человеком вследствие его унаследованной или приобретенной зависимости от духов. В камлании «Из-за дедовских дел нас лихорадить стало» проблемы и драматичные события, о которых гадает шаманка Лингдзе, являются результатом полученного еще в предыдущих поколениях и наследуемого детьми *байта*.

Толкиндиади най[1]

Энуси най

1. ‖ Ми эси ебэлэ би, хайди энусихэмби-ус?[2]

Саман сэвэнчи

2. Хэрэ, Сэрумэ пиктэе, Намо амимбиа![3]
3. Асоандёамба дуилэчими пэргэчии.
4. Хэрэ, ама, улэн дуилэчируэ
5. мэнэ этэхии, мэнэ таосандии гурумбэ-лэ!
6. Улэнди дуилэчируэ!
7. Хэрэ, улэнди-дэ пэргэчиуриэ!
8. Хэрэ, хони-да би дякаӈгони-да най тэхуэни ичэдиури!
9. Най хасаӈгоивани досидями дэрурухэни.

Саман амбанчи

10. Хэрэ, бэени-гдэл хони-гдал тагоари-гдал тайчи-ну?
11. Пуригбэни-дэ хони-гдал тагоари-да тайчи-ну?

Саман сэвэнчи

12. Улэн диулэчиру!
13. Улэн пэргэчиру!
14. Сэрумэ пиктэ,
15. эниэ аӈгохани хэсэи улэн таосадами дэруру!

Саман энуси найчи

16. ‖ Эм биа-да иси симбиэ вари эктэӈгудуэсиэ хайӈгоси-да бини бидерэ.

Энуси най

17. ‖ Таоси пулсигили-дэ чихании осоаӈкимби.
    ‖ Асо улэсиэсимби тотара дуӈгусуэ тэгухэмби.

Саман сэвэнчи

18. Хэрэ, хэрэ, эм биаду иси
19. эм хусэ най амиӈкиси.
20. Хэрэ, тэӈ муэдендулэни бэе тэхудии игухэни.

---

1 Названия всем камланиям даны автором.
2 Знаком ‖ выделяются те слова камланий, которые не поются, но проговариваются речевой интонацией.
3 Разделение текста на строки обусловлено членением мелодической линии.

Человек из сновидений

Пациентка

1. ‖ Мне сейчас полегче. Чем это я болела?

Шаманка *сэвэнам*

2. *Хэрэ, дитя Сэрумэ, мой морской отец!*
3. На женщину ворожу, гадаю.
4. *Хэрэ, отец, хорошенько погадай*
5. на ту из людей, которых ты сам обхаживаешь, которых сам собираешь!
6. Хорошенько погадай!
7. *Хэрэ, можешь же ты хорошо погадать!*
8. *Хэрэ,* какой бы *дяка* [дух, наславший на пациентку болезнь] ни был, ты видишь ее [пациентку] до самого дна [насквозь]!
9. Услышав разговор людей, она начала [болеть].

Шаманка духу, виновнику болезни

10. *Хэрэ,* над ее телом что ты собираешься учинить?
11. С детьми ее [пациентки] собираешься что-то сделать или с ее телом намереваешься что-то сделать?

Шаманка *сэвэнам*

12. Хорошенько разузнайте!
13. Хорошенько погадайте!
14. Дитя Сэрумэ,
15. матерью [мною] сказанные слова хорошенько начинай исполнять!

Шаманка пациентке

16. ‖ Уже с месяц как у убивающей тебя женщины [у духа] что-то твое ‖ [твоя душа-тень] находится, наверно.

Пациентка

17. ‖ Туда ходить я не хотела. Не очень-то нравится, потому я, ‖ [ничего] не предпринимая, сижу.

Шаманка пациентке

18. *Хэрэ, хэрэ,* месяц тому назад
19. ты мужчину во сне видела.
20. *Хэрэ,* по коньку крыши в образе человека он пришел.

Энуси най

21. ‖ Чава толкичими, тэй осигохамби, гэ, таваҥкидиа туй очимби, ‖ долбо-да аорадасиа.

Саман сэвэнчи

22. Хэрэ, ама, хайҥгодоани биниэ?
23. Хора дариҥгодоани?

Саман энуси найчи

24. ‖ Хайҥгоси-да биниэ!
25. Энимби-дэ амикаси-ну?
26. Эди-дэ амикаси-ну?

Энуси най

27. ‖ Энимби эчиэ толкичихаи, эди-ус, амбамба-ос толкичихаи. ‖ «Мимбиэ мэуру-дэ, хайро-да, – ундини, – удимбэ ваоро-да!» ‖ Ча-тани эчиэ-дэ мэурэи.

Саман энуси найчи

28. ‖ Амбаҥгоси-да симбиэ одолихани, бидерэ.

Энуси най

29. ‖ «Мэпи хоричиру!» – унди.

Саман энуси найчи

30. ‖ Амиси чадо бие?

Энуси най

31. ‖ Амимби-да аба. Балана туй абанахани. ‖ Таваҥки хайду-да бивэчи-дэ сарасимби.

Саман энуси найчи

32. Хэрэ, кэсиэ гэлэм тэпчуми,
33. хэсэ-дэ анаи, дюлу-дэ анаи.

Пациентка

21. ‖ Увидев это во сне, я такой стала. Да, после того сна я такой стала, ‖ с того времени я по ночам перестала спать.

Шаманка *сэвэнам*

22. *Хэрэ*, отец, где он [дух-виновник болезни] находится?
23. Возле [реки] Хор?[1]

Шаманка пациентке

24. ‖ Кто-то из твоих [родовых духов здесь] есть!
25. Ты свою [умершую] мать видела во сне?
26. Ты [умершего] мужа видела во сне?

Пациентка

27. ‖ Мать во сне не видела. То ли мужа, то ли *амбана* видела. ‖ Приходил, говорил: «Для меня пляши и [жертвоприношение] ‖ сделай, – говорит, – животное убей!». Но я не плясала.

Шаманка пациентке

28. ‖ *Амбан* над тобой смеялся, наверно.

Пациентка

29. ‖ «Себя спасай!» – говорил.

Шаманка пациентке

30. ‖ Твой [умерший] отец там [в твоем сновидении] был?

Пациентка

31. ‖ Моего отца не было. Давно его не стало [в моих сновидениях]. ‖ С тех пор [с того сновидения] я не знаю, где они [мои умершие ‖ родственники] находятся.

Шаманка пациентке

32. *Хэрэ*, когда счастья [для тебя] просить начинаю,
33. ни слов у меня нет, ни [жизни твоей] впереди нет.

---

1 Хор – река в районе имени Лазо Хабаровского края, приток реки Уссури.

Энуси най

34. ‖ «Чава туй таро! Чава туй таро!» – ундини. Хайва-да тасимби!
     ‖ Сарасимби! «Мэнэ сэвэнчии эм удимбэ варо!» – ундини.

Саман энуси найчи

35. ‖ Тэй дякангоси маня удимбэси, сиарини бидерэ.

Энуси най

36. ‖ «Аминчи туй дяка таро!»
     ‖ Тэй дякангоси хайни удимбэси синдюйни, бидерэ. «Аминчи мэнэ
     ‖ удимбэ-дэ варо!» Тотара диа чиманива бади манга тэхэмби.
     ‖ «Ча таро! Ча таро! Мэнэ аминчи удимбэ варо!
     ‖ Мэнэ энинчи удимбэ варо!» Като, аргалини, хитрилини!

Саман энуси найчи

37. Тэй дякангоси хайни удимбэси синдюйни, бидерэ.
38. Де таванкиси-ну эси-лэ, ундиси, исидяма бэе, энимби ундини!

Гара Кисовна Гейкер (фотография из семейного архива Г. К. Гейкер)

Пациентка

34. ‖ «Так и так это делай! Так это делай!» – говорил. А я ничего не
‖ делаю! Не знаю! «Для своего *сэвэна* хоть одно животное убей!» –
‖ говорил.

Шаманка пациентке

35. ‖ Тот *дяка* [злой дух] твоих [жертвенных] животных сам съедает,
‖ наверно.

Пациентка

36. ‖ «Своему отцу [духу] так сделай [жертву принеси]!» – [говорил мне
‖ во сне]. Тот дяка, какой-то [дух] надоедает [мне], чтобы животное
‖ [получить] наверно. «Для своего отца сама животное убей!»
‖ Потом на следующий день встаю, еще хуже [себя чувствую].
‖ «Сделай это! Сделай то! Для своего отца [для духа] убей животное!
‖ Для своей матери [для духа] убей животное!» *Като*,[1] обманывает,
‖ хитрит!

Шаманка пациентке

37. Вот этот *дяка* [чужой злонамеренный дух] тебе так делает,
так дразнит тебя с твоими животными [заставляя тебя принести ему
жертву], наверно.

38. Теперь хватит [ему тебя дразнить], моя мать [мой дух-помощник так]
говорит!

Гара Кисовна Гейкер

---

1 Междометие, бранное слово.

Амана байтадиани сиргундими осихапу

Саман

1. Хай боачиани дичимби?
2. Хай боачиани энэхэмби?
3. Пурил боа-ну, хай-ну?
4. Сиэ, гудиэлэ!
5. Эри ама, сиэ!
6. Ми-дэ саман-да биэдэсимби, хай-да биэдэсимби!
7. Хайми эдэнэхэмбиэ, хайми эдэнэхэмбиэ?
8. Тул-тул пулсими, баридой, пурилчидуй, хай-да мурчиэдэсимби,
9. хэй, хэй,
10. хай-да гэлэсимби.

Саман сэвэнчи

11. Пуригби боадоани хали-да морахани найни,
12. эди-кэ осионда, гудиэлэру асиалани!
13. Ама, уйлэ дэгди ама, хай-да дэгдэм-дэ, агбиңким-да сарадасимби, гудиэлу!
14. Ми-дэ иламосиамби хайва-да яиоривани,
15. ягой яягойчим мурчим эчиэ балдиаи.
16. Хай дёгду-да инамби-тани, яягой балдиха най-тани,
17. сэвэни-тэни, амбани-тани илигоха-тани.
18. Сэвэни-тэни, амбани-тани илигоха-тани.
19. Даняна, амана агбиңкини-да хони тами-да ичэндэхэни дякаим-да,
20. пурилби байталани-тани
21. дайчиси-тани.
22. Амба-тани хай-да хэм атариоандини.
23. Эниэнэ пуригби!
24. Асиа пурилби атарини байтани,

Из-за дедовских дел нас лихорадить стало

Шаманка

1. Куда я попала?
2. Куда я пришла?
3. К детям[1] ли или в другое [место]?
4. *Сиэ*, жаль [мне хозяев этого дома]!
5. [Дух] отец Эри, *сиэ!*
6. Я не шаманка, я никто!
7. Почему я стала такой бестолковой, почему я стала такой бестолковой?
8. Все время я ходила [по шаманским дорогам]; и когда рожала, и когда детей имела, [а сейчас у меня] нет никаких мыслей,[2]
9. *хэй, хэй,*
10. и ничего мне не надо.

Шаманка *сэвэнам*

11. На земле моих детей [в том месте, где живут хозяева этого дома] люди когда-то кричали [шаманили],
12. но не делай [шаманкой эту] женщину [Эллу Ивановну], пожалей ее!
13. Отец, поверху летающий отец, почему стало так, что она [Элла Ивановна] летает [во сне], я не знаю, пожалей ее!
14. Мне стыдно кое о чем петь,
15. хотя [раньше] я жила, не раздумывая о том, что пою.
16. В этом доме еще и мой деверь [хозяин дома Иван Торокович] родился, чтобы тоже петь по-шамански,
17. его *сэвэны* и *амбаны* встали, [ведь] он родился, чтобы шаманить.
18. Его *сэвэны* и *амбаны* поднялись.
19. *Дяка* [духи] его бабок и отцов вздыбились. Чтобы посмотреть,
20. на дела своих детей, они поднялись
21. и стали дебоширить.
22. *Амбаны* от всего заставляют стонать.
23. Матери моих детей!
24. То же, что является причиной стонов моей дочери [Эллы Ивановны, то, что является] ее *байта* [ее проблемой],

---

1 Шаманка ласково называет хозяев дома «детьми», поскольку они младше ее по возрасту; Эллу Ивановну Киле называет «дочерью», но на самом деле своих детей у нее нет.

2 Считается, что во время беременности и родов шаманские способности у женщин уменьшаются.

25. хусэ инамби-тани яягой ядёани,
26. дайчагой дайрини
27. суйхэгуй супсивэни.

Саман эктэ эденчи

28. Сайкади ама бароани сугдиру, ми морагоива, яягоива, байта осии. Элэ нэхэмбэси-дэ сахамби.

Саман сэвэнчи

29. Эри ама, даи ама, мапа-ма, инан-ма мапа-ма,
30. Торо мапа-ма пиктэни-мэ, Мэси мапа-ма пиктэни-мэ.

Саман хусэ эденчи

31. Дакчи мапа дайчахандоани,
32. Дакчи мапа дайчахандоани,
33. илан торо тэугуру! Эди мэпи дяимачими балдира элкэлэ!
34. Инан-ма мэпи-лэ дяимачими туй бими-лэ ачасини.

Саман эктэ эденчи

35. Мимбиэ эди-дэ оркилара!

Саман хусэ эденчи

36. Дакчи дама дайчихани, Пакта энухэни дуэдуэни,
37. Мандё мапана бароани дайчару, морару,
38. илигогои, илигогои байтагой!
39. Мандё ама дамана дайчахани, Дакчи дама боӈгочихани,
40. тэй хамиалани Мэси дама мэлдехэни,
41. тэй хамиалани Торо дама-тани, найва хэмтуэни тойкогохани,
42. ная эчиэ пачилара.

25. приводит и к тому, что мой деверь [Иван Торокович, отец Эллы Ивановны] тоже начинает петь по-шамански,
26. начинает буянить
27. как попало.

Шаманка хозяйке

28. Для отца *сайка* [для духа] угощение поставь, и я буду кричать и петь [по-шамански], иначе будет *байта*, [будет плохо]. Я почувствовала, что ты уже поставила [угощение].

Шаманка *сэвэну*

29. [Дух] отец Эри, старый отец [был шаманским духом] деда [Мэси], деда моего деверя [Ивана Тороковича],
30. сына Торо и внука Мэси [отца Торо].

Шаманка хозяину

31. Тем [духам, с которыми] шаманил твой прадед Дакчи [отец Мэси],
32. тем, [кому] шаманил твой прадед Дакчи,
33. поставь [жертвенник] – три *торо*! Не прячь себя [стань шаманом], не живи потихоньку!
34. [Как] мой деверь себя прячет [не шаманит], так жить нельзя.

Шаманка хозяйке

35. Не обвиняй меня!

Шаманка хозяину

36. [С духами, с помощью которых] прадед Дакчи шаманил от края сопки Пакта,
37. к старикам маньчжурам [обращайся], шамань, кричи,
38. чтобы подняться, подняться [чтобы стать шаманом согласно своему] *байта!*[1]
39. Деды, [обращаясь] к маньчжурским отцам, дебоширили [шаманили], прадед Дакчи начинал,
40. за ним дед Мэси [ему] не уступал,
41. за ним – дед Торо, и всех людей [вашего рода] затронуло [шаманство],
42. никого [из ныне живущих] при этом не ударив [никому не передавшись].

---

1 «Стать шаманом согласно своему *байта*» означает подчиниться уже сложившейся зависимости человека от духов.

43. Дяри-ма хоӈколани исигойдой, Тоӈко-ма хоӈкола-ма токору!
44. Чала-ма байтаси агбиӈгой,
45. чала-ма си маня хай-да хэм дякани таду дайчиси дяка хэм бини.
46. Тэй тадо-ла даи-ма дякандёан, дайдёламбиси дяка-ма.
47. Тадо-ма хэмтуэни дяка-ма.
48. Эри хоӈко чиалани ачапчи бии хоӈкодёан
49. тэй-тэни Пакта-ма, эй Пакта дуэдуэни таду бичини.
50. Тэй хоӈко чиалани солидиади дидюй байта,
51. солиадиа дидюй хоӈкосал-тани, эйду бачиали хоӈкосал.
52. Тэй маӈга хоӈкойси-тани-да, чава мэнэ-дэ дэгбэсигуру, осигоро!
53. Ми чава дёдявасимби,
54. дамана дайчахани дяка.
55. Тул-тул мэпи дёконду биси-тэни.
56. Тэй удэвэни хэмтувэни суйлигуру!
57. Хэ, хэ, сиэ, сиэ, сиэ, сиэ, сиэ, сиэ, сиэ, сиэ!
58. Хамача сундулэ исиндой? Долани-тани-да амба бии-ос, хай бии-ос оркинда-да?
59. Сиэ, сиэ, сиэ, сиэ, сиэ, сиэ, сиэ!
60. Пиктэй удэвэни няӈга ичэдими аягоани,
61. ичэдими ая-тани!
62. Эллакан-ла дамимби дайчакамбани мутэгуй осини, илигодя-ма.
63. Хайва-да найва-тани,
64. хайва-да найва уми мутэсимби.
65. Сонагоари мэнэ суйлигусу!
66. Мимбиэ хай-да уӈким-дэ, най энувэ бари осини-тани, гасамби.
67. Хай-да умбури-дэ соӈгоамби!
68. Хай-да умбури-дэ гасамби!

Эктэ эден

69. ‖ Унду, даня, тэрэк унду, хаим долдигоива!

43. Дойди до Джаринского утеса, поднимись на утес Тонко![1]
44. Оттуда *байта* [причина твоей шаманской болезни] появляется,
45. только оттуда исходят всякие *дяка* [духи],
    там находятся все *дяка*, заставляющие вас буянить.
46. Они там, сильные *дяка*, постоянно мучающие тебя *дяка*.
47. Там все [эти] *дяка*.
48. За утесом Эри и напротив него есть еще
49. утес Пакта, на краю Пакта, там он был.[2]
50. Из-за того утеса, с верховьев приходит твой *байта*
    [болезнь, вынуждающая тебя начать шаманить],
51. [эта болезнь идет] от верховьев идущих утесов
    и здесь встречающихся утесов.
52. [Духи] этих утесов очень сильные, ты их сам раскрой [найди]
    и убери [справься с ними]!
53. Я не буду говорить об этом,
54. о тех *дяка* [о духах, с помощью которых] ваши деды шаманили.
55. Ты все время закрываешь себя [от шаманства].
56. Про те места [сам пошамань] и всех [духов] развороши!
57. *Хэ, хэ, сиэ, сиэ, сиэ, сиэ, сиэ, сиэ, сиэ, сиэ!*
58. Что это такое, что именно к вам приходит? Внутри там [в тех местах]
    то ли *амбаны* [злые духи], то ли что-то плохое?
59. *Сиэ, сиэ, сиэ, сиэ, сиэ, сиэ, сиэ!*
60. Надо бы тебе [самому] посмотреть [пошаманить] немного в том
    месте на свою дочь,
61. посмотреть надо бы!
62. Если Элла сумеет начать шуметь [шаманить] как ее деды,
    то станет [шаманкой].
63. [Больше] ничего о человеке,
64. ничего о человеке [об Элле Ивановне] сказать не могу.
65. Сами своим *сона* [стаями своих духов] занимайтесь!
66. Я переживаю, что от моих слов кто-нибудь заболеть может.
67. Как [начну] что-то говорить, плачу!
68. Как мне что-то говорить, я переживаю!

Хозяйка

69. || Говори, баба, точно говори, чтоб я [все] могла услышать!

---

1 Лингдзе указывает на маршрут *дёргил*, то есть, шаманской дороги рода Ивана Тороковича, по которому тот должен, по ее мнению, пройти, чтобы стать шаманом.

2 Неясно, идет ли в данном случае речь о духе или об одном из предков Ивана Тороковича, с которым случилось когда-то некое событие, связанное с утесом Пакта.

Саман эктэ эденчи

70. Сиэ, тэй-лэ байтавани-да эмулэ мутэсимби. Хай-да мутэсимби.
71. Тэй пиктэ аӈмалани хай-да агбиӈкини?
72. Тэй пиктэ аӈмалани хай-да анбиӈкини?
73. Туй буйкичидуи аӈмали?

Эктэ эден

74. ‖ Аба, аба, хай-да агбимбоаси.

Саман эктэ эденчи

75. Хэй, мутэсимби, най байтагоани аӈгориа мутэсимби.
76. Най сонигоани суйлими мутэсимби.
77. Эпилэи, эпилэи, кайра-да пуригбэ яягоани, морагоани.
78. Хаим-да мэнэ-мэ мучилэхэ-мэ, эрулэхэмэ би ная,
79. туе-дэ аӈмадоани агбиӈгоандайни осин-да ая бичиӈгоани.
80. Сэвэмбэ-дэ хэм наӈгалахани, мапа сэвэмбэни наӈгалахани,
81. уй-дэ этэхиэдэси чава, уй-дэ эрдэӈгэсиэдэси.

Саман сэвэнчи

82. Сагди ама, Сагди ама,
83. саихани бароани морамачими намочиамби, эпилэмби.
84. Эксуӈгурэ, найва-ла эну бада-ла гудиэлэхэ-мдэ, эдечэсимби.

Эктэ эден

85. ‖ Муэкэм гэлэсиси? Аӈмаси холгоха-мат биэсикэ. Муэвэ омиу!

Саман сэвэнчи

86. Холгомориу, хони тамариу, дёчомариу?

Эктэ эден

87. ‖ Гичиси муэвэ омиу! Холгомоси-мат биэси-кэ аӈмаси.

Шаманка хозяйке

70. *Сиэ*, я не смогу справиться с этим *байта* [делом] в одиночку. Ничего не смогу.
71. Из уст этой дочери [Эллы Ивановны] что-нибудь [наподобие шаманского пения] появлялось?
72. Из уст этой дочери что-нибудь появлялось?
73. Из уст ее, когда она едва не умирала?

Хозяйка

74. ‖ Нет, нет, ничего не появлялось.

Шаманка хозяйке

75. *Хэй*, я не смогу справиться с ее *байта*, [сделать ее шаманкой] я не смогу.
76. Заниматься ее *сона* [стаями ее духов] я не могу.
77. Я [только] молю, молю, чтобы бедная дочь [Элла Ивановна] запела по-шамански, закричала по-шамански.
78. Если бы, как у меня, когда она мучилась, маялась,
79. хоть немного [шаманское пение] из ее уст появлялось бы, тогда хорошо было бы.
80. Она всех своих *сэвэнов* выбросила, она *сэвэнов* старика выбросила,
81. никто не ухаживал за ними, никто [ими] не интересовался.

Шаманка *сэвэнам*

82. *Сагди ама, Сагди ама,*
83. об отмеченной духами [Элле Ивановне] я кричу [шаманю], *Сагди ама,* упрашиваю, молю.
84. Не дождусь, заболею от жалости, забуду.

Хозяйка

85. ‖ Водички не хочешь? У тебя во рту пересохло, наверно.
    ‖ Воды выпей!

Шаманка *сэвэнам*

86. Пить что ли хотите, или что [с вами] делается, от голода ли умираете?

Хозяйка

87. ‖ Выпей холодной воды! Пересохло, наверно, у тебя во рту.

Саман

88. ‖ Муэди холгоханди ŋэлэдэсимби ми.

Эктэ эден

89. ‖ Ņэлэсиси?

Саман

90. ‖ Бадямби-ма, дё долани кэндэлими, муэвэ гэлэмэчи осини, ми.

Эктэ эден

91. ‖ А сугдихэндули бувури синду?

Саман

92. ‖ Ча-да гэлэдэсимби.

Эктэ эден

93. ‖ Гэлэсиси?

Саман

94. ‖ Ая гоани, сугдичирэ дяпагосу тургэŋгудиэни!

Эктэ эден

95. ‖ Тургэн дяпагосу?

Саман эктэ эденчи

96. ‖ Гойдами нэучивэси-мдэ аяди сугдирэ, энусидуй-мэт, ‖ гойдами нэучиури. Мимбиэ алосиханиа, эди ундэ.
97. Дёсо довани сарасимби.

Саман сэвэнчи

98. Хэдер эниэ хэрсимби. Соло эниэ сондярби.
99. Пурил сэŋдэриэни улэŋгудиэни,
100. хай-да супсиэн-дэ анадиани, хай-да байта-да анадиани.

Шаманка

88. || Я жажды не боюсь.

Хозяйка

89. || Не боишься?

Шаманка

90. || Я [сама] найду [воду], [сама] обойду дом,
    || если мне понадобится вода.

Хозяйка

91. || А *сугди* [угощение для духов] тебе дать?

Шаманка

92. || И это мне не нужно.

Хозяйка

93. || Не нужно?

Шаманка

94. || Да, хорошо, поставьте *сугди* и сразу уберите!

Хозяйка

95. || Сразу убрать?

Шаманка хозяйке

96. || Когда здоровы, долго *сугди* не держат, а когда больны, надо долго
    || держать. Не скажи, что я тебя научила [сама должна знать].
97. [Что происходит] в вашем доме, я не знаю.

Шаманка *сэвэнам*

98. Мать Хэдер, зову [тебя]. Мать Соло, призываю [тебя].
99. Трещину [в здоровье] детей хорошенько [заделайте],
100. [чтобы жили они] без всякой суеты, без всяких проблем.

Саман эктэ эденчи

101. Хай байтади исихандой?
102. Хай дёӈгоандиани исихандой, няӈга дэрэмсигуэни, исихамбаси саринасимби.

Эктэ эден

103. ‖ Гэ, няӈга даракалу! Эй сугдихэндули няӈга даро! Няӈга даро!

Саман эктэ эденчи

104. ‖ Уй-дэ сугдичиру, ундэмби! Бай туй-дэ. Уй-дэ сугдичиру, ‖ ундэмби, дарамби.

Эктэ эден

105. ‖ Сугдичихэмби, даня, нэучихэмби. И, нэучихэмби.

Саман эктэ эденчи

106. ‖ Мэнэ Килэ аминдои?

Эктэ эден

107. ‖ И. Буэ дёгду нэучихэмби. Ма, няӈга даро! ‖ Гучи нэкугуивэ хисаӈгоӈгоаси?

Саман эктэ эденчи

108. ‖ Эйвэ хэм дарапи-тани, хэм ходини-тани, гойва нэдечимэ.

Эктэ эден

109. ‖ Гучи нэурини?

Саман эктэ эденчи

110. ‖ Най-тани гойва нэхэни-ус, хони тахани-ос, сарадасимби.

Шаманка хозяйке

101. По какой причине я приехала [сюда]?
102. Из-за того, что вспомнили [обо мне], я приехала; надо бы немножко уважить [меня], знала же, что приеду к тебе.

Хозяйка

103. ‖ Ну, пригуби немного! Это *сугди* [угощение для духов]
     ‖ немного пригуби! Немного пригуби!

Шаманка хозяйке

104. ‖ Кто-нибудь, поставьте *сугди*, говорю! Просто так.
     ‖ Кто-нибудь, дайте *сугди*, говорю, чтобы угостить [духов].

Хозяйка

105. ‖ Я уже ставила *сугди*, баба, я ставила. Да, ставила.

Шаманка хозяйке

106. ‖ Своему [духу] отцу Киле?[1]

Хозяйка

107. ‖ Да. В нашем доме ставила. На, немного пригуби!
     ‖ Еще поставить, чтобы ты могла разговаривать [с духами]?

Шаманка хозяйке

108. ‖ Если всем этим угостить духов, и все закончится,
     ‖ еще придется ставить.

Хозяйка

109. ‖ Еще поставить?

Шаманка хозяйке

110. ‖ Этот человек [гость] поставил ли что-нибудь [от себя для духов],
     ‖ или он что другое сделал, я не знаю.

---

1 Лингдзе намекает, что угощение должно быть поставлено не только для отцовских духов хозяйки дома, но и для ее шаманских духов.

Эктэ эден

111.   ‖ Хисаӈго, хисаӈго!

Саман сэвэнчи

112.   Сиэ, Эриӈкэ балдихани пиктэвэни, эгди модан эйди эурирэ, эуригуэнду!
113.   Хэ, сиэ, Пакта модан, хэдиэ модандоани,
114.   мандё ама, ина ама, мандё ама ама-ма,
115.   даи ама хурэ-мэ модандоани, хай-хай бамии, соӈгохани-да амана,
116.   эй-мэ пиктэвэ эруӈгудиэ эди эрулэсу, яяндосу, морандосу.
117.   Пиктэгуэни-дэ бавасини-да валиахани.
118.   Сагди ама саихавани, туӈгэндуэни бухэндуэни, уй-дэ эрдэӈгэдэсиэ.
119.   Мэнэ дарогоасу суэ, сиэ.
120.   Минду-кэ най, пади-ка най бурэсиндулэни гэтэгуэсимби.
121.   Гой боа най бурэсиндулэни гэтэгуэсимби.

Эктэ эден

122.   ‖ Гэ, дахара. Хэм даро! Эгдиэ омио!

Саман

123.   ‖ Суэӈгидиэни элэсимби. Мэнэ аӈмади гэлэмби:
        ‖ «Хай тагой тэй мимбиэ гадёхасу, ундэ, эуси!»

Эктэ эден

124.   ‖ Эйвэ омими ачасини сии?

Саман

125.   ‖ Эйвэ омими ая.

Эктэ эден

126.   ‖ Омио, омио!

Хозяйка

111. ‖ Говори, говори!

Шаманка *сэвэнам*

112. *Сиэ*, дочку из рода Эринкэ [Эллу Ивановну] поднимай, поднимай [делай ее здоровой]!
113. *Хэ, сиэ*, возле утеса Пакта, с той стороны, что ниже по течению,
114. [дух] маньчжурский отец, отец моего деверя [Ивана Тороковича], маньчжурский отец, так же, как отца
115. и деда [Ивана Тороковича], как возле этой горы постоянно плакавших [шаманивших] отцов [предков Ивана Тороковича],
116. эту дочь [Эллу Ивановну] мучением не мучайте, пусть она запоет и закричит [по-шамански].
117. Беда, что для нее не находится «дитя» [дух].
118. Меткой, поставленной у нее на груди [духом] *Сагди ама*, никто не интересуется.
119. Вы сами *даро* [жертвенным угощением] угоститесь, *сиэ*.
120. Если мне отдельно не дадут [угощение], то я не смогу прийти в себя.
121. Пока тот [человек, который приехал] из других краев, не даст мне [жертвенное угощение], я не приду в себя.

Хозяйка

122. ‖ Вот, угощайся! Всю выпей! Пей побольше!

Шаманка хозяйке

123. ‖ Вашим [угощением] я не удовлетворюсь. Своим ртом спрошу: ‖ «Зачем вы меня сюда привезли, скажите!»

Хозяйка

124. ‖ Тебе разве нельзя это выпить?

Шаманка

125. ‖ Это выпить можно.

Хозяйка

126. ‖ Пей, пей!

Саман сэвэнчи

127. Они ама, Торо мапа энини,
128. Они ама, даи ама, Сагди ама
129. боа довани-тани хай-да чоӈдовани чочораси,
130. хай-да хэм эивэни, хай-да чоӈдовани хэмтувэни кэндэдигуми.
131. Чаоха соридоани-тани,
132. хайва-да пуригби-тэни боа боадоани солохани.

Саман эденчи

133. Туй-тэни ама-тани, сиэ,
134. инамби, амини, энини, Ониӈкан бичин. Бими-ус?
135. Ми-дэ амимби-да эм октэ пиктэни бичини-дэ,
136. тэй-тэни ларгиан-тани.
137. Хото-хото дякани миндулэ бичини-дэ.
138. Бимиу, хаймиу, урмиу, бурмиу, хони тамиу, сиэ.
139. Хэм суэни дэгдэгухэни дякавани, уй-лэ хэмтувэни таосаӈгоаси.

Саман сэвэнчи

140. Эй-мэ инан амин-тани туэлэчимэри балдихачи.
141. Сагдини туэлэчиухэ.
142. Ми эним-дэ Ониӈка, най амин-да Ониӈка.
143. Они ама тай, Сагди ама тай, Алха ама тай
144. боадоани ларгиагойдой тай, мэн-мэн пуригби сориохани.
145. Гой-гой гурумбэ най-тани кэкчэли-кэчи ихонду хэмтуэни ная,
146. осигойдой сологохани, эмун дюэрбэ пуригби балдигоани.

Саман эденчи

147. Суэмбэни суйлигугуэни, мэнэ аличимариа дяпадясома.
148. Ми-лэ эси-лэ хай-да тэдеку-дэ анаи,
149. ми-лэ хай-да дюлку-дэ анаи. Сиэ!
150. Асиа пиктэи соӈгойниа модамбани улэӈгудиэни,
151. толкиндолани отоко би пиктэ тургундуэни, туй мимбиэ де дёбоанди.

Шаманка *сэвэнам*

127. Отец Они, [дух] матери старика Торо,
128. Отец Они, большой отец, старик отец
129. не пропустит [ни одного] пересохшего русла,
130. по всем подводным ямам, по всем рытвинам повсюду обходя.
131. Там, где воевали,
132. он повсюду оставил своих детей [духов].

Шаманка хозяевам

133. У старика [Ивана Тороковича], *сиэ*,
134. у моего деверя и по отцу, и по матери были [в роду] Оненки. Были ли?
135. И у моего отца была одна дочь [дух рода Оненко],
136. и это было бедой.
137. Это лысое существо и у меня было.
138. Было ли, не было ли, жило ли, умерло ли, что-то сделало ли, *сиэ*.
139. Всех ваших разлетевшихся *дяка* [духов],
    никто не сможет всех их собрать.

Шаманка *сэвэнам*

140. Отец моего деверя жил, женясь на собственных сестрах.
141. Старики на сестрах женились.
142. Моя мать Оненко, и его отец Оненко.
143. И отец Оненко, и старик отец, и Алха отец
144. имели *байта* [проблемы] из-за того, что дрались со своими собственными детьми.
145. И другим людям они наказали, всем людям в селе,
146. чтобы их дети, если хоть один или двое [из них в живых] останется и вырастет, чтобы они в верховья уходили.

Шаманка хозяевам

147. Чтобы макушку [рода] размешать [чтобы потомство продолжилось], терпите и держитесь.
148. Я-то теперь никакой силы не имею,
149. у меня нет ни одного стоящего *сэвэна*. *Сиэ!*
150. [И потому] мне приходится так много работать, чтобы узнать причину, по которой моя дочь [Элла Ивановна] плачет [болеет],
151. имея во сне нескольких «детей» [духов].

Саман сэвэнчи

152. Эниэ-лэ, пиктэвэ! Тактогоаси.
153. Толкиндо тактогоанда ачаговаси.
154. Аминдо ачагоанда.

Саман эктэ эденчи

155. Ная тэувэсимби, аҥгоасимби,
156. пиктэ эруҥгудиэни эрули-дэ.
157. Мэнэ энин-дэ сари, амин-да сари пиктэвэри эрулини байтавани.
158. Ная омигои хэмтуни мэдэсиэмби.
159. Мэнэ тойкору, токола тои токо-токо!
160. Тэй-тэни нэхэндуэни тэй пиктэ хаоси-гда кэндэлигуэривэни-дэ сарасимби.
161. Иламо!
162. Алдани байтади пулсиди иламосиамби.
163. Иламо!

Саман сэвэнчи

164. Кочи токон бивэни тэй пиктэ хони-да осивани, улэҥгудиэни ичэру!
165. Ичэру, хоня морагоя тайни-мдэ, хоня соҥгоя тайни-мдэ.

Саман эктэ эденчи

166. Ная бай туйҥкуми ачаси, моня оси.
167. Мэнэ хэтэгупиэ, хайва-да пэбугуэ-туэни.
168. Ми аҥгоми мутэсимби.

Саман сэвэнчи

169. Улэҥгудиэни ичэру! Илан кочи ичэру!
170. Хони-да, Посар ама, ичэру! Эри ама, ичэру!
171. Отоко би пиктэвэ байтавани, отоко би пиктэ туй суйхуйвэни.
172. Хони би байтани? Хони би супсиэ?
173. Актаҥко амимби!
174. Мандё ама, няка ама, ичэру!

Шаманка *сэвэнам*

152. Ох, моя дочь! Она никак не может шагнуть [стать шаманкой].
153. Никак не может в сновидениях вступить [в шаманство].
154. Сделайте так, чтобы во сне ей это удалось.

Шаманка хозяйке

155. Я не ставлю, не делаю [никого шаманом],
156. хотя моя дочь мучением мучается.
157. Мать ее сама знает, и отец ее знает,
    по какой причине мучается их дочь.
158. Какого человека [духа] поить, [кому жертву приносить,
    об этом] я все спросила [у *сэвэнов*].
159. Сами [теперь] ищите, кружите по берегу!
160. Куда ушел тот положенный [в душехранилище *панян*] вашей дочери,
    я не знаю.
161. Стыдно!
162. Мне стыдно ходить по этому *байта*.
163. Стыдно!

Шаманка *сэвэну*

164. [Дух, пьющий из] средней рюмки, хорошенько посмотри,
    кем станет эта дочь [Элла]!
165. Посмотри, будет ли она «кричать», будет ли «плакать»
    [петь по-шамански].

Шаманка хозяйке

166. Попусту беспокоить людей [духов] неловко.
167. Когда она сама победит [своих духов, когда сама станет шаманкой],
    она найдет, о чем говорить [шаманить].
168. Я не могу сделать [ее шаманкой].

Шаманка *сэвэнам*

169. Хорошенько посмотри! В три рюмки посмотри [погадай]!
170. Молю, [дух] отец Посар, посмотри! [Дух] отец Эри, посмотри!
171. Такое малое дитя [Элла Ивановна, а у нее уже] такое *байта*,
    такое малое дитя, [а у нее уже] такая вина.
172. Что за причина? Что здесь не так?
173. Отец мой [дух] Актанка!
174. [Духи] маньчжурский отец, китайский отец, посмотрите!

Саман эден асиа пиктэчиэни

175. Бабоңгодиани хисаңгоасимби. Мэнэ най долдинару, долдинару!
176. Яясимби, хайрасимби. Хэ!
177. Мэнэ аорисиа! Эмун бахамби-мда дэгбэруэ!
178. Асиси-гда дэгбэличиэ-мдэ мохохай-ну хони тахай-ну?
179. Эдэдэ-лэ оромби! Хайдо-ла хумиэсэхэни?
180. Килэн-дэ саман-да ои-ну?
181. Католи Мата-да касатай саман бичиэ.
182. Хаим тэсиси?
183. Аолигойдоани туй эрулигуй тайси-ну? Хай дяка-ну?
184. Тэй-тэни хамиалай-тани ми-тэни хайва-да пэбуэ эди долдиасу!

Саман сэвэнчи

185. Хэ! Сиэ! Очики-ла байтани-ла горола-ла кэндэлиу!
186. Пурил амбани, пурил байтани, очикини-ла хачини-ла.
187. Сагди ама, очики хачимбани пурил удэвэни эди кэндэлиэндэ!
188. Очики ама Посарни омоли очики омогдамби.
189. Байби дяка эйду илисими, тэсими мутэсимби.
190. Тэй омогдамби кэндэлиэнду уйлэ-гдэ, уйпэ-гдэ!
191. Сиэ! Сиэ! Сиэ! Сиэ!

Саман мэнчи

192. Тэй гурун байтадиани-тани ми бим-дэ мутэмиэ! Туй сиргундими осихамби-ос, туй дэңгэрим осихамби-ос.

Саман эктэ эденчи

193. Хэ! Боңгоду улэн дяка хисаңгохамби,
194. долбодоани хайва-да дёңгоасимби, хайва-да дёбоасимби.

Шаманка дочери хозяйки

175. Как попало я говорить не буду. Сама приходи людей [духов] послушать, послушать!
176. Не буду петь по-шамански, ничего не буду делать. *Хэ!*
177. Сама не спи! Если хоть одного [духа у тебя] нашли, открой его [сделай его своим помощником]![1]
178. Женщина, ты [ведь] сама открыть [себя как шаманку] хотела, но не смогла ли или как?
179. Что так долго «в невестах» [сидишь]! Куда закопалась?
180. [В роду] Киле[2] мало ли было шаманов?
181. И […],[3] и Мата был *касатай* шаманом.
182. Для чего ты сидишь?
183. Чтобы [людям] мучиться, когда [шаманы] переведутся? Или что другое?
184. После этого не слушайте, о чем я как попало болтаю!

Шаманка *сэвэнам*

185. *Хэ! Сиэ!* По причине [присутствия в этом доме] *очики* [духов насилия], подальше [от этого дома] кружите!
186. У детей [хозяев этого дома] есть *амбаны* [злые духи], у детей есть *байта* [проблемы] из-за *очики* [из-за духов насилия].
187. *Сагди ама*, [не разрешай] духам *очики*, чтобы они кружили в том месте, где дети [хозяева этого дома] живут!
188. Я привязываю этих *очики* к поясу [духа] отца Посара.
189. Я [даже] с простыми *дяка* [духами] здесь ни стоять, ни сидеть не могу.
190. Обмотав вокруг себя пояс [с духами этого дома, отец Посар], вверх улетай, вверх, вверх!
191. *Сиэ! Сиэ! Сиэ! Сиэ!*

Шаманка сама себе

192. Из-за *байта* [проблем] этих людей я не могу; так лихорадить, так трясти [меня] стало.

Шаманка хозяйке

193. *Хэ!* Раньше я о хорошем говорила,
194. а этой ночью я ни о чем вспоминать не буду, и работать [шаманить] не буду.

---

[1] Лингдзе советует хозяйке дома Марии Васильевне самой стать шаманкой.
[2] Киле – отцовский род хозяйки дома Марии Васильевны.
[3] Неразборчиво.

Саман сэвэнчи

195. Ми туй-лэ ебэлу мимбивэ эси!
196. Туй-лэ эдэ бичин, туй эдэкчирэ бичин, туй эдэн най.

Саман эктэ эденчи

197. Э, пурил байта тургундулэни-тэни таяди-тани дидэмбиэ-мдэ эчиэ мурчи.
198. Эуси исиамби-мда эчиэ мурчиэу бимиу. Хэее, сиэее, сиэ!
199. Эй пурилбэ сиӈгэри дякава,
200. горола осогой-тани, ми сунчи ундэсимби, мутэсимби.

Эктэ эден

201. ‖ Унду, унду! Хайми ундэми мутэсиси?

Саман

202. ‖ Бай туй мутэсимби, бай туй морасимби.

Эктэ эден

203. ‖ А ундэсилэси хони саори, даня? Ундиси-мэ аяни гоа,
‖ хай дяка эрулэйни!

Саман

204. ‖ Хай-да дякани най нэривэни ми гэлэсимби.
‖ Гэлэури муруӈку-дэ мимбиэ дайчаӈгоари, хисаӈгохасу бичин-тэни?
‖ Пурил сорини тургумбэни хай-да, хай-да байта ана ми ачасимби,
‖ хай-да мэдэ ана ачасимби.

Эктэ эден

205. ‖ Хисаӈго! Хисаӈго!

Саман

206. ‖ Хайва-да най нэрэсилэни не хочу, не надо!

Эктэ эден

207. ‖ Хайва нэурини?

Шаманка *сэвэнам*

195. Сделайте так, чтобы мне сейчас стало лучше!
196. Какой дурной я была, какой неумной была,
 такая дурная [я и осталась].

Шаманка хозяйке

197. И не думала, что приеду сюда по причине *байта* твоих детей.
198. Что сюда приеду, я и не думала. *Хэее, сиэее, сиэ!*
199. [Как сделать], чтобы вот это *дяка*, мучающий твоих детей,
200. подальше ушел, я тебе сказать не могу.

Хозяйка

201. ‖ Скажи, скажи! Почему не можешь сказать?

Шаманка

202. ‖ Просто так не могу, просто так не буду [об этом] кричать.

Хозяйка

203. ‖ А если ты не скажешь, как узнать, баба? Надо, чтобы ты сказала,
 ‖ какие *дяка* [духи] мучают [мою дочь]!

Шаманка

204. ‖ Того, что [вы здесь] поставили [как жертвенное угощение],
 ‖ мне не нужно. Вы просили меня шуметь [шаманить].
 ‖ Дети ссорятся не без причины, и без указаний [от духов]
 ‖ я говорить об этом не могу.

Хозяйка

205. ‖ Говори! Говори!

Шаманка

206. ‖ Если ничего не поставили [как угощение духам],
 ‖ то и не надо, не хочу!

Хозяйка

207. ‖ Что нужно поставить?

Саман

208. ‖ Хайва нэурини ми сарасимби! Суэ сарасису?

Эктэ эден

209. ‖ Ми хони саори, даня? Ми хони саори хайва нэурини?

Саман

210. ‖ Эйвэ омиханда гучи гэлэгудемби. Сиэ!

Эктэ эден

211. ‖ Гэ, омиу, омиу!

Саман

212. ‖ Пурил туй оркин аӈгойвани модамбани хони тами мутэури!

Эктэ эден

213. ‖ А мутэйси ачасини, хай?

Саман

214. ‖ Эмучэкэн мутэсимби, эдиси илиасиндола, си илиасиндоласи.
‖ Хаямба-да нэуривэни гэлини-тэни. Суэ отолиасису?

Эктэ эден

215. ‖ Хайва нэурини?

Саман

216. ‖ Сиандоаси симуэчигдивэ эуси.
‖ Чадо-тани-да отон долани хай-да хай-да тэтуэкэсэлбэ гэлини.

Саман сэвэнчи

217. Сиэ! Эй пурил байтани, байтани, байтавани нихолохан осини-ла дяка,
218. эйду огдиолахан дяка-ла осини-ла энухэди-тэни.
219. Долбоа, ини туй мурчими балдихамби байтаи. Хэ!
220. Хони-да гудиэлэру, хони-да айсилару!

Шаманка

208. ‖ Я не знаю, что нужно поставить! Вы сами не знаете?

Хозяйка

209. ‖ Откуда я знаю, баба? Откуда я знаю, что нужно поставить?

Шаманка

210. ‖ Если я это выпью, еще попрошу. *Сиэ!*

Хозяйка

211. ‖ Да выпей, выпей!

Шаманка

212. ‖ Плохи дела у твоих детей, что я могу сделать!

Хозяйка

213. ‖ Не сможешь, да?

Шаманка

214. ‖ Одна не смогу, пока не встанет твой муж, и пока ты сама не
‖ встанешь. Нужно что-нибудь [для духов] поставить.
‖ Разве вы не понимаете?

Хозяйка

215. ‖ Что нужно поставить?

Шаманка

216. ‖ [Давай] свое ухо сюда, хочу шепнуть.
‖ Туда, в корыто [в тазик] нужно положить какую-нибудь одежду.

Шаманка *сэвэнам*

217. *Сиэ!* Если это из-за шаманского *байта,* если это насылающий болезнь *дяка* [дух] прилепил [шаманский] *байта* [к Элле Ивановне],
218. если такое существо пристало, то пусть оно уйдет.
219. Про этот *байта,* ночью и днем думая, я жила. *Хэ!*
220. Молю, пожалей, молю, осчастливь!

Саман эктэ эденчи

221. ‖ Дяпагосу, унди, стопкава! Хайди туругугуэси тайсу мимбиэ!
‖ Чимана опаканди чикокамба, мантокамба аӈгора, чимана туругусу,
‖ и? Долдикаси? Тэй илан мантокамба аӈгора, най нихорачигоа,
‖ туругусу, ундэмби. Мимбиэ чимана болочиа анаосу, анаосу, ундэ.

Саман сама себе

222. ‖ Тэӈ эдэн осихамби-ну, оркин осихамби-ну,
223. ‖ элэ-кэ будэ ходиха осин-да ая. Сиэ!

Саман эктэ эденчи

224. ‖ «Октоӈгоари» эди паячиасоа уӈкэмби. Отоко нэрэ ходиосо!

Эктэ эден

225. ‖ Отоко нэри-дэ ая! Отоко-да абани гоани! Абани!

Саман эктэ эденчи

226. ‖ Хайду баоворини тэй «окто»?

Эктэ эден

227. ‖ Бавасини гоани! Эйду ходасиадасиа, дюэр биаду най ходасиаси.

Саман эктэ эденчи

228. ‖ Хайва-да бавадасиа? Чава-тани ми отококанди отококанди.
‖ Бай чаду отоко, отоко нэуриэи-дэ, бай кэсиэ гэлидуй.

Эктэ эден

229. ‖ Гэ, болочи, болочи энуриэ хисаӈго!

Саман эктэ эденчи

230. ‖ Нэхэси?

Эктэ эден

231. ‖ Нэхэмби.

Шаманка хозяйке

221. || Возьми, говорю, стопку! Сделай же что-нибудь, чтобы унять мою
    || дрожь! Завтра из муки петушка и манты сделаете и прекратится
    || [дрожь], да? Ты услышала? Манты, три штуки, сделаешь,
    || поклонитесь, и [моя дрожь] прекратится, я сказала.
    || Мне [моим духам] завтра жертвоприношение устройте, говорю.

Шаманка сама себе

222. || Такая дурная я стала, такая плохая стала,
223. || что лучше умереть и покончить с этим. *Сиэ!*

Шаманка хозяйке

224. || Много «лекарства» [водки] не трать, говорю. Немножко налила,
    || и хватит!

Хозяйка

225. || Можно и немножко налить! Да уже и немножко нету! Нету!

Шаманка хозяйке

226. || Где достать «лекарство» [водку]?

Хозяйка

227. || Не достать! Здесь не продают, два месяца уже не продают.

Шаманка хозяйке

228. || Нигде не достать? Я отсюда немножко отолью.
    || Чуть-чуть налью для *кэсиэ гэли* [для жертвоприношения].

Хозяйка

229. || Ну, скажи [своим духам], что завтра пойдешь делать обряд
    || [жертвоприношение]!

Шаманка хозяйке

230. || Ты поставила [рюмку]?

Хозяйка

231. || Поставила.

Саман эктэ эденчи

232. Най-тани хони-да осихамбани саваси. Сиэ!

Саман сэвэнчи

233. Гудиэлэру! Сагди ама, даи ама!
234. Чаоха соридоани кэндэлихэмби,
235. эдии чаоха энэхэндуэни кэндэлихэмби.
236. Буэ пуригбуэ-лэ эмбэ солоро! Гудиэлэру-мдэ!
237. Хони-да ичэдигуй най гой-гой бараси осигоамби.
238. Гудиэлэруэ! Сиэ!
239. Чагдян на агбиңгойчиниа,
240. хони-да чиманача чилгача олхома сугдинчи туруру!
241. Пурил будэйни маня соңгоми дёбоми бидуй-тэни,
242. хай-да-ла дёкондолани дёсоңкимби.
243. Туругуру!

Саман эденчи

244. Хали-да дидэми-дэ эчиэ мурчии,
245. хали-да дидэми-дэ сарадасимби.
246. Мурумби-рэгдэ туй-дэ.
247. Эй ми пулсихэндуй хони-да исиндагойси-ла супсиэ-кэ ларгиа-ка ана-ка!
248. Пуригбиэ хони-да бивэнду аяди!
249. Дони, дони-ла туй-дэ соңгохамби:
250. эмбэ ини-дэ кэндэлими-дэ исиори-ну, хай-ну-да сарасимби.

Саман сэвэнчи

251. Чиманача чилгачими олхома сугдучи-мэ,
252. хони-да гудиэлэми-дэ, хони-да айсилами-да, хони-ла ама-ла!
253. Хэдеэ калта хэсимби, туругуру!
254. Солиа калта сондярби Соло эниэ!
255. Дамана, дяняна дайчахани.
256. Мокто эниэ моихани.
257. Кинда эниэ киохани.
258. Эй-лэ доила туругугуе хони-ла!

Шаманка хозяйке

232. Какой она [Элла Ивановна] станет, я не знаю. *Сиэ!*

Шаманка *сэвэнам*

233. Пожалей! *Сагди ама,* большой отец!
234. Там, где войска воевали, я [духом] кружила,
235. там, куда мой муж уходил воевать, я кружила.[1]
236. Оставь нам хоть одного [шамана], из наших детей [выбери его]! Пожалей!
237. Как ни посмотришь, не найдешь никого, чтобы я могла сделать его шаманом.
238. Пожалей! *Сиэ!*
239. До тех пор, пока [не выпадет снег, и] земля не станет белой,
240. молю, останови [мою болезнь], молю, завтра при восходе угостись *олхома* [бескровной жертвой] и останови!
241. Только о смерти [своих] детей плача и работая, я жила,
242. как в какой-то угол загнанная.
243. Останови!

Шаманка хозяевам

244. Никогда не думала, что приеду [сюда],
245. не знала, когда приеду.
246. Только в мыслях так.
247. Теперь, после моего приезда, пусть не будет [у вас] ни бед, ни препятствий!
248. Пусть дети будут здоровы!
249. В душе, в душе я так плакала:
250. кружа [повсюду], прийду ли [сюда] в какой-то из дней или нет, не знаю.

Шаманка *сэвэнам*

251. [Получив] завтра при восходе *олхома* [бескровное угощение],
252. молю, пожалей, молю, осчастливь, молю, отец!
253. Живущая в низовье, зову, останови!
254. Живущая в верховье мать Соло, [тебя] призываю!
255. Деды и бабки [на тебя] шаманили.
256. Мать Мокто опутывала [души-тени пациентов].
257. Мать Кинда запирала [их].
258. Эту [дрожь] внутри [меня] остановите, молю!

---

1 Муж Лингдзи погиб на фронте во время Великой Отечественной войны.

Саман эктэ эденчи

259. ‖ Пуригби исиамбиам эйнивэ эчиэ мурчие.
   ‖ Найду, туй-дэ найду аоӈгачиамби-да. Дони-тани туй мурчи гоа,
260. пуригби аяла би осини, хони-да исиндагои, хай-да аба-мда,
261. а сентябрь биани балдигойдоани, эмбэ тиэсэ-кэ бами-да.
262. Хони-да мимбиэ чала-да бивэнду-мдэ,
263. хай дихан-да барамби.
264. Пуригби ичэгухэ элэ бичи.

Саман сэвэнчи

265. Иннакаӈгой соӈгохан гоа эй неӈне.
266. Даня, нэкувэ хони-да гудиэсиру! Хони-да нэкуэкэ айсилару!

Саман эктэ эденчи

267. ‖ Чадо-тани пиктэ соӈгодойни сиандолани дола-да! –
   ‖ – чикокамба хайду-да бара хони этэхиу.

Саман сэвэнчи

268. Хэ! Сиэ! Пурил-лэ байтадоани-ла гудиэлэру!
269. Чимана чилгонду олхома сугдикэнди опаканди оролами.
270. Пурил-дэ, уй-дэ хай-да, балдиори-да маӈга байтани.
271. Гудиэлэру, нярчаӈгоро, татагоро олхома сугди-мэ бинэ-тэни!

Саман эктэ эденчи

272. ‖ Чикокамба сиксэ эриндуэни аӈгопи-тани, эй дё довани яохигой,
   ‖ яохигой сиксэду-дэ. Сиксэ долбогодоани-да турикэмбэ пуюрэ-дэ,
   ‖ лалакамба пуюрэ-дэ. Оро!

Эктэ эден

273. ‖ А?

Саман эктэ эденчи

274. ‖ Ми ундэи эди оркисиа, гэ?

Шаманка хозяйке

259. ‖ Я и не думала, что приеду сегодня к детям.
     ‖ У людей, я у людей ночую. Про себя я так думаю,
260. если дети будут здоровы [приеду], даже если у меня ничего не будет [если денег не будет],
261. в начале сентября хоть один рубль да найдем.
262. Молю, чтобы до этого времени я дожила,
263. а уж деньги какие-нибудь я найду.
264. Детей ваших я увидела, и довольно.

Шаманка *сэвэнам*

265. Моя Инна[1] плакала этой весной.
266. Бабушка, молю, пожалей ее! Молю, осчастливь ее!

Шаманка хозяйке

267. ‖ Когда дочь плачет – на ушко тебе скажу –
     ‖ достань где-нибудь петуха и выращивай его.

Шаманка *сэвэнам*

268. *Хэ! Сиэ!* Пожалей детей, [мучающихся] из-за *байта!*
269. Завтра на восходе *олхома* [бескровное] угощение из теста заменит [жертву].
270. Детям, кто бы [ни был], жить тяжело из-за *байта*.
271. Пожалей, успокойся, прими *олхома* угощение!

Шаманка хозяйке

272. ‖ Петушка вечером сделаем [в жертву принесем],
     ‖ в этом доме угощение, угощение сделаем вечером.
     ‖ Вечером и ночью фасоль сварим, каши сварим. Невестка!

Хозяйка

273. ‖ А?

Шаманка хозяйке

274. ‖ На мои слова не обижаешься, нет?

---

1 Инна Ивановна – другая дочь Ивана Тороковича, сестра Эллы Ивановны.

Эктэ эден

275. ‖ Что?

Саман эктэ эденчи

276. ‖ Сиксэ, долбогодоани-мат сиун тугуйдуэни-мэт...

Эктэ эден

277. ‖ Хали?

Саман эктэ эденчи

278. ‖ Чимана сиксэ. Тэй мантокамба, чикокамба-тани ини, ини.

Эктэ эден

279. ‖ Даня, хайду баори нэ чикокамба чимана?

Саман эктэ эденчи

280. ‖ Аба, опоканди, оролаори!

Эктэ эден

281. ‖ Опоканди?

Саман эктэ эденчи

282. ‖ Опоканди оролаори!

Эктэ эден

283. ‖ А!

Саман эктэ эденчи

284. ‖ Ичу, тэй опоканди-тани-да ми чими нэкунэ огдёмкимби-тани, ‖ чими сиун токонду-да. Ая-да муэкэнди-дэ таори, ундэмби, ‖ хай-да абадоани, хай-да гэлэвэси. Сиксэду-тэни-дэ опаканди ‖ опа-да аба-да, хай бигилитэ. Илан.

Эктэ эден

285. ‖ Опа баори гоа.

Хозяйка

275. || Что?

Шаманка хозяйке

276. || Вечером, ночью, на заходе солнца…

Хозяйка

277. || Когда?

Шаманка хозяйке

278. || Завтра вечером. А манты и петушка днем, днем.

Хозяйка

279. || Баба, где непременно завтра найду петушка?

Шаманка хозяйке

280. || Нет, из теста в замену [настоящего]!

Хозяйка

281. || Из теста?

Шаманка хозяйке

282. || Из теста в замену!

Хозяйка

283. || А!

Шаманка хозяйке

284. || Смотри, этими [петушками] из теста я утром своих младших
   || [духов] покормлю, когда поднимается солнце. Можно на воде
   || сделать, говорю, если ничего нет, [и больше] ничего и не нужно.
   || Вечером из муки. Разве у тебя нет муки? Трех [петушков].

Хозяйка

285. || Мука найдется.

Саман эктэ эденчи

286. || Ая. Илан чикоканди опаканди оролаори-да.
       || Ми-тэни яягоива эй дё долани сиксэ.

Эктэ эден

287. || Гэ.

Саман эктэ эденчи

288. || Сиун тугуйчиэни-дэ, туругугуй тамби, ундэмби.

Саман мэнчи

289.   Падандиади патарими, пади дилгандиани патапихамби.
290.   Сахси дилгандиани салгихамби,
291.   гаки дилгандиани гадарихамби.
292.   Тэлкэӊгугуи нярчаӊгогои.
293.   Хайва-да хамачава-да,
294.   тотами эси хай-ва-да чимана сиун токон сивучиэни ая-да.

Саман эктэ эденчи

295. || Муэкэн-дэ ая хайва-да бавасиамда! Ичу! Октокамба отоко нэрэ-дэ.
       || Чадо муэкэмбэ нэрэ-дэ. Иларио-ка чадо нэрэ. Нихорасигоха осини,
       || элэ-мдэ. Балана-да сэӊкурэ биэси, сэӊкурэ муэкэмбэни.

Эктэ эден

296. || Сэӊкурэ баорини гоа.

Саман эктэ эденчи

297. || Сэӊкурэ баорини гоа! Элэ, ая! Туй элэ туругугуй!
       || Ми-тэни хай-да туй соӊгом осии мурумби-тэни-дэ исихамби-тани
       || уй-дэ туй туругуэси осихани. Пуригби маня этумэчими маня,
       || хай-да ми аяка би осини.

Саман сэвэнчи

298.   Хони-да дяпалачиосу!
299. || Эйнивэ оркин-тани.

Шаманка хозяйке

286. ‖ Хорошо. Трех петушков из теста взамен. А вечером я буду петь [по-шамански] в этом доме.

Хозяйка

287. ‖ Ладно.

Шаманка хозяйке

288. ‖ На закате, чтобы остановить [свою дрожь], говорю.

Шаманка сама себе

289. От стоп вся трясусь, да и голос мой дрожит.
290. Сорочьим стрекотом стрекочу,
291. вороньим карканьем каркаю.
292. Чтобы остановить [дрожь], чтобы успокоить [*сэвэнов*].
293. Что-нибудь, какая-нибудь [причина есть],
294. потому теперь завтра, после того, как солнце взойдет, можно будет.

Шаманка хозяйке

295. ‖ Можно поставить воду, если ничего [если водки] не найдем!
‖ Смотри! Можно чуть-чуть «лекарства» [водки] налить,
‖ а там же [в рюмки] водички налить. Три [рюмки] туда поставить.
‖ Покланяемся, и хватит. Раньше, если был багульник,
‖ то воду с багульником [ставили].

Хозяйка

296. ‖ Багульник найдется.

Шаманка хозяйке

297. ‖ Багульник найдется! [Этого] достаточно! Хорошо! Достаточно,
‖ чтобы остановить [дрожь]. Мне плакать хотелось, так в мыслях у
‖ меня было. И некому было остановить [мою дрожь].
‖ Если бы я была осмотрительна со своими детьми
‖ [со своими духами], была бы здорова.

Шаманка *сэвэнам*

298. Молю, поддержите [меня]!
299. ‖ Сегодня мне плохо.

Обряд жертвоприношения, совершенный на следующее утро после камлания «Из-за дедовских дел нас лихорадить стало»

Мария Васильевна Киле

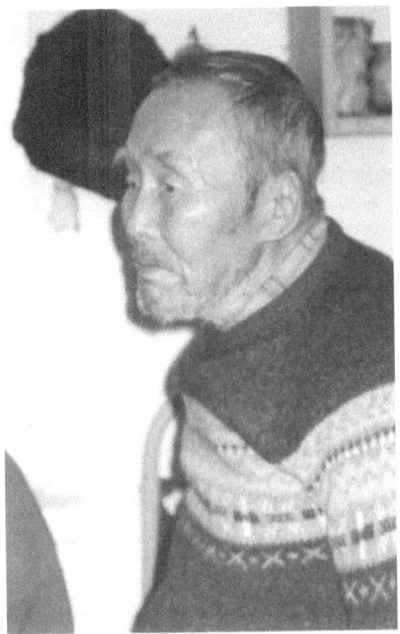

Иван Торокович Бельды

Элла Ивановна Киле

Глава 6.
Истребление неистребимых.
(*Оксокивани ниэвучи* / Изгнание духов)

Изгнание духов совершалось, если кто-то заболевал внезапно, если кто-то долго болел и никак не мог поправиться, если не ловилась рыба, и в других случаях, которые объяснялись тем, что духи «задевают». Своей воинственностью и способностью «убивать» духов хвалились, прежде всего, шаманы, но обычным их изгнанием (*пудэгуйчи*) часто занимались и *солгини най* (простые люди, не шаманы) тем более, что их обычно поддерживали *гарбиачи най* (ясновидящие) или *тудины* (знахари), способные видеть духов и указывать на них остальным. Некоторые «люди прямо глазами [в темноте] видят [духов]. «"Вон там, – говорят, – стоит!" Темно! Света нет, окна занавешены, а они видят! "Вон, за столбом стоит, смотрит на нас!" Или кричали: "Под кроватью спрятался, подкрадывается куда-то!" Так кричали. Мы в одеяла укутаемся. Страшно же! Скорее бы закончили!» (Мария Васильевна). Вера Чубовна Гейкер уверяет, что она сама могла иногда видеть духов, когда их изгоняли из ее дома: «Соберутся, свет потушат и начинают кричать: "Га-а, га-а!" *Тудины* [ясновидящие] показывают, какие черти появляются, откуда появляются. Один раз гоняли, я сидела. Мне моментом показался шаманский бурханчик [дух]! Он из угла выскочил и к выходу бежит. Я говорю: "Ой-ой-ой!" – говорю, и тоже с ними: "Га, га!" Бежит бурханчик! <...> Правда это! Деревянный! Темно, ничего не видишь, а так тебе кажется». Духов изгоняли не только из жилищ, но и из людей. По выражению Киры Андреевны Киле, те, кто постоянно с духами общались, сами «еще при жизни становились *амбанами*» [духами]. Один из сеансов изгнания духов, на котором присутствовала В. Ч. Гейкер, долго не давал нужного результата. Ясновидящим казалось, что духи то исчезают непонятно куда, то снова неизвестно откуда появляются. Тогда решили, что они прячутся в теле одной из присутствовавших женщин и «как начали кричать! А она [эта женщина], знаешь, бьет [по себе] руками: "Правда, правда, правда! На самом деле, они у меня, они у меня!" – Вот так руками [по себе] бьет. После этого долго она не прожила и умерла. [Духи] уже чувствовали, что она умрет, и в нее <...> заселялись. Уже она [постепенно] становится покойницей, и все черти в нее заселяются!».

Изгнание духов казалось многим настолько обычным делом, что их гоняли, по выражению Л. И. Бельды, так же, как выгоняют забежавших в дом собак или как налетевших мух. Открывали дверь и гнали их криками, размахивая вениками, нижней частью одежды и другими предметами. «Иногда во время промыслов в шалаше, где жили охотники или рыбаки, среди ночи поднимался старик, которому приснились эти существа. Сняв с себя нижнюю часть одежды, размахивая ею, он бегал по всему помещению и выгонял их, как мух. Особенно верили в необычайную силу копья, которым убили медведя. Поставив древко на землю, крепкий духом старик вращал наконечником в воздухе; присутствовавшие при этом говорили обычно, что в темноте зимовья с наконечника слетали искры, от которых погибали злые духи» (Смоляк 1991: 80).

У считавшихся наиболее искусными в изгнании духов шаманов потребность прогнать духов из того помещения, в котором они камлали, могла возникнуть прямо посреди некоторых камланий. Тогда шаман начинал кричать, гнать духов криками, заставляя присоединяться к его крикам всех присутствующих, или «собирал находящихся в помещении духов» с тем, чтобы затем увезти их прочь, а ясновидящие контролировали его действия. Об одном из таких камланий Н.П. Бельды рассказывает так. Шаман «плясал там, плясал, стал собирать всех *амбанов* [злых духов] в одну карету. Собирает, собирает, а я <...> вижу, что самый главный [дух] остался. <...> Я ощущаю, и даже в глазах становится так, что под койкой у бабки [дух] остается. На этой стороне [в другой комнате] койка! Как я [увидел]? Я же не вижу сквозь стену! Я смотрю, он лежит там. Спрятался! И с ним, он под собой еще какую-то бяку держит. Я кричу, что самый главный [дух] остался, а он [шаман] не обращает внимания. Ему говорить бесполезно! Он все свое! Уже отвозит. Ладно, думаю, все равно вернешься, куда денешься. Шел, не знаю, долго ли ехал [шаман], потом останавливается. "*Хэхэйс!*[1] Мама! Самого главного, – говорит, – оставил!" <...> Теперь остановился. <...> Назад приходит и этого хватает. "Теперь, – говорит, – вы у меня в руках!" А потом, когда стал выходить, говорит: "Спросите у того, который видел, может, еще кто-то остался." – "И еще есть! – говорю. – Там же, под койкой, только в самом углу. Черное существо!" Он возвращается. Того забрал и пошел».

Более эффективным способом изгнания духов было предварительное заманивание их в приготовленные для этой цели фигуры (в предоставление им нового «тела») с последующим избиением и уничтожением этих фигур, выбрасыванием или запиранием их в каком-либо укромном месте. Иногда от больного к большой изготовленной из травы фигуре протягивали нитку. «Все присутствующие в доме кричали: "Га!", чтобы устрашить злого духа, а шаман в это время изгонял его, кусая тело больного в разных местах – живот, грудь, шею, при этом *амбан* якобы метался в теле больного и наконец выходил через его рот. <...> Вырвавшись из тела больного, *амбан* бежал по нитке (все видели, как она дрожит) и попадал в травяную фигуру; чтобы он не миновал ее, иногда внутрь вкладывали приманку (лакомство) - стружки, обмазанные рыбьей кровью. После этого чучело «само по себе» начинало прыгать так сильно, что его с трудом удерживали за веревки здоровые мужчины. Тут все начинали бить его палками, убивали злого духа, а фигуру выкидывали в тайгу» (Смоляк 1991: 167–168).

Таким образом боролись с теми духами, которые способны были только вредить и с которыми невозможно было договориться. Но даже самые полезные и помогающие духи всегда, как считалось, обладали некоей теневой стороной, отдельными отрицательными свойствами. Эта теневая сторона полезных духов называлась *оксоки*. В записанном А.В. Смоляк камлании шаманка гоняет духа по красному болоту и по синим горам с тем, чтобы из него вышли *оксоки* – его злые свойства, и чтобы его можно было в дальнейшем использовать как духа-помощника. В момент выхода из духа его злых качеств на его «теле» раскрываются узоры, как видится это камлающему шаману («синие горы перейдешь – твои узоры раскроются»). Согласно комментарию инфор-

---
1 *Хэхэйс* – характерное для камланий междометие.

манта Смоляк, узоры, «будто рисунки на теле духа <...> раскрываются, и тогда из него выходят» его негативные качества» (Смоляк 1991: 184).

Благодаря наличию отрицательных свойств, каждый «добрый» и приносящий пользу дух в любой момент при изменившихся обстоятельствах мог внезапно стать опасным. Поэтому прежде, чем воплотить духа в его изображение, «в жилище» или «в его новое тело», шаман должен был уничтожить «вредное, отрицательное ответвление духа *сэвэн*, его дурные качества», отрицательные свойства (*оксой, оксоки*), приносящие болезни», (Смоляк 1991: 75–76). Согласно другому объяснению, любые полезные духи, с которыми договаривается шаман, имеют слуг, среди которых оказываются *оксоки*, духи для человека опасные. Для того чтобы люди обращали на духов внимание, молились им и приносили им жертвы, они посылают к людям этих своих «слуг», насылающих несчастья и болезни. «Хозяин», то есть полезный дух, «посылает своих слуг *оксоки*, чтобы они привели к нему человека. Хозяин говорит: "Давай, ищи этого!" – и *оксоки* находят человека». Нашедший человека *оксоки* досаждает ему болезнями (человек «мучается, изводится, похудеет, некоторые опухают» – О. Е. Киле) или необъяснимым шумом. «Ни я не вижу *оксоки*, и никто [другой] их не видит, – говорит шаманка Л. И. Бельды. – Они по дому кружат <…> и везде то стукнет, то звякнет. Такие они! Очень шумят в доме. Когда они по дому носятся, спать невозможно. Все время просыпаешься и просыпаешься. Повсюду шум! Они с шумом по дому ходят, а ни человека нет, и ничего нет!». Когда же цель достигнута, то есть, когда обратившийся к шаману пациент делает изображение-вместилище духа-хозяина, и начинает приносить ему жертвы, «тогда дух-хозяин забирает своего *амбана* [злого духа] к себе». «Он приказывает *амбану*: "Пойди, – говорит, – оставь его!" И больной живым остается» (О. Е. Киле).

В приведенном в данной главе камлании те *оксоки*, от которых страдает пациентка, являются принадлежностью ее родовых духов («*вэю*, стаи духов ее старых дедов»), от которых ей, казалось бы, следовало ждать только помощи. Духи *оксоки*, задевающие людей рода Ойтанка, «по-всякому их обманывающие и таскающие их» души-тени (Г. К. Гейкер) и в том числе насылающие болезни на пациентку данного камлания, принадлежат отцу Ойтанка, то есть, главному родовому духу, и задача шаманки заключается не в том, чтобы этих духов «убить или изгнать», а лишь в том, чтобы отослать их как слуг назад к их хозяину, к отцу Ойтанка. К началу камлания «Улетающие травяные фигуры» по распоряжению шаманки Г. К. Гейкер были приготовлены и установлены в ее доме связанные между собой веревкой фигуры, сделанные из высушенной травы. Самая бо́льшая (в человеческий рост) фигура, изображавшая человека на трех ногах, была установлена впереди, за ней гуськом были поставлены еще две такие же человекообразные фигуры на трех ногах, каждая последующая чуть меньше предыдущей. К веревке, связывающей эти три фигуры, были прикреплены свисающие на нитках маленькие скрученные из травы фигурки, изображавшие птиц, кошек, лошадок и человечков. Вся эта связка травяных фигур называется *сомдон*. Шаманисты полагают, что в невидимом глазами духовном мире духи выстраиваются гуськом друг за другом и соединяются в стаи *вэю*, и связка травяных фигур *сомдон* моделирует такую группу духов, одновременно предоставляя для этих духов «новое тело», в которое они должны будут воплотиться во время камлания.

Кроме того, на пациентку была надета вырезанная из газетной бумаги шапка *лэргимэ*. Раньше такие шапки изготавливались из стружек. Предполагалось, что, камлая, шаманка перенесет болезнетворных духов болезней своей пациентки в сделанные из травы изображения *сомдон* и приготовит их к тому, что эти духи станут *ямон*, то есть, некой поклажей, предназначенной для перевозки. Данное действо совершалось в темноте для того, чтобы шаманка лучше видела, как духи *оксоки* входят в травяные фигуры. Затем связка травяных фигур вместе с бумажной шапкой должна была быть вынесенной из дома и выброшенной. Считалось, что в это время в духовном мире несущие духов травяные фигуры улетают прочь, присоединяясь к *вэю* (к стаям духов), сопровождающим главного родового духа пациентки отца Ойтанка. (Шаманка просит, «чтобы [болезни] воплотились в этих [травяных фигурах, в человечках], в лошадках, в птицах, [и они летят] как туча на небе. Вверх по реке летят или вниз по реке их ветром несет» (Л.И. Бельды).

В данном камлании также происходит изгнание духов, но изготовление фигур позволяет шаману смягчить процесс их выпроваживания. Вместо того, чтобы пугать духов, кричать на них, шаман делает все «осторожно, жалея» духов (Л.И. Бельды), делает, так, чтобы духи сами согласились войти в травяные фигуры. Когда дух воплотится в приготовленную для него фигуру, «водкой надо его угостить! – говорит шаманка. – Тихонько его ходи, куда хочешь, туда ходи! [И тогда] он сам уходит. Хорошенько, с почтительностью надо положить его [в травяные фигуры], и он сам уйдет. Радуясь, уйдет!» (Л.И. Бельды).[1]

Несмотря на то, что практика изгнания духов часто давала немедленный, всеми замечаемый эффект (чем и объяснялась ее популярность), надежной она не считалась, так как положительный эффект был обычно недолговременным. После небольшой передышки изгнанные духи вновь возвращались на прежние места, и тогда прежние проблемы не только возвращались, но и усугублялись. Пациент «выздоровеет, ему легче станет, а <...> со временем опять появляется, и от этого можно умереть. <...> Еще и еще раз делаешь, и все равно ничего не получается, не помогает» (Л.И. Бельды). Некоторые «каждый вечер *амбанов* гоняли, – рассказывает шаманка К.И. Киле. – Я говорю им: "Зачем каждый вечер гонять. Разве так можно?" Если их сильно гонять, их еще больше будет». Они тем больше досаждают людям, чем больше люди сами их задевают и гоняют. «Если не трогать *амбана*, то и он зачем будет

---

[1] При изгнании болезнетворных духов в некоторых случаях применялись «многоразовые» фигуры или изображения. Такие фигуры делались из бумаги или ткани и не подлежали уничтожению непосредственно во время обряда, но служили продолжительное время с целью притяжения к ним «болезней» от разных пациентов. Одушевлялись такие изображения шаманами, но хранились у специальных людей *сэвэн пункичи най*. «Шаман сам предлагает, чтобы кто-то взял и у себя держал» такие изображения (Николай Петрович). В случае болезни кого-либо из представителей определенного рода хранитель такого изображения мог уже сам, без помощи шамана просить духов болезни перейти в изображенных на бумаге или ткани ос, комаров, змей и проч., и мог даже поручить это сделать кому-либо другому. «У нашей бабки Полокто такое [изображение] было. Куда-то дели, когда она умерла. Она могла любой другой бабке [на время это] отдать. Скажет: "Сходи вот, Коля болеет, сгоняй там всё [собери болезнетворных духов на это изображение], а потом принесешь"» (Николай Петрович).

бегать к тебе? Тут кричат на *амбанов*, когда их много появляется. Чем больше кричат, тем их больше становится» (Л. И. Бельды). Ненамного результативнее был и смягченный вариант изгнания духов с помощью предварительного вселения их в фигуры. Куда бы шаман ни вынес с помощью этих фигур духов в пространство духовного мира, «хоть за тридевять земель шаман их спрячет, все равно они снова появляются» (И. Т. Пассар).

Шаманы часто говорят о том, что они убивают злых духов, но при этом, отвечая на уточняющие вопросы, парадоксальным образом признаются в том, что на самом деле убить духов невозможно, так как они бессмертны: «Как их убьешь, когда они как дым?» (Л. И. Бельды). «*Амбанов* не убивали, а только хватали или гнали. Прогонят, он на некоторое время отойдет, а потом снова возвращается. Все равно вернется! Так было раньше и сейчас так!» (К. И. Киле). «Не убьешь *амбана* никогда!» (Н. П. Бельды). Отвечая на вопрос, почему все же шаманы говорят о том, что убивают духов, мне отвечали следующее. «Некоторые убивают *амбанов*, но они снова возрождаются. *Най варини – вакариа. Най суини – сукэриэ хорагойни*, то есть, «человек [*амбана*] убивает – [а *амбан*] дыбясь, поднимается. Человек [его] изводит – [а он], топорщась, оживает» (Ульяна Степановна Бельды). «Это раньше люди убивали *амбанов*. Шаманы убивали их. Да только кто и когда видел умершего *амбана*?» На самом деле «никто *амбанов* не убивает». Наоборот, в свое время *амбан* шамана убивает. *Амбан* говорит шаману: «Тебя убью, другому не дам. <...> *Амбан*, которого я буду убивать, [со временем] сам меня убьет. Прикончит! <...> Будем убивать *амбанов*, кончим тем, что сами умрем» (Л. И. Бельды).

В одном из эпизодов камлания «Мальчик, спрятанный в горе», где происходит расправа со злыми духами, шаманка М. Ч. Гейкер велит своим духам-помощникам: «Догоняйте! Вцепитесь, навалитесь, держите! <...> К ремню их вверх ногами привяжите! <...> Отверстие железной сетки откройте! Подхватив их снизу в охапку, толкайте [их в сетку]! <...> Отверстие крепко-крепко завяжите! <...> Чтобы не кричали, рты им заткните!» – «Убивая» духов, она бросает их «в море», как она называет озеро Ханко. «Морскими волнами вас покроет, – поет она. – Морские рыбы, морские черви полностью [вас] съедят. На берег моря морские волны вынесут ваши желудки, ваши кишки как поплавки. На берег моря ваши кости врассыпную волны выплеснут». При этом духи, с которыми так жестоко расправляется шаманка, пассивны. Они не сопротивляются, а только, как кажется шаманке, скандалят и ругаются. Шаманке, кроме того, чудится, будто они не принимают ее расправу всерьез, а вместо этого дразнит ее и кривляются: «Язык показываешь, дразнишься?» – обращается шаманка к одному из пойманных, связанных и ожидающих расправы духов. – «Кого еще съесть хочешь? Кого еще схватить хочешь?». Убийство духов выглядит, таким образом, как некая условность, игра, действительные и декларируемые результаты которой существенно расходятся: шаманы убивают бессмертных, прогоняют возвращающихся и истребляют неистребимых.

Во время исполнения приведенного ниже камлания запланированные шаманкой действия были нарушены. Произошло замешательство: присутствовавшие на камлании люди не вынесли вовремя связку травяных фигур из дома, как это планировалось, и, значит, пролетавший над домом, в котором проходило камлание, родовой дух отец Ойта не унес с собой эти заготовленные фигуры. Такой нестандартный исход камлания давал мне дополнительную возможность разобраться в сути происходившего и выяснить следующее важное обстоятельство. То, что в результате камлания болезнетворные духи обрели дополнительный дом – травяные фигуры, но при этом не улетели прочь, как это предполагалось. Это было для пациентки, по мнению шаманки Г.К. Гейкер, чрезвычайно опасно. Согласно ее объяснению, не только травяные фигуры восприняли во время обряда болезни пациентки, но и сама пациентка оказалась с этими фигурами таинственным образом связанной. Поскольку же непрочные травяные фигуры долго храниться не могут, разрушаясь, они должны были неизбежно вызывать соответствующие разрушения и в теле пациентки. Поэтому заключая камлание, шаманка предупреждает, что пациентка может разболеться еще больше и требует безотлагательного повторения ритуала.

сэвэны
Линден-музей, г. Штутгарт

Сомдон дэгдэйни

Саман сэвэнчи

1. Сэрумэ пиктэи!
2. Мэдур-лэ пурилби!
3. Сэлэм сэдемби эндур пиктэи!
4. Тулиэ тадянчии туниру!
5. Гориаридои холахса довани хомбахамби
6. тэвэксэ довани тутухэмби, дэгдии огдаи,
7. тулиэ тадянчии туниру!
8. Айкагдя диасилби, огдачии оросу, байдала ямомба ямолого.
9. Намони амимби! Алха-ла энимби!
10. Асоандо дякпадоани илими, илими,
11. энувэни, силтамбани симболими, ачоми даи вэючие!
12. Туӈгэндуэни тулдюнди
13. энувэ, силтамба хаолиа лоптолимиа, хаолиа ачомиа
14. даи гурун вэюни, иларсу вэюни!
15. Маӈбои довани мандолини вэюни даи паксиани намочами айӈгорду аӈгоха.
16. Даи дакана вэюни, тойкой бэлэ тойкорима тоӈгалами кэндэли вэюни,
17. киатаха паяктала китор-борбор ирунди,
18. халдо паяктала хасоригда дюкипсинду!
19. Сагди ама, Ойта ама вэюни,
20. иларсу вэюни би-дэ бэечии бэмбэлэмиэ!
21. Айӈгорчи адамиа!
22. Бэеси бэктэли,
23. ӈаласи, бэгдиси вандили,
24. дилиси димболиа,
25. дэрэгси тэлпэлиэ,
26. хэмдэси хэуелиэ,

Улетающие травяные фигуры

Шаманка *сэвэнам*

1. Мое дитя *Сэрумэ!*
2. Мои дети *Мудур!*
3. Моя железная повозка, мое дитя *эндур!*
4. На *тадян* [на исхоженные мною тропки] в моем дворе опуститесь!
5. Летающая лодка,[1] в которой в помешательстве я в облака поднималась
6. и сквозь тучи мчалась,
7. на *тадян* в моем дворе опустись!
8. Мои друзья *Айкагдя*,[2] в мою лодку садитесь,
   чтобы скорее поклажу увезти.[3]
9. Мой морской отец! Моя мать *Алха!*
10. Рядом с женщиной [с пациенткой] встаньте, встаньте,
11. чтоб болезнь ее, хворь ее, скидывая, снимая [с нее, отдать] *вэю* [духам] стариков!
12. Скрытую в ее груди
13. болезнь, хворь, молю, оторвите, молю, уберите
14. [и отдайте ее] *вэю* стариков, тройному *вэю!*
15. Большой мастер, которого упросили, сделал [из травы фигуры] над Амуром стаей [летящего] *вэю*.
16. *Вэю* старых дедов, дающий знать [о себе] телу, когда, кружа [повсюду], задевает его,
17. в засохшую траву мгновенно зайди,
18. в сухую траву с шуршанием воплотись!
19. *Вэю* старого отца, отца Ойта,[4]
20. тройной *вэю*, раз ты есть, над своим телом [над фигурами, сделанными из травы], повисни!
21. К изображению своему пристань!
22. [Новым] телом своим шевельни,
23. руками и ногами своими подвигай,
24. голова твоя пусть зачернеет,
25. и лицо твое проявится,
26. живот твой пусть наполнится,

---

1 Летающая лодка представляется маленькой, легкой и невесомой (*котаро*).
2 Духи Айкагдя нужны шаманке, как она это объясняет, для того чтобы убивать тех, кто на нее нападет.
3 Нейтральное слово *ямон*, означающее то, что везут (например, почту), относится в данном случае к тем духам, к той болезни, которую предстоит снять с больной и увезти прочь.
4 Ойта – имя одного из предков патрилинейного рода Ойтанка, к которому по отцу принадлежит пациентка.

27. хэучилэси мэрэлиэ,
28. ниракта николиа,
29. пухиси пукчиэлиэ,
30. котани кохсили,
31. паси пакали!
32. Адасими, дюкисими!
33. Босоктоси бомболиа,
34. миаваси мидали,
35. хэутэси хэуелиэ!
36. Иларсу вэюду адами,
37. иларсу сомдондо!
38. Адами адапсинду!
39. Даи дака вэюни, вэюни,
40. асоандёамба орким боава олбиачими,
41. эрули дякава вэючи, сомдончи, вэючи!
42. Мэнчи маня мэндуэривэ гэлэи, мэнчи маня!
43. Гиаливаси гэлэи иларсу вэюни баргими!
44. Опоро кэлхили,
45. аӈма очоали,
46. дилиси димболиа,
47. насалси потолиа,
48. хэрэ, сианси чэрэлиэ!
49. Гаса би-дэ дэӈсэруӈгэ, найкан би-дэ дэӈсэгуӈгэ, даи гурун иларсу вэюни!
50. Кэксэ би-дэ мормоли!
51. Адапсими, дюкиэпсими, хармаха паяктала хасоригда,
52. киатаха паяктала китор-борбор, халдо паяктала хасоригда дюкисими!
53. Ойта эктэни, хачим боава аргандами
54. сэлэсу боавани олбиачими,

27. рёбра пусть прочертятся,
28. позвоночник свой точками прояви,
29. кишки свои вспучь,
30. и желудок твой появится,
31. и печень зачернеет!
32. Войди [в свое изображение], воплотись [в него]!
33. Почки твои выпуклые пусть округлятся,
34. сердце забьется,
35. легкие [воздухом] наполнятся!
36. К тройному *вэю* пристань,
37. в тройную связку *сомдон*¹ войди!
38. Начинай входить!
39. *Вэю* старых дедов, *вэю* [духи],
40. тех *дяка* [духов], которые мучают эту женщину [пациентку] и таскают ее по плохим местам,
41. [заберите к себе, в своё] *вэю*, в *сомдон* [в связку фигур из травы], в *вэю!*
42. Себе пожелайте их забрать, только себе!
43. Пожелайте не помешать [болезнетворным духам зайти] в этот приготовленный тройной *вэю!*
44. Носом своим потяни,
45. рот свой разинь,
46. головой своей зачерней,
47. глазами блесни,
48. *хэрэ*, уши свои оттопырь!
49. Птицы встрепенитесь, человечки встрепенитесь в *вэю* стариков [в связке из травяных фигур]!
50. Кошки, присядьте на задние лапы!²
51. Войдите и воплотитесь в старую траву с шуршанием,
52. в засохшую траву мгновенно, в сухую траву с шуршанием воплотитесь!
53. Женщину рода Ойта,³ в разных местах обманывавшую [пациентку]
54. и по железным местам [ее] таскавшую,⁴

---

1 *Сомдон* – связка сделанных из высушенной травы фигур; на веревке, соединяющей три большие антропоморфные фигуры, прикреплены маленькие фигурки, изображающие птиц, кошек и человечков.
2 Имеются в виду изображения птиц, человечков и кошек, привязанные к веревкам, соединяющим три большие фигуры из травы.
3 Женщина рода Ойта – в данном случае болезнетворный дух, переходящий в роде Ойтанка по наследству.
4 Железными считаются самые опасные территории духовного мира.

55. ама, вэювэси баргими аӈгоми мэнчи маня!
56. Гудиэм гэлэми,
57. кандиваси гэлэми,
58. дилидоани лэргим апом тэтуми ачорами, ачорами!
59. Энувэ, силтамба тэлбэрэ, дилини энувэни аӈгоми,
60. балдихани сэксэни диличиани токпачими
61. лэргимэ апондо адапсинду, дюкипсинду!
62. Дэгдулэни алха гаса хэпэли,
63. порондолани най гада би амана вэюни!
64. Ама, Ойтаӈка пурилбэни, пондилбани
65. хачиндиани дялими олбиали эктэвэ
66. иларсу вэючии гиалагоро, хаолиа мэндурэгуру,
67. хаолиа мэнчи маня татаро, дяпаро!
68. Энувэ лактохамбани,
69. хэрэ, тэӈсэдуэни тэлби энувэни,
70. ама, иларсу вэючии, мэнчи мэндурэру!
71. Асиа пиктэ-тэни эргэӈгуи, кэсигуи гэлэми,
72. боло бордочими саоличими балдигоани,
73. хаолиа гиаларо!
74. Хаолиа гудиэнду!
75. Хаолиа би-дэ айсиларо!
76. Хаолиа би-дэ иларсу вэючии, иларсу сомдончии!
77. Ама вэюни, боа ана энэридиэни кэндэли вэюни,
78. хачин силтамба, хачин энувэ вэючии, сомдончии мэнчи мэндурэру!

[Саман мэурини]

79. Иларсу вэюни, хаолиа оркин гурумбэ осигуру!
80. Гаса би-дэ дэӈсэрумгэ,
81. найкан би-дэ дэӈсэрумгэ,
82. кэксэ би-дэ мормоли!
83. Бэен удэни улэнди!
84. Ама! Апончи адоандо, адоандо улэнди, улэнди!

55. отец, в приготовленный и сделанный свой *вэю* [загони ее], только себе [ее забери]!
56. Милости прося,
57. защиты прося,
58. в [надетую] на голову [пациентки] шапку *лэргимэ* [переходя], снимайте, снимайте [с нее болезнь]!
59. Болезнь, хворь, не поддающуюся [лечению], боль в голове производящую,
60. всю кровь ее в голову подниматься [заставляющую]
61. в шапку *лэргимэ* введи, воплоти!
62. Птица Алха, [сидящая] на *дю*[1] [на осевой линии шапки], вспорхни,
63. И над макушкой человека [пациентки] вздыбь *вэю* ее отцов!
64. Отец, детей рода Ойтанка, женщин этого рода
65. по-всякому обманывающую и таскающую их [души] женщину [злого духа]
66. к тройному *вэю*, ограждая ее [от людей], молю, забери,
67. молю, к себе, молю, только к себе утащи, забери!
68. [И другую] болезнь [к пациентке] приставшую,
69. *хэрэ*, в верху живота, не поддающуюся [лечению] болезнь,
70. отец, к тройному *вэю*, к себе забери!
71. Дочь [пациентку], здоровья, счастья просящую,
72. чтобы каждую осень жертву она [тебе] приносила, и [тебя] угощала,
73. умоляю, [от *амбанов*] огради!
74. Умоляю, пожалей!
75. Умоляю, осчастливь!
76. Умоляю, в тройной *вэю*, в тройной *сомдон* [в связку из трех групп травяных фигур забери ее болезни]!
77. *Вэю* отца, не имеющий [для себя] места, стаей кружащий *вэю*,
78. любую хворь, любую болезнь, *вэю*, в *сомдон* [в фигуры из травы введи], к себе забери!

[Шаманка пляшет, гремя металлическими подвесками на поясе]

79. Тройной *вэю*, молю, плохих людей [злых духов от пациентки] забери!
80. Птицы [на *сомдоне*] встрепенитесь,
81. человечки встрепенитесь,
82. кошки на задние лапки встаньте!
83. По всему телу [пациентки] хорошенько!
84. Отец! В [надетую на нее бумажную] шапку вводи [ее болезни], хорошенько, хорошенько!

---

1 Имеется в виду изображенная на осевой линии и в находящейся у лба передней части шапки [то есть на линии *дю*] птица.

85. Гармакта-мат адами гаояли,
86. сиргил дякава хаолиа мэндурэгуру!
87. Сигакта-мат адалидиани сипчили мэндурэгуру!
88. Сиргилбэ, ларива колиа адалидиа! Адалидиа!
89. Бэен удэни улэнди амбамба гэлэгу!
90. Дяпаро!
91. Дэгдии огдачи оросу!
92. Ама боачиани хуэдуру, хуэдуру, хуэдуру!

Саман досоди найчи

93. ‖ Хаоси би дякасал!

Саман сэвэнчи

94. Ама! Улэнди!

Саман досоди найчи

95. ‖ Най дайладиани ундивэни хайми отолиачису?
96. ‖ Ми-дэ хал-хал очими бичэи!

[Найсал сомдомба, апомба ниэвугуйчи]

Саман сэвэнчи

97. Хэрэ, дэгди огда!
98. Сагди ама боачиани ямоларо!
99. Хай-да улэн очини илиаӈгочихаи, сусэми сусэи осигоани.
100. Даи Гиваӈгой Дякпарни!
101. Илан тумбэ эурими ама бароани эпилэру!
102. Хаолиа ямомби кандидиани оркин гурумбэ осидиани, эпилу, эпилу!

85. Подобно комарам, тучей лепящихся
86. и насылающих лихорадку [духов], умоляю, забери себе!
87. Подобную [укусам] ос колющую боль забери себе!
88. Лихорадку, не прекращающуюся боль к [изображенным на шапке] червям прилепи! Прилепи!
89. Во всем ее теле хорошенько *амбанов* ищи!
90. Забирай [их]!
91. В свою летающую лодку садись!
92. В землю отцов лети, лети, лети![1]

[В этот момент помощники должны были снять с пациентки шапку и вместе с *сомдоном* вынести ее за дверь. Но помощники замешкались и не сделали требуемого].

Шаманка слушателям

93. ‖ Что вы за люди!

Шаманка *сэвэну*

94. Отец! Хорошенько!

Шаманка слушателям

95. ‖ Человек вам так громко говорил [что нужно делать],
    ‖ почему вы не поняли?
96. ‖ Я тоже растерялась.

[Присутствующие выносят шапку и *сомдон* за дверь.]

Шаманка *сэвэнам*

97. *Хэрэ*, летающая лодка!
98. В землю *Сагди ама* [старого отца] вези [болезни пациентки]!
99. По-хорошему хотела сделать, а получилась сумятица.
100. Просвет Большой Зари!
101. Три флага поднимая, молите отца!
102. Умоляю, защитите [пациентку], и чтобы из-за того, что я привезла [вселила в травяные фигуры], плохие люди [болезнетворные духи у пациентки] не появились, молите [отца], молите!

---

1 Отдававшиеся до сих пор приказания относились к *сэвэну* Гары, морскому отцу Намо ама. В последнем же ее распоряжении говорится о другом отце, о духе рода Ойтанка, к которому и должна была быть отправлена связка из травяных фигур с болезнями пациентки.

103. Асоандёан хамила энуэ барасидяни Хэдер ама боалани тугуми!
104. Ойта ама! Хаолиа кандиру ямомбива ямомби!
105. Ми-дэ дяписаси тэумписими чихаламби.
106. Морахам, дяпахам мурчихэмби,
107. улэӈгудиэни хаӈсила аяди маня сусухэмби.

Саман энуси найчи

108. Эм надо бивури дакчигора осини, гучи сэвэн ниэвури гоани.

сэвэны
Линден-музей, г. Штутгарт

103. Чтобы женщина [пациентка] не заболела после этого, на землю отца Ходжера опускайтесь!
104. Отец Ойта! Умоляю, обезвредь то, что я привезла [вселила в травяные фигуры]!
105. Я хотела по-хорошему, а ты не взял.
106. Я кричала, думала, что они схватили [связку фигур из травы],
107. [я хотела] по-хорошему, а вышло по-другому, неразбериха вышла.

Шаманка пациентке

108. Мы живем в одном селении, придется еще раз *сэвэна*[1] выносить.

---
1 Шаманка льстит духам *оксоки*, называя их позитивным термином «*сэвэны*».

Гара Кисовна Гейкер
(фотография из семейного архива Г. К. Гейкер)

Глава 7.
Тело, сданное на прокат.
(*Сэвэмбэ эпили* / Заклинание изображений духов)

Наиболее известными являются два вида лечебных камланий, различающихся направлением характерного для каждого из них основного действия. «Шаман либо "извлекает" источник болезни из тела пациента, а затем, внеся его в тот или иной объект, "провожает" его в мир духов, либо он "добывает" душу больного, а затем внедряет ее в тело» (Новик 1984: 45). В настоящей главе представлены те камлания, которые совершаются для перемещения духа болезни из тела пациента в предназначенные для долгого хранения фигурки, а также обращенные к таким фигуркам камлания-заклинания. По-нанайски такие камлания называются *сэвэмбэ эпили* (заклинание, упрашивание духа). Ю. А. Сем называл *эпили* (*эпилэури*) «жанром шаманского фольклора» и переводил этот термин как «оживление *сэвэнов*, их одухотворение» (1986: 44). А. В. Смоляк также упоминала этот термин, но уточняла, что под словом *эпили* понимаются не только такие действия шамана, как «процессы "вселения" шаманом духа *сэвэн* в изображение» (1991: 75), но также «обращение к духу во время камлания с просьбой» (1991: 276).

Внешне камлания *эпили* отчасти похожи на камлания *оксокивани ниэвучи*, о которых шла речь в предыдущей главе, и в которых извлеченные из тела пациента болезнетворные духи также перемещаются в заранее приготовленные фигуры, но отличаются от них тем, что по окончании камлания фигуры не разрушаются и не выбрасываются, но сохраняются пациентом в течение всей его жизни. Поскольку воплощенные в *бэ*, то есть, «в своем новом теле» фигуры были предназначены для хранения, у каждого из многократно лечившихся таким способом нанайцев собиралось обычно множество таких фигур. По смерти их обладателей они либо выносились в лес, либо складывались на чердаке. Про один из чердаков, где хранились *сэвэны* трех поколений уже умерших людей Алла Кисовна Бельды рассказывает так. «У них было на чердаке столько *сэвэнов*! <...> И из кочки были *сэвэны*. Вот такие! Стоймя стояли эти человечки. Ой, сколько много их было, ужас! И всяких размеров. <...> Даже такие, каких на шею вешают, *эдехэсэл*. Такие там *сэвэны*! И такие, которые стоят, и такие, которые лежат! У тех, которые лежат, и люлечка там была из соломы, собачки всякие были. <...> Когда мы *сэвэнов* [с чердака] вытаскивали, <...> вот такая *гора* их была! Вот такая, я не вру! Всякие, всякие! Из травы, из дерева! Что, мол, счастье приносят!» (Смеется).

Изготовление *сэвэна* иногда трактуется как средство перемещения в него донимающего человека болезнетворного духа. Но судя по дальнейшим отношениям излечившегося пациента с изготовленным для него *сэвэном*, человек избавляется только от болезни, но от духа как такового он вовсе не освобождается. Напротив, связь человека с этим духом хоть и меняет свой характер (дух перестает мучить человека болезнями), но при этом лишь усиливается. Проявляется это, например, в том, что, даже не будучи шаманом, обретший *сэвэна* человек обнаруживает, что поселившийся в *сэвэне* дух начинает постоянно ему сниться. Вера Чубовна Гейкер рассказывает, что у нее было два *сэвэна*, полученных в результате лечения, которых она называла своими «детьми».

«Где бы я ни была, – рассказывает В. Ч. Гейкер, – они мне обязательно приснятся. <...> Однажды на пароходе еду. Сама легла, [уснула, и мне снится, что] они меня толкают: "Мама, ну что! Нас ты чуть [на берегу] не оставила!" – Они мне снятся! Я на лавке легла, а они [в сновидении] меня толкают: "Подвинься, мама! Ты нас чуть на берегу не оставила, а мы успели залезть! Теперь подвигайся!" Я проснулась, отодвинулась: "Ложитесь, говорю спать"». Несмотря на то, что В. Ч. Гейкер постоянно общается со своими духами-«детьми», шаманкой она не является и лечить других людей с их помощью она не может.

Другой признак, указывающий на усиливающуюся связь вылечившегося человека с заключенным в фигурке духом, состоит в том, что все, что ни происходит с изображающей духа фигуркой, сказывается на теле этого человека. Фигурка *сэвэна* и тело человека оказываются посредством духа непостижимым образом тесно связанными между собой подобно тому, как связаны бывают одним духом, согласно верованиям шаманистов, тела близнецов. Когда для Ольги Егоровны Киле шаманка впервые сделала *сэвэна* деревянную змею, она, по ее словам, ничему тогда еще не верившая легонько ударила эту змею по спине топором и выбросила ее. О последствиях своего поступка она рассказывает так: «Потом ничего, ничего, и вдруг сразу моя спина, как будто топором ударили! Что-то хотела взять и упала прямо на землю ничком. Никак не могу встать! Бабушку [шаманку] заставила: "Давай, ищи, отчего я заболела!" Потом бабушка немножко бумбукала [била в бубен]. "Ты что натворила!" – говорит». Однажды шаманка Гайма, уехала в гости из своего села в город Амурск, и когда она мирно общалась в городе с друзьями, у нее «бац! На глазу синяк выскочил!». Вернувшись домой, она стала расспрашивать свою дочь: "Тоня, ты что, говорит, по пьянке моего *аями* (фигурку духа-помощника) что ли стукнула?" – Она [Тоня] говорит: "Да, – говорит, – я за какой-то помощью обратилась, а что-то он там не сделал, и я со злости его стукнула." А у бабушки, которая в Амурске была, такую даль, [след от удара появился]: "На лице, говорит, такое месиво у меня было!" – говорит» (Лариса Ганзулиевна Бельды). У Кани, председателя колхоза в поселке Мухен, высох глаз. Причиной этого считали происшествие с фигуркой, изображавшей его духа. У фигурки были глаза-бусинки, и «одна бусинка выпала и потерялась, а у него глаз высох, так и ходил одноглазый!» (И. Т. Пассар).

В случае близнецов принцип «один дух на два тела» проявляется в том, что, если один из близнецов умирает, срочно изготавливают замещающую умершего близнеца фигурку. Считается, что иначе разложение тела умершего близнеца стало бы влиять на живого близнеца. Сестра-близнец Ирины Торомбовны Пассар умерла в младенчестве, и с тех пор Ирина Торомбовна держит сделанную для нее шаманом заменяющую сестру фигурку *адо*. О своей связи с этой фигуркой она рассказывает так: «Когда я была маленькая, мать мне рассказывала, [что я] на улицу вышла поиграть и упала. За руки, за ноги взяли меня и понесли домой. Как будто мертвая, без сознания! Потом спрашивают брата моего Мишу: "Что ты сделал с Ириным *адо*?" – "Это Малхо брал и бросал этот *адо* вот так в стенку", – рассказывает Миша. "Ах вот почему она такая стала!"» Повзрослев, Ирина Торомбовна стала держать свой *адо* в деревянном шифоньере, «чтобы маленькие дети не трогали». Но и этого оказалось недостаточно, знающие люди говорили, что духу это место не нравится, и именно из-за этого она «похудела, как дерево стала худая». Как она сама говорит: «Я могла от этого похудеть и даже умереть. Как дерево высохну и буду медленно умирать».

Наконец, новая зависимость человека от духа, обретшего «новое тело» в изготовленной для него фигурке проявляется в том, что он становится обязанным регулярно совершать приношения этому духу. «Надо одевать [фигурку] в то, во что сама одета, и кормить» (Ч.Д. Пассар), причем человек не может этим пренебречь под угрозой возвращения болезни в еще более опасном виде. Если фигурку болезнетворного духа изготавливали для шамана, то шаман подчинял себе этого духа, и тот ему служил. Но если речь шла об обычном человеке, то для того чтобы болезнь не возобновлялась, духу, напротив, должен был теперь служить человек. Поэтому важным условием того, чтобы дух согласился перейти в «новое тело», является высказываемое самим пациентом или от лица пациента лечащим его шаманом обещание жертв и поклонения, которое будет с этих пор данному духу оказываться.

Для первого из помещенных в данном разделе камланий из ткани был изготовлен предназначенный для пожизненного хранения нагрудник *мойга*, на котором была изображена бо́льшая морда тигра, а вокруг расположены более мелкие рисунки лошадей, змей и ос. Это камлание шаманка Г.К. Гейкер совершала для Татьяны Константиновны Ходжер. Следующие три камлания Г.К. Гейкер совершала для самой себя, в первых двух она обращается к своему духу-сожителю *хоралико*, который специфическим шаманским духом не является, так как, по мнению шаманистов, есть у каждой нанайской женщины,[1] а в последнем она просит для себя здоровья у своих шаманских духов-помощников.

---

1 По словам информанта Смоляк С.П. Сайгора, когда мать еще только рожала девочку, дух *хоралико* уже мог ее приметить: «"Эта женщина моя будет." Прошло много лет, дух хоралико все время следил за ней и потом рассердился: Другим сэвэн женщины делают вместилище [фигурку – А.С.], а мне нет. Он трогал женщину», и она заболевала (Смоляк 1991: 185). Хоралико мучил женщину, сердился потому, что ему не давали фигурку, и делал ей больно, и предлагая ему специально изготовленное вместилище, шаман пел: «Ты все время мучил человека, на груди его, на животе сидел, человек болел. Теперь успокойся, для тебя специальная форма сделана, заходи!» (Смоляк 1991: 186).

сэвэны
Линден-музей, г. Штутгарт

Мойгачи дюгбучими эпилини

Саман сэвэнчи

1. Эниэнэ, амана, хаолиа аяди бидиэни
2. хайду-да оркин анади. Гудиэлэ!
3. Эрэӈгуй гэлэми пулсивэни,
4. хаолиа аяди, эдин-дэ аяди бидиэни!
5. Тэхэлэнэ тэрэчии, дачалана дайчачии.
6. Аӈмаи амдаро!
7. Хэлэндулэи хэнэр-бэрбэ долдиусу!
8. Мойгандёамба бэючигуи, мойгандёанду бэючими бэпсиӈгусу!
9. Айӈгорба, дурумбэ аӈгоха.
10. Пурэн амбадиадиани Куту амба саиндахани
11. мойгандёанди туӈгэнду тулдюӈкини, сэлэмэ сэкпэндини,
12. минду би-дэ эпилэи элэчинду!
13. Мойгаду турэӈгуру!
14. Пурэн амбандои насалдои турэӈгуру!
15. Колиандои, сигактадои турэӈгуру! Туӈгэндуэни тулдюӈкимби
16. айӈгор дурун адагоси, дюкигуйси!
17. Эвэӈки-тэни симби-тэни пуӈгичигурэ, сугдигурэ.
18. Морианди мойганди турэӈгуру!
19. Лариндёамба мэнчи мэрэндугуру,
20. сиргисэлби мэнчи мэрэндуру,
21. сэкпэӈкимбэни сэлкивэнду,
22. гилкихани гилтатари,
23. миавандёамбани миавалдокои,
24. морианди мойгадои турэӈгуйси!

Саман энуси найчи

25. ‖ Ая, эди гасара!

Воплощение духов в рисунки на нагруднике

Шаманка своим *сэвэнам*

1. Матери, отцы, молю, чтобы здоровой она была
2. и чтобы ничего плохого [с ней] не случилось. Жаль ее!
3. Раз уж приехала [она ко мне, чтобы] жизни просить,
4. молю, пусть она будет здорова, и муж ее пусть будет здоров!
5. Я от корня [рода] поставлена, от основания [рода] шаманю.
6. [Движениям] губ моих следуйте!
7. Голос мой, сразу отзываясь на него, слушайте!
8. Чтобы [этот нагрудник из ткани] *мойган* оживить, к *мойгану*, оживляя его, приставайте!
9. Изображение [ваше], тело [вам] сделали.
10. Тигр Куту *амбан*, от тигров [пациентку] отметивший
11. и *мойганом* в груди ее застрявший, железом ее кусающий,
12. моим заклинанием *эпили* удовлетворись!
13. В [этот нагрудник] *мойган* воплотись!
14. В [изображенного на нем] тигра, в глаза его воплотись!
15. В [изображенных на нем] змей и ос воплотись! [Вместе с болью] стесняющей грудь
16. к изображению, [к сделанному для тебя новому] телу пристань, чтобы [в него] воплотиться!
17. С этих пор [пациентка] *пунгкичи* [дымом] начнет тебе [курить], угощать тебя будет.
18. В лошадей [изображенных] на *мойгане,* воплотись!
19. Неотступную боль себе забери,
20. лихорадку себе забери,
21. кусающую [боль] утиши,
22. ломящую боль в голове сними,
23. боль в сердце *миавалдокои*,[1]
24. в [изображенных] на *мойгане* лошадей воплотись!

Шаманка пациентке

25. || Ничего, не переживай!

---

[1] Слово *миавалдокои* перевести не удалось.

Хоралико бэегуэси аӈгодямби

1. Гиэ, гиэ, пуэ, дуэнтэдиэ Хоралико, гиэ, гиэ, гиэ, гиэ,
2. Минду би-дэ эпилэи элэчинду, гиэ, гиэ!
3. Гиэ, гиэ, пуэ, сумби би-дэ хуюн хумэгдэ чиадиаи
4. ми эпилэи элэчинду, гиэ, гиэ, гиэ, гиэ, нами,
5. нами, нами; намчиаӈгойси, гиэ, гиэ, гиэ, гиэ, гиэ, гиэ,
6. эси-лэ би-дэ бэедуэси бэлхигуэмэ айӈгоргоаси.
7. Аӈгогоми дэрудерэ, гиэ, гиэ, гиэ, гиэ, гиэ, гиэ, гиэ.
8. Нами, нами; намчиаӈгойси,
9. гиэ, гиэ, гиэ, гиэ, гиэ, гиэ,
10. симби би-дэ хуюн хумэгдэди эпилэи.
11. Ми намилгои эпилэи, гиэ, гиэ, гиэ, пуэ, гиэ, гиэ.
12. Дюлэи элкиндэмбэри эуриду эпилэи, гиэ, гиэ,
13. нами ми-дэ, гиэ, гиэ!
14. Минду би-дэ нами, нами; намчиаӈгойси!
15. Эди би-дэ пучэпсиндэ,
16. эди би-дэ тагдапсинду, гиэ, гиэ.
17. Чиросал-да чиочара-да пурсинтэчи-дэ, пучиэндэ.
18. Гиэ, гиэ, гиэ, гиэ, нами, нами; намчиаӈгойси, гиэ, гиэ, гиэ, гиэ!

Сэвэн хораликочи эпилини

1. Амба сэвэн Хоралико, минду би-дэ эпилэивэ элэчинду!
2. Сумби би-дэ хуюн хумэдэ чиадиаи ми эпилэивэ, дярбалиива дяримбору!
3. Дюлиэлэни элкумэ тумбэри эурими элэчинду!
4. Чилисэлду чаксиӈкимби.
5. Хэмдэйдуэни хэудиэӈкимби хэӈнэлигуйси,
6. чилинсэлдуэни чиндагойси,
7. эден-кэчи эпилии, дяӈгиан-качи дярбалиива.
8. Тэӈсэсэлдуэни тэлпэхэни.
9. Алха амба Хоралико,
10. кэличи кэчиндидуй хоралсидуй эси-лэ би-дэ,
11. бэемэлбэни ялисалбани янолиси.
12. Эси-лэ би-дэ сугдигурэ, поӈкигурэ
13. симби-тэни нами-нами намчиаӈгодяра.
14. Тэтуэ тэндени тэчэӈгуру!

Обещание духу сделать ему «тело»

1. *Гиэ, гиэ, пуэ,* лесной [дух] *Хоралико, гиэ, гиэ, гиэ,*
2. моей мольбой насытьться, *гиэ, гиэ!*
3. *Гиэ, гиэ, пуэ,* [обращаемой] к тебе с девятью палочками *хумэгдэ*
4. моей мольбой насытьться, гиэ, гиэ, гиэ, гиэ, успокойся,
5. успокойся, успокойся; чтобы ты успокоился, *гиэ, гиэ, гиэ, гиэ, гиэ, гиэ,*
6. сейчас я тебе тело [фигурку] сделаю.
7. Начну делать, *гиэ, гиэ, гиэ, гиэ, гиэ, гиэ.*
8. Успокойся, успокойся; чтобы ты успокоился,
9. *гиэ, гиэ, гиэ, гиэ, гиэ,*
10. я тебя с девятью палочками *хумэгдэ* буду умолять.
11. От моего заклинания успокойся, *гиэ, гиэ, гиэ, пуэ, гиэ, гиэ.*
12. Перед собой поднимая [флажок] и махая им, я заклинаю, *гиэ, гиэ,*
13. чтобы ты успокоился.
14. Успокойся, успокойся, чтобы ты успокоился!
15. Не делай так, чтобы я заболела еще сильнее,
16. не злись, *гиэ, гиэ.*
17. От горячих брызг при жарении, от пара готовящейся пищи не раздражайся.
18. *Гиэ, гиэ, гиэ, гиэ,* успокойся, успокойся, чтобы ты успокоился, *гиэ, гиэ, гиэ, гиэ!*

Заклинание ревнующего духа

1. [Вселившийся] в меня *амбан сэвэн хоралико,* заклинанием моим насытьться!
2. Тем, что я молю тебя, девять палочек *хумэгдэ* позади тебя [положив, удовлетворись и] облегчение мне подай!
3. Тем, что флагом перед тобой махаю, поднимаю его, насытьться!
4. Внизу живота у меня тяжесть.
5. Чтобы ты ослабил опоясывающую боль в моем животе,
6. чтобы ты отпустил боль внизу моего живота,
7. как хозяина тебя умоляю, как у начальника облегчения [у тебя прошу].
8. К талии моей ты прицепился.
9. Пестрый *амбан хоралико,*
10. как только на свояка [на моего мужа], морщась и ревнуя, [посмотришь],
11. тотчас слабость на меня насылаешь.
12. Сейчас угощайся *сугди* и дымом багульника
13. и успокаивайся.
14. Отцепись от подола моего платья!

Саман мэпи сэвэнчи эпилини

1. Сэрумэ пиктэи, эндур-лэ пиктэи,
2. хэрэ, эниэ туӈгэнчиэни туӈгугуэни!
3. Japoro пиктэи,
4. Эниэ туӈгэндуэни каокандоани тугуру!
5. Тэму эниэ, тэӈсэчии тэгундэру!
6. Энуэ маня долани, дилган маня долани балдии.
7. Энэнэ бэеи, хэи!
8. Энэнэ дилии, энэнэ, энэнэ ӈалаи!
9. Хэрэ-лэ, Алха энимби, хэи,
10. хотон яӈни холдони, Алха яӈни алдани,
11. Алха-ла энимби, хэи!
12. Энэнэ бэеи, энэнэ бэеи, хэи!
13. Энуэ долани маня балдии.
14. Амана!
15. Хаолиа гудиэсису, хаолиа айсилосу!
16. Оя очиани балдими силта тэлбуни тэучими,
17. паргалогои, гиэ, гиэ, гиэ.
18. Мимби
19. бэе бэртэнэ, яли ямоно, энэнэ!
20. Уликсэ улгини, бойкои бориндини,
21. э, балдии минду.
22. Хаолиа би-дэ бэеи
23. аяди маня айсилогосу!
24. Эндур-лэ пиктэи, энэнэ,
25. эниэ туӈгэнчиэни тугундусу!
26. Хаолиа би-дэ ая бароани маня балдиори
27. айсилосу! Даи амана, Хэдер ама,
28. айсилосу!
29. Хаим гэлэи, хаим гэлэи гудиэм гэлэхэи.
30. Хаолиа гудиэсису, айсилосу!
31. Энэнэ бэеи, энэнэ!
32. Энэнэ дилии!
33. Эндур амана, айсилосу, гэ, удиэсису!
34. Ми эпилэи элэчинду, дярбали дяримбосу!
35. Амана, дакана!
36. Хаолиа ая бароани мимбиэ
37. энуэнду маня очимби!
38. Аяди, гудиэсису!
39. Тэму эниэ, тэгуйчии;
40. хаолиа айсилосу, хэрэ, хэрэ.

Заклинание шаманских духов-помощников

1. Мое дитя Сэрумэ, мое дитя *эндур*,
2. ох, на грудь своей матери опустись!
3. Мое дитя Япоро,
4. к груди и к горлу своей матери опустись!
5. Мать Тэму, сядь мне на грудь!
6. Внутри своей боли, в своем голосе [в своем пении] я живу.
7. Болит мое тело, *хэи!*
8. Болит моя голова, болят, болят мои руки!
9. Ох, моя мать Алха, *хэи,*
10. [живущая] в городе возле хребтов, между пестрых хребтов,
11. мать Алха, *хэи!*
12. Болит мое тело, болит мое тело, *хэи!*
13. Внутри боли я живу.
14. Отцы!
15. Молю, пожалейте, умоляю, осчастливьте!
16. Одна к другой болезни прибавляются,
17. бестолковой становлюсь, *гиэ, гиэ, гиэ.*
18. Мое
19. тело ослабло, острые боли, ох, болит!
20. Худею, лицо бледное,
21. э, [такая] жизнь у меня.
22. Умоляю, мое тело
23. здоровьем осчастливьте!
24. Мое дитя *эндур*, ох,
25. на грудь своей матери опустись!
26. Умоляю, только здоровьем жизнь мою
27. осчастливь! Старшие отцы, отец [рода] Ходжер,
28. осчастливьте!
29. Прошу, прошу, жалости я просила.
30. Умоляю, пожалейте, осчастливьте!
31. Болит мое тело, болит!
32. Болит голова!
33. Отцы *эндуры*, осчастливьте, ну, пожалейте!
34. Моей мольбой удовлетворитесь, моим заклинанием насытьтесь!
35. Отцы, деды!
36. Умоляю, к здоровью меня [приведите],
37. я совсем больной стала!
38. Пожалейте!
39. Мать Тэму, [со здоровыми] меня посади;
40. умоляю, осчастливьте, *хэрэ, хэрэ!*

Глава 8.
Хранилище для душ.
(*Таочи, панямба уаниори* / Путешествие за душой-тенью)

Лечебные камлания, направленные на манипуляции шамана с *паняном*, то есть, с душой-тенью человека, называют либо словом *таочи* (делать что-либо, чинить)[1], либо описательным термином *панямба уаниори* – букв. ходить за душой-тенью. Эти камлания основываются на представлении о том, что, покидая тело человека, его душа-тень может подвергаться в своих странствиях по пространству духовного мира воздействию болезнетворных духов. Тело здорового человека *панян* оставляет только на то время, пока он спит. «Во сне *панян* далеко уходит, <...> во сне и до Сахалина дойдешь. Только ты не знаешь, куда ушла. Кто-то тебя уводит» (Л. И. Бельды). У больного же человека *панян* может отсутствовать и в часы бодрствования. *Панян* может уйти от человека, если на него «сильный шаман посмотрит» (Александр Сергеевич Ходжер). Душу-тень можно также потерять, если проходишь мимо заброшенного жилья, «где скопились злые духи» (Н. П. Бельды), или просто в то время, когда человек находится далеко от своего дома. «Иной раз на рыбалку едешь и *панян* вместе со мной, и тут *амбан* [злой дух] проглотит мой *панян*, и я заболею» (Н. П. Бельды). Смоляк упоминает о том, что, уезжая из постоянных зимних жилищ на рыбалку, на путину, «погрузив все имущество, детей, собак в лодку, старики, обернувшись к покидаемой стоянке, кричали, звали детей по именам, хотя все дети сидели уже в лодке (Полокто Киле). <...> Так же поступали перед возвращением с места сбора ягод, где несколько семей проводили два-три дня. Это делали из опасения, чтобы души детей не остались в этих глухих местах одни; это могло бы повредить детям, так как в тайге душу могут схватить злые духи» (Смоляк 1991: 110–111). Считалось, что момент ухода *паняна* можно было ощутить: «Вздрогнешь или озноб прошибет, испугаешься; покажется, что кто-то рядом, и оглянешься» (Н. П. Бельды). Можно было и со стороны заметить, что тот или иной человек остался без *паняна*. Про больного, от которого ушла его тень, говорили: «Он бледный очень, наверно, он без тени-души» (Гаер 1991: 88).

При исполнении камлания *таочи* задача шамана заключалась в том, чтобы отправиться в путешествие по пространству духовного мира и разыскать утраченный *панян*. «Вон там [в доме шаман] сядет и шаманит. Телом никуда не идет, только словами, ртом своим туда-сюда везде ходит. Если у него есть дух-помощник, то он может так ходить» (Л. И. Бельды). Камлания-путешествия исполнялись в темноте, чтобы шаману «лучше было видно» то, что происходит в ином мире. Среди темноты, передвигаясь со свитой своих духов по духовной территории, шаманы, как они сами это объясняют, видят перед собой некую дорогу. «Не широкая дорога, а вот такая, словно этот шнур [показывает на шнур магнитофона]. Широкой трассы там нет» (О. Е. Киле). «Куда надо идти, куда *панян* пошел туда и дорога откроется. Идешь, повторяя путь,

---

[1] Смоляк указывала на еще одно возможное значение термина *таочи* «поддерживать огонь», но никто из моих информантов эту ее версию не поддержал. «*Саман таочиго-ани энувэни* – это значит, шаман делает болезнь, то есть, помогает человеку, вызволяет его оттуда, куда он попал» (Николай Петрович).

по которому прошел перед этим *панян*. Вокруг темно, а дорога словно лучик света. По нему и идешь. Так дойдешь до какого-нибудь города. Там у *сэвэнов* есть города. Вот тогда светло и весь город видно» (О. Е. Киле).

Кроме того, путешествовать по духовному пространству, как объясняют это шаманы, легче ночью, потому, что ночью в темноте успокаиваются люди, и, напротив, активизируются духи: «Только наступит ночь, свечереет, с той стороны потухнет на небе белая полоса, и тигр ступни свои открывает, и лось, и изюбрь, и волк, все ночью поднимаются. <...> Собаки ночью лают, потому что какие-то *экпэ дяка* [духи] бродят [вокруг], и собака это знает, а мы не знаем. <...> Разве не страшно? Разные плохие *дяка* [духи] поднимаются, с красной пастью, по каким только местам не ходящие! Разве это не страшно? Страшно это! <...> И ходишь с ними по всяким городам, по всяким селам. А ногами-то куда пойдешь? Это *дяка* [духи] с собой берут [шамана и повсюду его] таскают». (Л. И. Бельды).

Следы, оставленные душой в пространстве сновидений

Поиск души-тени начинается с поиска оставленных ею в духовном пространстве следов. «Кто бы [какой бы *панян*] ни прошел, не оставив следов, он не пройдет. У всех следы остаются!» (К. И. Киле). Даже если и в момент камлания, и в начале своего заболевания человек находился не дома, путь покидающей его души-тени всегда начинается в том месте, где человек был еще здоров и где он постоянно живет. Именно там шаман проникает на личную духовную территорию своего пациента, в пространство его сновидений, там разыскивает следы похищения *панянa* и оттуда берет след с тем, чтобы идти дальше по тому пути, по которому злонамеренные духи этот *панян* уносили. «Как *панян* ушел из своего дома, так и ты за ним следом идешь. Например, я делаю *таочи* здесь, в Лидоге, но, если больной приехал ко мне из Найхина, я обязательно должна [духом в начале камлания] "идти" к нему в Найхин. Именно от его дома начинается та дорога, по которой ушел его *панян*. Только от его дома начинаешь идти, догоняя его *панян*» (К. И. Киле). Что касается самого пациента (не шамана), он способен проникать на свою духовную территорию в своих сновидениях, поэтому все происходящие с его душой-тенью события он видит во сне: и момент похищения души-тени, и путь, по которому ее уводят. Попав во время камлания *таочи* в пространство сновидений своего пациента, шаман «как по телевизору» (по выражению одного из информантов) начинает видеть и пересказывать то, что накануне этому пациенту снилось. Такое угадывание снов неизменно впечатляло всех присутствующих на камлании. Вспоминая, как камлала для нее шаманка Улита, В. Ч. Гейкер говорит: «Про мои сны, что я видела, она все узнала. <...> Стала шаманить на меня, за *паняном* пошла. Какой сон я видела в детстве, какой сон я видела подростком, про все она рассказала, как будто она сама все это видела. Вот интересно! Все рассказала, что бы я ни видела во сне! Все нашла, про все узнала! Откуда она знает? Я вообще никому не рассказывала про такие интересные сны!».

Шаман рассказывал больному его сновидения с той целью, чтобы выяснить для себя, угадывает он эти сны или нет, то есть, является ли та дорога духовного мира, на которую он попал, дорогой сновидений именно этого пациента.

Смоляк говорит об этом так: «Шаман спрашивал у больного: "Видел ли ты во сне во время болезни такую-то местность, где тебя кто-то окликнул?" Больной отвечал: "Да" или "Нет". Через некоторое время (продолжая камлать) шаман спрашивал: "Ты во сне упал с такой-то горы?" или "Ты переходил там-то речку и чуть не утонул?", "Там-то тебя собака чуть не укусила?" Если шаман угадывал сны, которые больной видел во время болезни, это свидетельствовало о том, что сейчас, в данный момент, шаман идет тем путем, которым проходила похищенная душа больного. Случалось, что шаман не угадывал снов больного, это означало, что он сбился с пути, души больного там нет, камлание не даст результатов. Один или два раза не угадав сны, шаман прекращал камлание, чаще всего больного в этом случае поручали другому шаману. Если же больной отвечал утвердительно, это воодушевляло шамана: он на верном пути и скоро найдет душу этого человека» (Смоляк 1991: 182–183).

Рассказывая о том, как точно им удается угадывать сновидения своих пациентов, шаманы словно бы сами себе удивляются: «Когда больная женщина приходит издалека, про ее сны шаманка все узнаёт. Как она узнаёт, что вот такой-то сон приснился ей? Пусть ко мне приходит женщина, я ее спрашиваю: "Такое тебе снилось?" – "Да, такое снилось!" <...> Как я узнаю про чужой сон? Интересно, да? Ты в своем доме в другой деревне живешь. И ты, болея, видела сон. Я как узнаю про это? Как узнать? Я спрашиваю: "Правда?" – "Правда, – говорит. – Я такой сон видела!" – говорит. <...> Неужели я знаю про то, что тебе снилось у тебя в доме? Не знаю! Но, когда человек пришел, оно само узнается. "Ты вот такой сон видела?" – "Да"» (Л. И. Бельды). Шаманка Тоё Петровна утверждала, что шаман может даже заранее, еще до прихода пациента из собственных сновидений узнавать, кто именно к нему собирается прийти и какие у этого человека сны: «Шаман обо всем узнает из своих сновидений. Откуда болезнь у человека, куда ушел его *панян*. Когда больной придет к шаману, он уже заранее знает из своих сновидений, куда ушел *панян* этого человека и что с ним случилось. Поэтому он не надоедает человеку вопросами [о причинах его визита]. Он шаманит только после того, как сам из своих сновидений хорошенько обо всем разузнает» (Тоё Петровна).

Шаманские путешествия по дороге сновидений выглядят в рассказах шаманистов как странствия не по субъективному, ограниченному внутренним миром человека или даже группы людей пространству, но как передвижение по некоему объективно существующему миру, расположенному вне человека и от человека, от его воли независимому.[1] Об объективности его говорит, например, уже то обстоятельство, что шаман способен вторично проходить по маршруту, знакомому его пациенту, ранее этим пациентом уже пройдённому. Более того, если во время камлания присутствуют люди, обладающие способностью духовидения (например, ясновидящие *тудин* – люди, имеющие, как и шаманы, духов-помощников и обладающие сверхъестественными способностями), они начинают видеть ту же дорогу, по которой «идет» шаман, и продвигаться по ней вместе с ним. Увязавшийся за шаманом *тудин* способен общаться с шаманом относительно встречающихся по дороге осложнений и препятствий. «Допустим, [камлающий] шаман пошёл не по той дороге [в про-

---

[1] Об объективности духовного пространства в представлениях нанайских шаманистов см. Булгакова, 2014.

странстве невидимого глазами мира]. *Тудин* тут же его поправляет: "Не туда пошёл! Не туда!" Если *тудин* присутствует на камлании, шаман не сможет схалтурить, обмануть. <...> Допустим, я, шаман. Я иду за *паняном* и вместо того, чтобы идти прямо, я пошел окольными путями. *Тудин* сразу говорит мне: "Ты идёшь туда, куда нужно, но не по той дороге! Иди вот так-то!" И никуда не денешься! Приходится следовать его совету» (Н. П. Бельды).

На объективность духовного пространства, по которому лежит путь шамана, косвенно указывает также ярко проявляющаяся в шаманской практике его связь с пространством физическим чаще со знакомыми (хотя иногда и с незнакомым)[1] нанайцам маршрутами в конкретном физическом пространстве. Маршрут следования духов с унесенной ими душой пациента в тех камланиях, которые мне удалось наблюдать, пролегал по Амуру, по реке Анюй, по реке Ники. «Перемещаясь» по духовному пространству, шаманки называли такие географические объекты, как Хабаровский утес, озеро Эворон и село Эворон в Солнечном районе Хабаровского края, озеро Ханко в Приморском крае, приток Уссури – река Иман, реки Хабаровского края Сунгари, Томчи и др.

Когда *панян* пациента был найден, некоторые шаманы проводили его опознание, с тем чтобы быть уверенными в том, что найденный *панян* принадлежит действительно тому пациенту, которого они сейчас лечат. Это заключалось в том, что шаман перечислял все обретенные пациентом в течение его жизни шрамы, которые он видел на *паняне* как некие светящиеся знаки. М. Ч. Гейкер утверждала, что в действительности и без такого опознания шаман точно знал, чей именно *панян* он нашел, но спрашивал о шрамах скорее для того, чтобы продемонстрировать аудитории свою способность эти шрамы видеть, и чтобы произвести на всех соответствующее впечатление.[2]

Из одного плена в другой

Ушедший по духовной дороге своего рода *панян* человека попадает в плен к злонамеренным духам, заточающим его в каком-либо неблагоприятном месте. Родовой дух больного может, например, затащить душу пациента в яму, прикрытую дверью или в могилу умершего родственника, заковать ее в камень, обмотать веревкой и т. п. М. В. Бельды рассказывает о камлании для ее дочери: «"Большой дом, – она [шаманка] говорит. – Мы подходим." Отдельные двери в доме что ли? "Одну дверь откройте и посмотрите, вторую дверь откройте и посмотрите!" В одном месте просто больные *паняны* лежат. Кто как может, тот так и валяется в тяжелом состоянии. Вторую дверь открыли, а там сумасшед-

---

1 Во время Великой Отечественной войны, шаманы, как они уверяют, посещали места боев, где воевали их родственники. Мне приходилось также записывать камлание, заказанное гостем из Финляндии, в котором практически неграмотная шаманка, ничего не знавшая о существовании часовых поясов, "оказавшись" в Финляндии, удивилась тому, что там светло как днем. (Камлание проходило около одиннадцати часов вечера, когда в Финляндии было около трех часов пополудни).

2 Николай Петрович с восхищением вспоминает, как несколько лет назад лечивший его шаман, впервые видя его («до этого он меня не видел и ни с кем не разговаривал обо мне»), безошибочно перечислил все травмы, которые он получил в течение своей жизни.

шие, они дерутся друг с другом. Дверь открыли *сэвэны*, а она [шаманка] видит, что там дерутся, друг друга кусают. <...> И там она [шаманка] видит мою дочь [*панян* дочери]: "Ой, – говорит, – дочка, тебя обвязали веревкой, обмотали кругом!" – Как она будет жива, да? Обмотали и бросили где-то. <...> Мне так тяжело было, чуть не заплакала. "Распутывайте, – говорит, – хорошенько! – *Сэвэнов* своих заставляет. – "Выводите ее!"».

Для шамана те территории, на которых он ищет *паняны* своих пациентов, являются чужими, поскольку территории эти родовые, а шаман и его пациенты принадлежат разным родам. В основе камлания-путешествия лежит конфликт: шаман идет на чужую для него духовную родовую территорию пациента и забирает с нее *панян* пациента для того, чтобы поместить его затем на своей духовной территории. При этом он либо выпрашивает *панян* у чужих для него духов, либо вступает с этими духами в конфликт, забирая *панян* насильно. Лечить таким способом членов своего рода, шаман не может.[1] Если родовые духи пациента (то есть, духи, вызывающие у данного пациента болезнь) являются одновременно собственными родовыми духами шамана, он не может прогонять их, конфликтовать с ними, и забирать у них что-либо против их воли. Как говорят сами шаманы, если шаман пытается «своего [родственника] лечить, то его *сэвэны* [духи-помощники] не идут, потому что они сами и есть [причина болезни пациента], свой запах, своя кровь, свой род. Не берут след! Если [даже] у *Сагди ама* [у одного из наиболее могущественных духов] будут просить, он не отдаст, так как просят *панян* той же крови!» (Н.П. Бельды). Шаман Чонгида Оненко так объяснял, почему он не может лечить сородичей: «Неудобно мне выгонять тех *амбанов*, которые от меня же и зашли». «Нельзя шаманить на родню, так как *сэвэны* не прогоняют своих» (Иван Торокович). «На свою родню нельзя *таочи* делать. Наш [собственный] *амбан* заставляет нас болеть! У старых людей было так, на своих если шаманишь, никогда их не спасешь» (Л.И. Бельды). «Какой бы ни был сильный шаман, не может справиться со своей бедой» (Несулта Борисовна Гейкер). Те духи, которые причиняют вред больному, для шамана того рода, к которому принадлежит этот больной, – это добрые *сэвэны*. Но для чужого же шамана, для того, кто берется лечить этого больного они же – злые *амбаны*, с которыми нужно бороться. «Вот в чем соль-то! – рассуждает Н.П. Бельды. – Разницы как будто и нет никакой! Разницы между *сэвэном* и *амбаном*! Он здесь может быть *амбаном* [злым духом], а где-то должен быть *сэвэном* [добрым духом], смотря в какой ситуации». Таким образом, лечение фактически заключается в том, что шаман вызволяет *панян* своего пациента из плена, забирая его с духовных территорий его рода и помещает его на территорию своего рода, где он также останется запертым, но где духи шамана, новые его опекуны, какое-то время будут сохранять его от болезней.

То место на духовной территории лечащего шамана, где помещаются души пациентов, называется *дёкасо* (*дёгдян*).[2] Нанайцы-шаманисты считали, что

---

[1] Исключение касается самых первых камланий начинающего шамана: «Только молодой шаман может лечить своих домашних. Сэвэн как бы пробует сначала. А потом уже он будет лечить соседей» (М. Ч. Гейкер).

[2] Названия хранилищ у разных групп нанайцев: *дёкасон, дёгдян, дёгдиан* – у верховых; *дока, докасон* (Верхняя Эконь), *дюасу* (Кондон, сел. им. М. Горького) – у низовых

дёкасо похоже на ясли, так как духи ухаживают за доставленной к ним душой так же, как воспитатели за детьми в яслях. Духи, хозяева *дёкасо*, охраняют душу, моют, развлекают и кормят ее. Но есть и другое русское слово, которым шаманисты заменяют в разговоре слово *дёкасо* – это «тюрьма». *Дёкасо* – тюрьма, потому что *панян* содержится в нем насильно, и постоянно стремится вырваться на свободу. «*Панян* старается уйти из *дёкасо*, *панян* тянется к дому, хочет дойти до своего тела» (Н. П. Бельды). Когда шаман находит покинувшую пациента душу-тень, он часто говорит о том, что душа связана, придавлена чем-то, заперта где-то, и затем ее освобождает. Но, парадоксальным образом, доставив бывшую пленницу в свой *дёкасо*, шаман велит своим духам вновь запереть, опутать и связать душу, хотя на этот раз уже с благой целью удержать ее в безопасном месте и тем самым исцелить пациента. Иногда с *паняна* не снимаются даже прежние путы, в который он был в *дёкасо* доставлен. Привезя в свой *дёкасо панян* А. К. Бельды, шаманка Лингдзе Бельды приказывает своим духам: «Замотанную ее всю еще больше обмотайте! <...> В небьющийся чугунный сосуд они с шумом ее толкните!». Чтобы принудить душу пациента сидеть в неволе, и сохранить тем самым здоровье пациента, шаманка Када Киле, как она сама это объясняет, доставив *панян* в *дёкасо*, закручивает его там змеей или ужом как ремнем. «Вот так надо обвязать! Змеей надо [*панян*] обвить! Если [шаман] правильно [это сделает, то его пациент] по своему телу узнает, что все стало хорошо, и что он выздоровел». У шаманки К. И. Киле в *дёкасо* есть дракон *пуймур*, дух, охраняющий *паняны* ее вылечившихся пациентов. Для того чтобы *паняны* не смогли никуда от этого дракона убежать, она привязывает их веревкой к его лапе. «[Дух-помощник] привязывает к ноге [*паняна* конец веревки] и вот здесь к лапе *пуймура* [другой конец веревки] привязывает». Там, откуда *панян* освобождали, он тоже был привязан. Но там он был «обвязан, веревками запутан, потому что его забрали *амбаны* [злые духи]. Они связали [*панян*], чтобы он [пациент] болел» (К. И. Киле), а в шаманском *дёкасо* его связывают для того, чтобы пациент был здоров.

Накопление капитала из душ пациентов

Помимо помещения найденного шаманом и вызволенного из плена *паняна* в хранилище душ возможно было также возвращение его в тело пациента, но применялось это нечасто.[1] В тело возвращались *паняны* тех больных, которые «много ездят, охотятся, часто бывают вооружены», чьи подвижные *паняны* духам трудно бывает у себя удержать и чьи болезни случайны и неопасны (Н. П. Бельды). Иначе поступали с теми, кто послабее и кто лишается *паняна* уже не в первый раз. Если возвращать *паняны* не в первый раз болеющих пациентов в их тела, то «они [*паняны*] могут хоть каждый день снова убегать, – объясняет шаманка О. Е. Киле. – Что мне, каждый день собирать их что ли?». В. Н. Васильев упоминал об аналогичной практике у якутских шаманов: после того, как найденный шаманом кут (душа) отбирался шаманом от похитившего его духа, он обычно не водворялся опять в больного, «так как, раз пуганный он

(Смоляк 119–112).
1 Ни на одном из того множества камланий, на которых приходилось мне присутствовать, этого не происходило.

может снова исчезнуть, да кроме того, после пребывания у враждебного духа, он также оказывается как бы больным и оскверненным от соприкосновения с темными силами». Поэтому шаман доставлял кут в верхний мир (1910: 281), к Айыы-Тойону и оставлял его «там на священном дереве» (Васильев 1908: 83). Потустороннее хранилище душ считалось более надежным для душитени местом, чем собственное тело пациента. Только в таком хранилище душ «у дедушки», то есть у сторожащего *дёкасо* духа, как говорит Ольга Егоровна Киле, безопасно. «Оттуда они не убегают! Например, когда [человек наяву] сильно упадет, тогда [его *панян*] попытается убежать [из *дёкасо*], но двери он открыть все равно не сможет!» (О. Е. Киле). Впрочем, степень надежности *дёкасо* для разных пациентов различна. Некоторые *паняны* могли оставаться в *дёкасо* годами, а другие быстро уходили прочь. Информанты Смоляк вовсе не упоминали о возможности пребывания души в *дёкасо* дольше года, они говорили, что «души больных стариков находились в хранилище от нескольких месяцев до года, а взрослых работоспособных людей — не более девяти дней (по другим данным — три дня). Из хранилищ души взрослых людей сами уходили "в положенный срок", "как пар" (панян гэлтунгуй), удержать их было невозможно» (1991: 114).

В представлениях нанайских шаманистов *дёкасо* — это обитаемое духами замкнутое духовное пространство (иногда в виде дома, или в виде целой деревни, или даже города), умещающееся внутри некоторых реальных природных объектов, несоизмеримо меньших их по размерам. У каждого шамана был свой индивидуальный *дёкасо*,[1] и они обычно точно знали конкретное местоположение в физическом мире той «двери», которая вела в его невидимое пространство. У шаманки К. И. Киле, например, вход в *дёкасо* находился в известном всем лежащем в тайге большом камне. «В стороне леса, далеко в тайге есть дорога, — рассказывает она. — Там высокая сопка, по краю ее, по дороге машины едут. Там очень страшно, и там есть такой камень. <...> Он постоянно гудит *гум-м-м*. Редко там люди появляются». К.И. Киле уверяет, что, шаманя, она может войти внутрь этого камня. В нем «дверей не увидишь. Упрашиваешь, упрашиваешь [чтобы позволили войти внутрь] и видишь, как в нем постепенно появляются и отворяются двери. А так это просто камень, и не узнаешь, где у него двери». Когда же входишь в этот камень, говорит К.И. Киле, видишь, что там «есть солнце, и что место там такое же, как здесь. Речка есть, все есть. Как город! И в этот город ворота ведут». Место, где шаман прячет привезенные им души пациентов, находится за тремя рядами изгороди, и прибывший с новыми душами шаман требует, чтобы духи-сторожа отпирали засовы, а уходя, велит снова их запирать. В некоторых *дёкасо* на изгороди, по словам Ольги Егоровны, установлены флаги: «флаги на заборах вьются, <...> и каждый флаг опирается на голову человека». Л.И. Бельды говорит, что она хранит *паняны* своих пациентов в находящемся за изгородью «доме на ногах с копытами». «У жителя сел. Джари Мэсинга Бельды хранилище *дёкасон*[2] находилось под огромным камнем, близ джаринского утеса. В Эморонском заливе,

---

1 Несмотря на то, что один дёкасо не мог одновременно принадлежать двум и более шаманам, он переходил по наследству от умерших шаманов.
2 Транскрипция Смоляк не только этого, но и некоторых шаманских терминов, незафиксированных в словарях, отличается от той, которую предлагаем мы.

в устьях нескольких небольших заливчиков, лежат большие камни, под которыми, по словам стариков, располагались хранилища дёкасон и территории дёргиль разных шаманов (Смоляк 1991: 112).[1] У Марии Петровны *дёкасо* было внутри большой рыбы. Эта рыба глотала *паняны* пациентов Марии Петровны и таким образом накапливала и сохраняла их в себе. Мои информанты рассказывали мне также о шамане, имевшем *дёкасо* внутри кита.

Несколько иными были хранилища для душ детей. Нанайские шаманы помещали их в специально изготовленных для этой цели предметах, например, в горшках, большое количество которых хранилось в амбарах рядом с охотничьим снаряжением. О хранении нанайскими шаманами душ детей в глиняных горшках в 1939 году сообщала С. В. Иванову Н. А. Липская (Иванов 1954: 196). Согласно воспоминаниям В. Ч. Гейкер, камлая на ребенка, шаман клал детский *панян* в глиняный горшочек, накрывал горшочек тканью, обвязывал его и относил в охотничий амбар. В такой амбар «никого не пускали, только мужчины заходили туда. А там глиняные горшки! Каких только не было! Большие, маленькие! Шаман делает! <...> Вот [детский *панян*] туда и кладет, в горшок». Согласно исследованию Г. М. Василевич, шаманы хранили душу не только самого больного, но и членов его семьи в омирук – в коробке или мешочке, а «у илимпийских эвенков шаманы в такое же хранилище помещали пряди волос больного и его близких» (1969: 226). В берестяной коробочке внутри колыбели хранили кут больного ребенка якуты (Попов 1981: 265). Тувинский шаман во время камлания ловил душу (*куду*) больного человека в бубен, а затем помещал эту душу в один из кисетов, прикрепленных на спине и по подолу. Иногда «специальным камланием шаман вводил куду в очаг, в огонь юрты, где болел человек, а затем она возвращалась больному и тот выздоравливал» (Дьяконова 1981: 143). Кетские шаманы хранили души живых людей в наконечниках стрел и палочках (Алексеенко 1981: 109), а чукотские – вкладывали душу-тень в стебель травы, который затем пришивали к воротнику одежды больного (Богораз 2006: 339). Момент водворения шаманом души-тени в предмет в некоторых случаях можно было, согласно представлениям шаманистов, наблюдать. Так, в записанных И. Крупником материалах о чукотском шаманизме есть соответствующее любопытное повествование. Шаман «говорит: "Я сейчас тень Аг'наг'исяк найду и приведу, чтобы она больше не убегала [не болела]." А отцу моему говорит: "Керкер[2] ее крепко держите за рукав с одной стороны, а с другой я держу." Не сильно держали – просто так: пустой керкер на весу держали. <...> и вдруг, наверное, тень привели – она прямо в керкер, и керкер совсем стоит как бы. А ведь он пустой!

---

1 Ульчская шаманка Алтаки Ольчи рассказывала Смоляк, что ее хранилище душ – дюасу – находится в скале, на озере Кади; «там два приметных округлых камня, один на другом, называются До. Близ *дюасу* в скале "будто выдолблено" *олми* – большое озеро, в нем всегда стоит вода, в воде много червей» (1991: 117). Ссылаясь на слова Панюки Лонки, Смоляк пишет, что *дюасу* разных шаманов есть почти в каждой сопке Ульчского р-на (1991: 118). Для сравнения можно вспомнить упоминание В. Я. Бутанаева о хакасском хранилище душ, находившемся в горе. По его словам, хакасы «считали, что в горе Ымай, как в храме, хранились колыбели с душами детей» (1984: 93, 97).
2 Керкер – традиционное платье чукотских женщин.

Я так испугалась, вцепилась в него, не отпускаю. Он прямо у меня в руках мотается, как будто твердый внутри. А у Гаймысына брата (Плъях'тыкак – Пылъяк') дух однажды ребенка привел. По дороге его тень подобрал, говорит. Дедушка Насялыка говорит этому Пеляхтыкаку: "Сними чижи,[1] я попробую туда тень вложить." Попробовал, потом говорит: "Нет, не получается у меня, не слышно." А завтра мы проснулись, этот ребенок умер. А наша сестра тогда поправилась, потому что ее тень привели» (Пусть говорят 2000: 482).

Преимущество тех пациентов, чьи *паняны* попадали в *дёкасо*, заключалось в том, что обитающие в *дёкасо* духи там их «лечили». Они «мыли» доставленные к ним *паняны* («в чистую воду окунают, прозрачной водой окатывают»), и пропускали их через сплетенные из прутьев обручи *солбо*. Подчиняясь указаниям шамана, духи-хозяева *дёкасо* надевали такой обруч на голову *паняна* пациента и опускали его вниз с головы до ног, словно бы стягивая тем самым болезнь вниз, и затем отрывая обруч вместе с болезнью от ступней. Как объясняет информант Смоляк Колбо Бельды, прутья, из которых сплетался такой обруч, были на самом деле не прутьями, но змеями, и фактически именно змеями дух-хозяйка *дёкасо* мыла и чистила *панян* больного человека (Смоляк 1991: 119). Кроме этого, душу в *дёкасо* кормили: дух-хозяйка «кормит души своей грудью, варит им в котле змей – <...> все едят и насыщаются, но кушанье не убывает» (Смоляк 1991: 115). Помимо этого, духи развлекают прибывшие к ним *паняны*. В одном из своих камланий Л. И. Бельды говорит об этом так: «Сажаю больную в *дёкасо* за стол. Сажаю ее на стул, на червей, расстеленных на этом стуле. Больную сажаю на этот стул возле стола. Кладу перед ней [на стол] маньчжурскую игрушку *ягоран*. Кладу [игрушку], чтобы больная сидела [смирно] и смотрела [на эту игрушку]» (Л. И. Бельды). В одном из якутских камланий, записанных А. А. Поповым, шаман относит душу пациента «в страну айыы», где духи также начинают ее «лечить» способом, весьма похожим на то, что происходит в нанайском *дёкасо*. В нанайском *дёкасо* шаманка усаживает *панян* в уютном сосуде *они*, чтобы покачивающийся как на волнах он сидел ровно, чтобы «прямо в лицо ему [пациенту] яркое солнце светило, чтобы лицо его яркое восходящее солнце согревало» (Л. И. Бельды). Якутский же шаман поет следующее: «Дух уважаемого огня, ты заставь [его] жить на [в] прочном своем жилище, поваляй [его] в своем гнезде из теплой шерсти, теплой ладонью и шерстистой лапой пригладь, не выпускай имеющего теплое дыхание, не впускай имеющего холодное дыхание, не подвергай ветрам и метелям, пусть он выздоровеет, сидя на теплом и мягком ложе, нежничая [нежась] и пользуясь уходом!» (Попов 2008: 255).

Что касается преимущества шамана, доставляющего *паняны* в хранилище душ, оно заключалось в том, что чем больше *панянов* накапливалось у шамана в его личном *дёкасо*, тем почетнее это для него было.[2] Поскольку шаман лечил

---

[1] Чижи – меховая обувь.
[2] У каждого шамана было свое личное *дёкасо* (иногда несколько *дёкасо*), которое могло наследоваться, но никогда два шамана не могли пользоваться одним *дёкасо* в одно время, так же, как в одно и то же время они не могли обращаться к одним и тем же духам-помощникам. Подчеркнем, что речь идет об индивидуальном пользовании шаманом именно служебными духами-помощниками. К одним и тем же старшим по иерархии духам (например, к духам категории *эндур*) могли обращаться разные шаманы.

представителей не своего, но других родов, он становится тем могущественнее, чем больше *панянов* из других родов он мог собрать в своем накопителе душ *дёкасо*. Фактически в процессе лечения шаман стягивал духовные ресурсы (*паняны*) других родов в свой собственный род и получал возможность поступать с этими ресурсами по своему усмотрению. При этом возможности шамана увеличивались даже благодаря тому обстоятельству, что те, кто у него лечился, обязаны были приносить жертвы его родовым духам и его личным духам-помощникам и поклоняться им. Кроме того, аккумулируя души из чужих родов, шаман при неблагоприятных обстоятельствах, в случае опасности и угрозы со стороны инородных, враждебно настроенных шаманов, мог получить больше возможностей маневрирования, воспользовавшись накопленными душами для защиты своего благополучия и благополучия своего рода.

Камлание-лечение «нанайской болезни»

В настоящем и в следующем далее разделах данной главы предлагаются комментарии к некоторым из приведенных далее камланий *таочи*. Нанайцы-шаманисты различали русские и нанайские болезни. К нанайским относились те, которые были вызваны духовными причинами, связанными с шаманской практикой. От нанайской болезни страдала, в частности, соседка шаманки Гары Кисовны Груня Гейкер, заказчица и пациентка камлания «Лечение хозяйки дома, построенного на месте старого жертвенника». По-нанайски ее болезнь называлась *гориа*, то есть, расстройство психики. Она то мотала головой и металась из угла в угол, то с невероятным усердием бралась за работу по дому. «Пол мыла три-четыре раза в день. Все углы помоет. Одежду постирает, на улице сушить развесит. Как только повесит, [сразу] собирает [с веревок] всё [всю постиранную одежду], опять в дом ее заносит и снова все это стирает. И опять вешать идет. Воду выльет и снова воды нальет. Стирает и стирает. Никто не понимал, что с ней было. Никто ее не понимал» (Л. И. Бельды). То обстоятельство, что Груне не могли помочь врачи, никого не удивляло, потому что болезнь ее считалась нанайской. Подобных больных, страдающих расстройством психики от того, что их «задевали шаманские духи», было много, и лечение их в Хабаровской больнице никогда не имело успеха: «Они там [в больнице] умирают. Кто вернулся оттуда, выздоровев? Кто чистым стал, не болеющим? <…> Нанайская болезнь – это человека убивающая болезнь. Никто не сможет помочь, даже доктор не сможет помочь, и врачи в Хабаровске не спасут» (Л. И. Бельды).

Одной из причин «нанайской болезни» Груни Гейкер считалось то, что она жила в доме, построенном на месте старого снесенного жертвенника. Раньше там, где теперь стоит ее дом, был *дёкан* – домик для *мио* (для кусков ткани с изображениями духов на них) и для фигурок, представлявших родовых духов, а также *торо*, то есть, деревья, перед которыми этим духам приносились жертвы. «В доме держать [такие фигурки] негде было, <…> когда *сэвэны* дома, это тоже нехорошо было. Поэтому [специальный] домик для *сэвэнов* строили. Потом [такой домик] снесли и на этом месте построили дом», в котором поселилась семья Груни (А. К. Бельды). Месть духов, которым не понравилось разорение их жертвенника, поразила не одну Груню, но всю ее семью. «Вся Грунина семья вымерла» (Н. А. Бельды). «У Груни было три сына и муж. Муж умер, его похоронили из этого дома. Потом заболел и умер старший сын», а сама Груня «с ума сошла и в больнице лежала» (А. К. Бельды). Во время камлания Г. К. Гейкер предсказала, что некая женщина-дух рода Ойтанка (из отцовского рода матери Груни), сначала помогавшая матери Груни как шаманке, то есть, служившая ей в качестве духа-помощника, а затем «победившая ее», то есть, ставшая причиной ее смерти, вскоре заберет, то есть, погубит и двух оставшихся сыновей Груни. Действительно, спустя некоторое после этого камлания время оба сына Груни, рыбача на Амуре, «утонули один за другим. В один год утонули» (А. К. Бельды). Затем умерла и сама Груня, и дом опустел.

Другая «нанайская» причина, по которой болела Груня, заключалась в том, что она потеряла принадлежавший ее матери и перешедший ей по наследству *мио*, кусок красной ткани, на котором были написаны иероглифами имена духов, а заказать изготовление нового *мио* Груня все никак не могла собраться. Наконец, была еще одна «нанайская» причина Груниной болезни: ей передавалось шаманство от ее умершей матери-шаманки и поэтому, бывший дух-помощник ее матери «железный *сайка*, на которого шаманила [Грунина] мать», стал теперь выделывать «что-то интересное над головой» Груни (Г. К. Гейкер). «Духи, на которых шаманила ее мать, перешли к ней и заставляют ее болеть» (Н. А. Бельды). Поэтому, желая своей пациентке выздоровления, во время камлания Гара Кисовна Гейкер выражает за Груню согласие на то, чтобы та стала шаманкой: «Если она поправится, выздоровеет, [тем духам] которым мать ее по-шамански пела, и она будет петь по-шамански», «как мать ее [обращаясь к духам] плакала, так и она будет плакать». Но шаманкой Груня не стала, возможно, ей просто не хватило на это времени, так как она недолго прожила после этого камлания. Впрочем, не она одна, но и многие другие страдавшие шаманской болезнью нанайцы, умирали в последние годы существования традиционного шаманства (в 1980–2000 годы) либо в процессе подготовки к посвящению в шаманы, либо сразу после такого посвящения, то есть, не успевая начать практиковать.

Два камлания для исцеления болезни, насылаемой умершей шаманкой

Камлания «Живая среди умерших» и «В плену у умершей сестры» представляют собой, выполненные разными шаманками камлания-путешествия *таочи* с целью поиска души-тени одной и той же пациентки Аллы Кисовны Бельды. На первом камлании, исполненном шаманкой М. Ч. Гейкер, присутствовала заказавшая его А. К. Бельды, а второе камлание, исполненное шаманкой Л. И. Бельды, проходило без ведома Аллы Кисовны Бельды по заказу ее родственницы Аси Григорьевны. Шаманки жили в разных селах (М. Ч. Гейкер – в Найхине, а Л. И. Бельды – в Даде) и между собой не общались, но обе они ставили один и тот же диагноз. По заключению обеих шаманок, болезнь А. К. Бельды, начавшаяся сразу после смерти ее старшей сестры, знаменитой шаманки Г. К. Гейкер, то есть, за шесть лет до этих камланий, объяснялась тем, что умершая сестра забирала *панян* А. К. Бельды к себе – либо в могилу, либо в мир умерших. Отчасти они объясняли это тем, что при жизни Гары Кисовны сестры были очень привязаны друг ко другу. По словам А.К. Бельды, будучи намного ее старше, сестра относилась к ней как мать и всегда ей помогала. Когда Алла Кисовна Бельды переехала из Даерги в Комсомольск-на-Амуре, Гара Кисовна, как ей потом рассказывали, три дня проплакала и жаловалась, что у нее «внутри словно бы что-то отрезало». Переживала и Алла Кисовна: «Если б мы могли жить здесь, она одна в доме больная не лежала бы!». По окончании камлания, совершенного для нее шаманкой М.Ч. Гейкер, А.К. Бельды задумалась, говоря: «Интересно, зачем с Гарой меня держали?». Тогда шаманка рассердилась: «Смотри! Нет, ты сама зачем туда идешь? Зачем туда [в мир умерших] идешь?» – «Соскучившись [по сестре] иду!» – отвечала А.К. Бельды. Присутствовавший на этом камлании обладавший даром духовидения Николай Петрович Бельды говорил, что *панян* не одной только Аллы Кисовны забрала к себе в могилу умершая шаманка, но и *паняны* других дорогих ей людей. По его словам, у нее в могиле обе руки были заняты, потому что она удерживала там души-тени всех, кого она любила, *панян* еще одной своей сестры, а также *паняны* своей дочери и всех внуков. «Все там! – говорил Н.П. Бельды. – Где же и как удержать [ей] эту Аллу? Ну, и ногой [она ее *панян*] придавила». Шаманка Лингдзе Бельды считала, что никакой пользы не было в том, что она камлала для Аллы Кисовны, что ее пациентка не поправится: умершая шаманка «жалеет о том, что рассталась со своей сестрой, вот она и берет ее с собой, чтобы та быстрее умерла» (Л.И. Бельды).

В то же время шаманка Л.И. Бельды осторожно высказалась, что точно никто все же не может определить, сам ли умерший (если даже он не шаман) забирает к себе тех, «о которых много думал, которых любил», или это делает связанный с умершим дух. «Понравившегося ему человека в могилу забирает, [и тогда] человек все время болеет. В могилу забирает того, кто нравится. Это интересно! Заболел – умер! Это что такое?» В качестве примера Л.И. Бельды ссылается на события, происходившие в Даерге после смерти Тэкчу Иннокентьевича Оненко. Следом за Тэкчу Иннокентьевичем умерла его дочь, врач. Затем в марте еще пять человек утонуло. «Как он [всех их] внутри [могилы] удерживает?» Шаманка полагает, что одной из причин случившегося было то, что на похоронах Тэкчу Иннокентьевича родственники «сильно плакали, никак не терпели. Сильно будет бить [духи будут убивать родственников умершего]! Нельзя плакать, говорят, а они плакали, плакали! Надо было им без голоса плакать, по-другому плакать, спокойнее».

Шаманка Тоё Петровна Бельды определенно утверждает, что не сама умершая Гара Кисовна забрала *панян* А.К. Бельды, но ее шаманские духи-помощники, и что, если даже это обычный умерший, не шаман, все равно те духи, которые контактировали с этим человеком при его жизни, будут забирать души его родственников к нему в могилу. С этим согласен Н.П. Бельды: «*Сэвэны* [шаманские духи Г.К. Гейкер] вышли из могилы и приводят Аллу к ней». Сама же умершая «лежит и ничего не знает, а ее эти разные, на которых она пела, *сэвэны*] действуют. Она сама «не знает о том, что происходит, хотя она рада, что ее [сестру к ней] притащили. <...> Она столько [ее] не видела, а тут вдруг притащили. Кто же не обрадуется?» (Н.П. Бельды).

Согласно объяснению шаманки Л.И. Бельды, проникнув во время лечения со свитой ее духов-помощников в могилу Г.К. Гейкер, где спрятан *панян*

А.К. Бельды, она начинает драться с находящимися там духами-помощниками умершей шаманки. Именно они считаются причиной ее смерти. «Там находятся *амбаны*[1] [духи], которые убили Гару! Нет их там что ли? *Амбан* сам умрет что ли? А в свое время и нас *амбан* убьет и заберет к себе» (Л.И. Бельды). Шаманы часто говорят о том, что боятся своих *сэвэнов*-помощников («в случае, если шаман что-то не так скажет во время камлания или больной не выполнит обещания, <...> [дух-помощник] нашлет болезнь»). О собственных духах Л.И. Бельды говорит так: «Она [шаманский дух-помощник] меня мучает. Никогда других не мучает, только меня. Когда я умру, к кому она перейдет? Ни к кому, наверно. <...> Я ее боюсь! То ли убьет меня, то ли что еще со мной сделает!». Дух-помощник «сразу не убивает человека. Со всех сторон оближет человека, и только тогда убивает» (О.Е. Киле). Человек «не сам умирает, его *амбан* [дух] уносит, – говорит Л.И. Бельды. – И мой *амбан* меня унесет. Никто этим не интересуется».

О том, что происходило во время камлания в могиле Г.К. Гейкер, Лингдзе Бельды рассказывает так: «Я начинала с *амбанами* драться. <...> Этих *дяка* [духов], которые убили умершего человека, надо колотить, бить молотком! Пока их не разобьешь, не расколешь, не сможешь забрать [душу-тень]. Эти *дяка* крепко ее держат, и только когда всех их убьешь, тогда и заберешь [*панян* пациентки]. Просто так не отдают! Пока не убьешь, ничего не сделаешь!».

Шаманы полагали также, что духи старшей сестры крепко держат Аллу Кисовну потому, что заинтересованы в ней как в возможной преемнице шаманского наследия их семьи. Но сама А.К. Бельды категорически возражала против того, чтобы стать шаманкой. Это было главной причиной того, что ни одна из шаманок, лечивших Аллу Кисовну, не надеялась облегчить ее мучения надолго. «Она все время будет болеть, – говорила Л.И. Бельды. – Раз не хочет стать шаманкой, будет болеть. <...> Никогда не перестанет болеть, эта Алла». «*Сэвэны* Гары Кисовны не скоро отпустят эту Аллу. <...> Согласись она сейчас стать шаманкой, и ее оставят [в покое], и эти *сэвэны* ее будут» (Н.П. Бельды). В замужестве Гара Кисовна – Гейкер, а Алла Кисовна – Бельды, но шаманила Гара Кисовна Гейкер по отцовским «дорогам», и по этой же линии со стороны отца обеих сестер Кисо Оненко шаманские духи рода Оненко после смерти старшей сестры переходили к младшей. Именно со стороны рода Оненко «*амбашки* на нее нападают», и болела Алла Кисовна, как выразилась В.Ч. Гейкер, «по дороге Оненко».

Близость А.К. Бельды к шаманскому миру сестры была обусловлена не только тем, что, живя рядом с ней, она постоянно наблюдала ее камлания; время от времени сестра «привязывала» ее *панян* к своему шаманскому *вэю*, то есть к сопровождавшей ее в путешествиях по духовному миру стае духов. Другая их сестра Любовь Кисовна Бельды, которую шаманка также брала во время камланий с собой, говорила, что из-за совместных с сестрой путешествий по духовному миру изменились ее сновидения. «То ли в лодке, то ли в чем-то <...> не сказать, что в лодке, вот прямо вот так, [во сне] еду. Все видно, вода рядом. Так быстро-быстро еду выше воды!» Сновидения А.К. Бельды также становились все более содержательными, и это указывало на то, что она

---

1 Шаманы называют своих духов-помощников *сэвэнами*, но, если хотят подчеркнуть, что от них может исходить опасность, называют их же *амбанами*.

стала самостоятельно проникать в шаманский мир своей сестры. Например, перед тем, как сестре вернуться из другой деревни, куда она ездила шаманить («чушек давить», по выражению А. К. Бельды, то есть приносить в жертву свиней), Алла Кисовна видела во сне как по черной туче на фоне светлого синего неба ехало *вэю*, то есть, упряжка с сидящими на нартах собаками. Упряжка опустилась в расположенный возле дома Гары Кисовны *дёкан*, домик, в котором хранились фигурки ее духов-помощников. Через час после этого сна Г. К. Гейкер действительно вернулась, а духи, которые привиделись ее сестре, приехали, как она сама говорит, заранее. «Рассмотреть бы их поближе! – говорит А. К. Бельды. – Вот, прямо вот так вот едут, и вроде собаки как люди на нартах сидят. Они все привязаны друг ко дружке. Упряжка вроде как упряжка, но такая длинючая! Так тянется и тянется! Удивительно! Вот бы поближе рассмотреть их и так бы их попереворачивать» (А. К. Бельды). Более того, в своих сновидениях А. К. Бельды стала проникать в тайные пространства духовного мира, недоступные никому, кроме ее старшей сестры. Так, во сне в поисках *паняна* своего сына она «ходила» в *дёкасо* Г. К. Гейкер. «Видела сон, – говорит она, – что вроде иду и сына ищу, Женю. А у него всегда ноги болели. "Ой, – говорит, – как у меня ноги болят!" Я ходила к сестре шаманить на него. После этого месяц прошел, он опять ногами страдает. Вижу после этого сон. Иду, вроде такая поляна, сопочка и склон какой-то. Иду и захожу. Этот склон открывается, и я вроде туда вовнутрь [сопочки] захожу. Там старушка такая древняя. Халат на ней такой длинный, что она запинается о его подол. Она меня пропускает в ту дверь, потом в ту дверь. В общем, три двери. Она открывает эти двери, я захожу, и вроде вот окошки, что ли, и солнышко светит. Я сына ищу и никак не могу его найти. А там много-много детей! Там нары и на нарах много детей». – «Они сидят и играют?» – «Нет, лежат! Я ходила, ходила, и вроде в темном углу мой сын лежит. И, представляешь, у него ноги как веревочки, вот так запутаны эти веревочки. Я говорю: "Бабушка, смотри, как у моего сына ножка-то болит. Он же плачет, говорю, как ему больно!" И вот мы с бабушкой выправляли, распутывали ножки-веревочки. Потом она перенесла его к окошечку, и я проснулась. Вышла ли я или нет оттуда? Пришла к сестре, рассказала. Она говорит: "Не может такого быть, что ты такой сон видела!"».

После смерти сестры А. К. Бельды стала страдать сонливостью, она могла заснуть в самом неподходящем месте, на работе, в автобусе, и т. п., и каждый раз, заснув, она видела свою умершую сестру. Еще до того, как на нее стали шаманить, в своих изменившихся сновидениях она стала видеть то, что позднее подтверждали в своих камланиях М. Ч. Гейкер и Л. И. Бельды: «Я во сне видела, Таня, такое! Сижу дома, вроде, вот здесь сижу. Девочка приходит. Маленькая такая девочка. Говорит: "Тебя сестра зовет!" Я собралась и иду. И ты представляешь, в какой дом я пришла! Вроде вот такой холмик, и дверь вроде в этот холмик есть. Захожу туда, и она заходит, девчонка. Захожу. Сестра сидит в кресле. А на полу шкуры медведя и еще какие-то шкуры. И она вроде *доктошки* [чулки] шьет. Шьет, шьет. Я говорю: "Ой, сестра, как я скучаю по тебе!" Она говорит: "Хватит и этого, что ты на свете пожила. Надо тебя забрать! Уходить тебе надо!" И тут я оглянулась, а двери-то нет! Все наглухо закрыто! И смотрю <...> прямо вот наверху такое вот отверстие. Полезла я в это отверстие. Вот так лезу и чувствую, за ноги держат меня сзади. Вот в этом доме сестры! За ноги держат! А я вот так стою, кирпичи нашла и между ног кидаю эти кирпичи. Все равно попаду в кого-нибудь! И так и проснулась. Я еще кричу: "Меня же рано еще забирать! У Саши[1] еще маленькие дети! Я же хожу к ним нянчить!" А сама ору на нее: "У Саши же дети маленькие! Куда ты хочешь меня забрать?"» (А.К. Бельды).

В то время, когда записывались представленные здесь камлания, люди стали замечать изменения, происходившие с шаманским жертвенником *торо*, то есть, с тремя рядом посаженными молодыми лиственницами в огороде возле дома умершей Г.К. Гейкер. Засохшие перед ее смертью почти безжизненные уже лиственницы стали вдруг оживать, и это означало, что ее шаманство стало «падать» на кого-то из младшей родни. «Кого-то нужно отметить, чтобы стал шаманом!» (М.Ч. Гейкер). М.Ч. Гейкер убежденно говорила, что духи «отметили» именно Аллу. В селе стали говорить, что Алла Кисовна «все время болеет» именно потому, что «хочет стать шаманкой». Более того, говорили даже о том, что возможные наследники шаманского дара умершей шаманки соперничают между собой, что будто бы сын Г.К. Гейкер еще «раньше начал петь по-шамански», но что из ревности «Алла что-то сделала, и он перестал» (К.А. Киле). Скорее всего эти разговоры с действительностью ни имели ничего общего. А.К. Бельды пугалась перспективы стать шаманкой: «Как плохо шаманом быть! Я вот что-то хожу и не верю!». Зная, что, отказываясь от шаманского дара, она обрекает себя на тяжелые страдания, она объясняла свое решение тем, что пусть лучше она сама пострадает, пусть лучше на ней оборвется ниточка наследования шаманского дара, и тогда, может быть, она сумеет защитить от этого наследия и оградить от страданий своих любимых внучек. Все равно, говорила она, «жить маленько осталось! Зачем детям все это навязывать, да?». Старший брат Гары и Аллы Алексей Кисович Оненко дерзал выбрасывать *мио*[2] и *пиухэ*.[3] «Это страшно! – говорит А.К. Бельды. – Вот дедушкин *пиухэ* вон там стоял. [Алексей Кисович] тоже его выкинул. А потом в сарай заглянули, а он [*пиухэ*] там стоит, [как будто его и не выбрасывали]!» А.К. Бельды говорит, что Алексей Кисович выбрасывал *мио* и *пиухэ* для того, «чтобы им больше не поклонялись!». «Ну, чтобы дети росли, <...> чтобы дети больше не преклонялись!»

Года через два после того, как были записаны данные камлания, А.К. Бельды со своим мужем Николаем Александровичем Бельды ездила в Москву. Когда они впервые попали в Кремль и увидели православные соборы, Алла Кисовна усадила Николая Александровича возле Царь-колокола, а сама стала ходить по соборам: «Смотришь, какая жизнь была! Такая спокойная! Из одного храма выйду, в другой иду. Я не могла! Я часа четыре, наверное, так ходила. А дед сидел все это время возле Царь-колокола и ждал меня. Я ходила и говорила: "Господи, если ты есть, помоги и помилуй нас! Пресвятая Дева, помоги! Господи, как хорошо!"». Вернувшись домой в Нанайский район, Алла

---

[1] Саша – сын Гары Кисовны.

[2] *Мио* – изображение на ткани или бумаге иероглифов или различных, большей частью антропоморфных, духов.

[3] *Пиухэ* – дерево, в данном случае короткое бревно, на котором вырезали треугольное углубление, и в нем помещали жертву-угощение для духов. Считалось, что *пиухэ* могло замещать собой *мио*.

Кисовна сказала мне: «В церкви, в церкви охота побыть! И во время служения еще охота побыть! Так мечтаю попасть! Хотя бы в Хабаровске во время служения! Так хочу попасть в церковь! Но я съезжу в Хабаровск специально для этого. Так хочу!». Шаманкой Алла Кисовна не стала.

Алла Кисовна Бельды

Торо бэундуэни бичини дёгду балдихан эктэвэ саман таочини

Саман сэвэнчи

1. Сэрумэ пиктэи, туӈгэндуи тундэгу!
2. Мудур-лэ пурилби, туӈгэндуи тундэгу!
3. Хэрэ, хэрэ! Тэму эниэ, тэнсэдуе тэгуру!
4. Хэрэ, хэрэ, хэрэ! Дёбоми балди дёкондолаи дёсопсинду!
5. Синэдими балди сиргэчэлэе силэнду!
6. Симур пиктэи, Япоро пиктэи, каокандоя кандигосу!
7. Алха яӈни алдани, хотон яӈни холдони Алха энимби,
8. сиксэду-дэ, долбо ду-дэ хуэдуру!
9. Хэрэ, хэрэ! Алха ама, гуӈмэнду, гуӈмэнду!
10. Асиа пиктэи тэде-гдэ-лэ оркин бароани маня ониндой-ну?
11. Намоӈгой токони, даи намо токони, намондиа амимби
12. доркин хотондиадини хуэдэпсинду хуюрсу вэюи!
13. Ама, асиа пиктэй-дэ тэдем-дэ оркин бароани маня ониндини-ну?
14. Ама, асиа пиктэивэ хориру, хориру!
15. Гориахам амимби, ама, хуюрсу вэюдии улэӈгудиэни хуэдуру, хуэдуру!
16. Намо кирани хуюн хурэн дюгдулэни, Айкагдя диасилни, хуэдуру!
17. Намо боачани суйгуэлэни Мокто Пуймур эниэ, сусуру!
18. Хэӈнэнилэ хэгдэпсинду, Япоро Халбиро сонадиани хэгдэру!
19. Эмун, дюэр агилби, эмун, дюэр нэилби, вэючии, сомдончии!

Лечение хозяйки дома, построенного на месте старого жертвенника

Шаманка *сэвэнам*

1. Дитя мое Сэрумэ, на грудь мою опустись!
2. Дети мои Мудуры, на грудь мою опуститесь!
3. *Хэрэ, хэрэ!* Мать Тэму, на место мое садись!
4. *Хэрэ, хэрэ, хэрэ!* С угла дома, где я, работая, живу, [хозяин его] появись![1]
5. С бедной моей завалинки теплым облачком поднимись!
6. Дитя мое [змей] Симур, дитя мое [змей] Япоро, к горлу моему придите!
7. От середины пестрых скал, мимо горного города, мать моя Алха,
8. хоть [сейчас и] вечер, хоть и ночь, прилетай [ко мне]!
9. *Хэрэ, хэрэ!* Отец Алха, выгляни, выгляни!
10. Действительно ли эту женщину [пациентку Груню] к плохому [духи] тянут?
11. От середины своего моря, из центра океана, мой морской отец,[2] вылетай
12. из города *доркина*[3] со своими девятью [привязанными к тебе духами] *вэю!*
13. Отец, действительно ли дочери будет все хуже и хуже?
14. Отец, дочь мою [Груню] спаси, спаси!
15. Отец, [насылающий] сумасшествие, отец, лети, лети [сюда] хорошенько с девятью своими *вэю!*
16. Через девять горных хребтов, с берега моря, друзья Айкагдя, летите!
17. С мыса морского острова, мать Мокто Пуймур, отправляйся [ко мне]!
18. Под мышками начинайте обвязываться, Япоро, Халбиро, ремнем [к стае духов] привязывайтесь!
19. Один, два моих старших брата, один, два младших моих брата, к *вэю*, к *сомдону!*[4]

---

1 Считается, что отдельные места в доме, во дворе и в лесу имеют своих духов-хозяев; некоторых из них шаман может призывать при исполнении камлания.
2 Морской отец в образе косатки, то же, что *Намо ама* (см. словарь непереведенных слов).
3 *Доркин* – одна из сфер подземного или находящегося под дном моря мира.
4 *Сомдон* – синоним слову *сона*, длинный ремень, к которому присоединяются, образуя единую стаю, духи.

20. Хусэ, асиа пиктэи, вэючии, сомдончии!
21. Кэймэдэ кэйчэмби, тулиэду, тадянду илиандо, дэлэнду илиандо, дэлэнду!
22. Намондиа амимби, эди хадариа!
23. Оркимба маня асиа пиктэи оркин боавани мурчиэмэ.
24. Торои дачани Алигда дякаи, Никигдэ дякаи, бэчиивэ, бэчиивэ бэмбэлу!
25. Энимби, Симур энимби, бэчиивэ бэмбэлу, бэмбэлу!
26. Сэлэм Симур энимби! Пурэн амбани пурилни!
27. Мандойни вэюи, Мандё-ла энимби!
28. Хэрэ, мимби мори-да, ӈэли-дэ, савасиа, лоча эктэӈгуй? Арая?

Досоди най

29. ‖ Ая, ми дякпадой тэсии.

Саман сэвэнчи

30. Улэнди хуюэрсу, улэнди вэюгусу!
31. Байдала тулиэчиэни!
32. Сэдэнди сэдемби, эндур пиктэе,
33. нориандй нойнайди муэкэ эндурни пиктэе!
34. Нохаду Бэрэду! Асоаӈга тулиэвэни, асоаӈга тадямбани, ама-ла, ама-ла, кэндэлиу, кэндэлиу!
35. Улэнди кэндэлиу! Ама-ла, улэнди кэндэлиу!
36. Ама, тулиэвэни тадямбани эуси-таоси анаро эуси-таоси!
37. Алха Бориада, Сэлэмэ Эӈку, илиандо, хуэдуру!
38. Тулиэвэни тадямбани улэнди анахиосо!

20. Мой сын и моя дочь,[1] к *вэю*, к *сомдону!*
21. Собака моя Кэймэдэ, во дворе, в тех местах, где [Груня] постоянно ходит, появись, откройся, появись, откройся!
22. Мой морской отец, не пропусти [след]!
23. Только о плохом моя дочь, о плохих местах [о болезни] думает.
24. От основания [жертвенника] *торо*, мой *дяка* [дух] Алигда и мой *дяка* [дух] Никигдэ, [прилетайте и] к телу моему, к телу моему подвесьтесь, подвесьтесь!
25. Моя мать, моя мать Симур, к моему телу подвесься, подвесься!
26. Моя мать железная [змея] Симур! Дети тигры!
27. Мой *вэю Мандойни*, моя маньчжурская мать!
28. *Хэрэ*, я своим криком напугала, наверно, [присутствующую здесь] русскую женщину? Арая?[2]

Слушательница

29. ‖ Ничего, я рядом [с ней] сижу.

Шаманка *сэвэнам*

30. Хорошенько по девять [объединяйтесь], хорошенько в *вэю* собирайтесь!
31. Скорее в [Грунин] двор!
32. Моя дребезжащая повозка, мое дитя *эндур*,
33. [плывущая лодочка] *норианди нойна*, мое дитя, водяной *эндур!*
34. *Нохаду бэрэду!*[3] По двору этой женщины [Груни], по местам, где постоянно ходит эта женщина [Груня], отец, отец,[4] покружи, покружи!
35. Хорошенько покружи! Отец, хорошенько покружи!
36. Отец, во дворе, на исхоженных ею тропках, туда-сюда пошныряй, туда-сюда!
37. [Вепри] Пестрый Бориада и Железный Энку, появитесь, летите!
38. Во дворе, на исхоженных ею тропках хорошенько [все] разворошите!

---

1 Братьями, сыном и дочерью Гара называет тех духов-помощников, которые приходят к ней в сновидении в облике ее настоящих братьев, сына или дочери. Считается, что эти духи не имеют никакого отношения ни к самим реально существующим родственникам, ни к их душам.
2 Арая – нанайская транслитерация имени Рая. Нанайские слова не начинаются с согласной «р», поэтому к русским словам, начинающимся с этого звука, нанайцы добавляют начальный гласный, например, *арадио, арайон.*
3 Шаманка утверждает, что сама не понимает значение слов *нохаду бэрэду.*
4 В данном случае и в дальнейшем, на протяжении всего камлания обращение «отец» относится к косатке, морскому отцу.

39. Ама-ла, сойкосо!
40. Хай-да дяканиа амбаӈгой анаханда, гиалам гэлэсу.
41. Даи Гиваӈгой Дякпарниа, Дякпарниа, гуӈмэнду!
    Илан даи тумбэ [эурими] гуӈмэнду,
42. хай-да дякани олбиӈкини-да! Аядо маня алтахиосу!
43. Эндур-лэ эдии, дэлэнду, дэлэнду!
44. Тулиэ тадямбани улэнди кэндэлиусу!
45. Панямбани, оторбани аорасидяни, хотовани хоргианди, игэвэни игдэнди, эрулугум хао-да гадёка-тани.
46. Улэнди кэндэлипсинду, ама, асоандо говани, говани!
47. Хони ачини, туй балди осини дилидии дэругудиэмэ.
48. Улэнди гонилбани, гонилбани!
49. Улэн гоигоиди энэгуй,
50. гогои энэгилитэ-лэ, сусугилитэ, капагили боани-ла,
51. улэнди мэдэпсинду-лэ, гароктару!

Саман энуси найчи

52. Хэрэ,
    ‖ эй хэусимбэ-дэ, Эдэӈкэ эгэнэвэ амим биэси-ну?

Энуси най

53. ‖ Ми суркиэни-дэ амикаи.

Саман

54. Хэрэ, хэрэ!

Энуси най

55. ‖ Суркиэн-дэ Буриду бидуй амикаи.

39. Отец, постарайся!
40. Ищи, что за существо своих *амбанов* [к Груне] толкало
    и преграждало [ей путь].
41. Просвет Большой Зари,[1] Просвет, выгляни! [Поднимая] три большие флага, выгляни,
42. [узнай] что за существо [Груню] унесло! К лучшему все исправь!
43. Мой муж *эндур*,[2] откройся, откройся!
44. По двору, по исхоженным [Грунею] тропкам хорошенько покружи!
45. Ее *панян*, ее *отор*, [ее душу-тень] куда-то унесли, чтобы мучить ее голову[3] шумом, мозг ее звуками голосов, из-за чего ей не уснуть.
46. Хорошенько начинай кружить [и искать], отец, в каком направлении, в каком направлении женщину [Груню увели]!
47. Как можно, если так жить будет, то опять голова начнет болеть.
48. Хорошенько направление, направление [ищи]!
49. Хорошо, правильно чтобы пойти,
    [чтобы нужное] направление [найти],
50. чтоб идти, чтоб отправиться и проникнуть в [нужное] место,
51. хорошенько узнай, увидь!

Шаманка пациентке

52. *Хэрэ*,
    || в эти дни Эдэнкэ сестру ты не видела ли во сне?

Пациентка

53. || Недавно, позавчера я видела [ее] во сне.

Шаманка

54. *Хэрэ, хэрэ!*

Пациентка

55. || Недавно, позавчера, когда была в Хабаровске, видела во сне.

---

1 Просветом Большой Зари Гара Кисовна называет маньчжурского, по ее словам, духа Дуску.
2 Муж *эндур* – дух-сожитель, с которым шаманка встречается в своих сновидениях.
3 Буквально здесь *хото*, то есть, «череп».

Саман

56. Хэрэ,
     ‖ туй дададоани хони би эктэни осихани.

Саман энуси найчи

57. ‖ Тулиэду тадяндоаси илигои.

Саман сэвэнчи

58. Хэрэ, ама, нухэнтэру! Нухэнтэру!

Саман энуси найчи

59. Хэрэ-лэ, хэрэ!
60. ‖ Эси дидюпиэ, пиктэгуй амимии, пиктэй хуэдэхэси-ну?

Энуси най

61. ‖ И, хуэдэхэм гоани.

Саман

62. ‖ Дёгдои бими толкичихаси-ну?

Энуси най

63. ‖ И.

Саман

64. ‖ Эй эктэ-кэ хаваӈги пэгиэлэни – эрдэӈгэ!
     ‖ – хай-да… ная… дюэр нучи ная.
     ‖ Эмун? Пиктэси эмун? Толкичихаси пиктэси эмуни?

Энуси найчи

65. ‖ И, эмуни. Сашакаӈгой абани.

Саман энуси найчи

66. Эй эктэ дяпаха, бидерэ, эй эктэ Эдэӈкэ эгэчи эдилэндини,

Шаманка слушателям

56. *Хэрэ,*
    ‖ теткой ее [Груниной] обернулась какая-то женщина.

Шаманка пациентке

57. ‖ Она во дворе, на исхоженных тобою тропках стоит.

Шаманка *сэвэну*

58. Отец, гони [ее]! Гони!

Шаманка пациентке

59. *Хэрэ-лэ, хэрэ!*
60. ‖ После того, как сюда приехала [из Хабаровска],
    ‖ не видела ли ты во сне, что сына потеряла?

Пациентка

61. ‖ Да, теряла.

Шаманка

62. ‖ У себя в доме ты видела это во сне?

Пациентка

63. ‖ Да.

Шаманка

64. ‖ У этой женщины подмышкой – интересно! – что-то... Человек...
    ‖ Два маленьких человека! Один? Один у тебя
    ‖ [в твоем сновидении был] сын? Ты видела во сне одного сына?

Пациентка

65. ‖ Да, одного. Саши не было.

Шаманка пациентке

66. Эта женщина забрала [обоих твоих сыновей]. Эта женщина,
    превратившаяся в сестру Эдэнкэ,

67. Ойтаӈка найни, эниндулэси далиха дяка, энэнэ!
68. Эниндулэси
69. хоня маси, ичу, далиӈкини, дялихани эй дяка.
70. Балана-да тулиэдуэси уӈчухуӈку, яӈпаӈко вапагой бичини.

Саман сэвэнчи

71. Ама-да, байдала! Хэрэ, Сагди ама-да, Они ама-да, гудиэсиури!
72. Уюн-дэ балдира, аяди балдира би осини, удимбэ-дэ бадяма удигуй.
73. Хэрэ, байдала оркин дякава гиалондосу!
74. Хони ачини, амана, най аорами маня балдими?
75. Хони балдиори! Дили-дэ кэндэлигудемэ!
76. Хэрэ, тулиэлэни сусугуми-лэ панямбани, оторбани хаолиа эктэ, хэрэ, гадёгохани.
77. Эй-тэни Маӈбова байсила энэи.
78. Даи Гиваӈгои Дякпарниа, улэн ичэру, улэн ичэру,
79. илан даи тунди улэн ичэру!
80. Эндур тэлгэгуйдиэни, даи Они далани, Мухуӈгуй, Халаӈгой алдандоани, даи Маӈбо даогойни.
81. Хэрэ, Никиӈгой маӈболани, хэрэ, Никиӈгой маӈболани, Эморон довани энэй гадёйни.

67. из рода Ойтанка эта [женщина], *дяка*, победившая [погубившая] твою мать![1]
68. [Она *амбан*] твоей матери,
69. какая она сильная, смотри, является и обманывает.
70. Издавна уже в твоем дворе с бубном и *янгпаном*,[2] чтоб убивать, она появляется.[3]

Шаманка *сэвэнам*

71. Отец, скорее! *Хэрэ, Сагди ама*[4] отец *Они*,[5] нужно [Груню] пожалеть!
72. Если будет жива и здорова, животное найдет, чтобы выкормить [для жертвоприношения].
73. Отец, скорее, прегради путь этому злому *дяка* [духу]!
74. Как можно, отцы, человеку все время не спать?
75. Как жить! И голова будет кружиться!
76. *Хэрэ*, из двора уходя, ее [Грунин] *панян*, ее *отор* [душу-тень], как-то эта женщина, *хэрэ*, унесла.
77. На тот берег Амура [она] идет.
78. Просвет Большой Зари, хорошо [за ней] следи, хорошо следи,
79. с тремя большими своими флагами хорошо следи!
80. [Идет] мимо *мио эндура*,[6] по устью Анюя,[7] между Мухеном и Халаном[8] Амур переходит.
81. *Хэрэ*, по реке Ники,[9] *хэрэ*, по реке Ники по [урочищу] Эморон[10] идет и несет [душу-тень Груни].[11]

---

1 Женщина *амбан*, уведшая душу Груни, является, как это часто и бывает, духом, передающимся из поколения в поколение по отцовской линии.
2 *Янгпан* – шаманский пояс с металлическими подвесками.
3 Нанайцы утверждают, что духи часто показываются в видениях пляшущими по-шамански, в шаманском наряде с бубном и с металлическими подвесками.
4 *Сагди ама* – в данном случае дух рода Оненко, по линии которого Гара Кисовна получила свое шаманство.
5 Отец *Они* – одно из названий духа рода Оненко.
6 Имеется в виду некое святилище, в котором находится *мио*, то есть, изображение духов [*эндуров*] на ткани или бумаге. Поскольку Просветом Большой Зари Гара называет именно *эндура Дуску*, который изображается обычно на *мио*, здесь и далее он упоминается именно в связи с *мио*. Можно предположить, что его изображение есть на том *мио*, мимо которого шаманка проходит в своем «путешествии по духовному миру».
7 Анюй – река в Хабаровском крае.
8 Мухен и Халан – села в Хабаровском крае.
9 Река Ники находится в Аяно-Майском районе Хабаровского края.
10 Имеется в виду озеро Эворон в Солнечном районе Хабаровского края.
11 *Амбан* уносит Груню в направлении, как объясняет Гара Кисовна, корней ее отцовского рода. Грунин *панян* уходит и «*халава дэгбэлику*», то есть, буквально, «вскрывает ее род». Он идет в те места, где либо жили ее предки по опрделенной линии, либо с кем-то из них произошло какое-то событие, закрепившее связь этого рода с шаманством.

82. Ама, энэй говалани байдала гоигоро, хэрэ, хэрэ, хэрэ!
83. Энивэри говани эди хуэдэндуэсу!
84. Асоандовари гадёхани хойламбани эди хорорасу!
85. Сэдэнди сэдемби!
86. Эморон амоани бэсуни, бэсуни, ама торони.
87. Ама, асиа пиктэвэ диливани!
88. Ама, аорама осихамбани хаолиа аологойдяни!
89. Эмучэн, ама, аӈгадиани, гудиэлэ!
90. Хаолиа гудиэм баридяни гудиэнду! Хаолиа аям баридяни гудиэнду!
91. Эндур ама, Эндур ама, гудиэнду! Аӈгадян пиктэвэни хаолиа гудиэсиру, хаолиа айсиларо!
92. Эндур-дэ тэлгуй-дэ тэугудемэ, удимбэ-дэ удидемэ.
93. Ама, гудиэсиру, ама, айсилу, гудиэнду!
94. Даи Гиваӈгой Дякпарниа! Илан даи тундиэни нэптэлиэ, нэптэлиэ!
95. Хэрэ, эвэӈки-дэ дюлэси! Хэрэ, хэрэ, ама, хойламбани эди хорора!
96. Сэдэнди сэдемби! Ойта ама торолан тугундэмби.
97. Ойта ама торолани бароани гудиэм гэлэм дэруру!

сэвэны
Линден-музей, г. Штутгарт

82. Отец, быстрее направляй [нас] на путь, по которому идти, *хэрэ, хэрэ, хэрэ!*
83. Дорогу, по которой идем, не потеряйте [из виду]!
84. Следов той, которая женщину [душу-тень пациентки] унесла, не пропустите!
85. Дребезжащая моя повозка!
86. На озере Эморон заброшенное стойбище, заброшенное стойбище, *торо* [жертвенник] отца.[1]
87. Отец, твоей дочери [Груни] голову [исцели]!
88. Отец, и то, что она перестала спать [исправь], молю, чтоб она начала спать!
89. Одинокая она, отец, сирота, бедняжка!
90. Молю, пусть милость твою получит, пожалей! Молю, пусть здоровье получит, пожалей!
91. Отец *эндур*,[2] отец *эндур*, пожалей! Сироту ее, молю, пожалей, молю, озолоти!
92. Она и *мио* поставит, и животное [для жертвоприношения] выкормит.[3]
93. Отец, пожалей, отец, осчастливь, пожалей!
94. Просвет Большой Зари! Тремя большими своими флагами маши, маши![4]
95. *Хэрэ*, отсюда вперед! *Хэрэ, хэрэ,* отец, след не потеряй!
96. Повозка моя *сэдэнди!* Я хочу опуститься [здесь], у *торо* отца Ойта.
97. Начинайте просить милости у *торо* отца Ойта!

---

1 Здесь шаманка подходит к жертвенному дереву *торо*, в котором, как считается, обитает один из «отцов», то есть, дух одного из живших когда-то шаманов, ставший покровителем определенного рода. В данном случае Гара заклинает духа рода Ходжер. К сожалению, я не выяснила, была ли у пациентки некая зависимость от этого духа, то есть какие-то родственные связи с этим родом. Во всяком случае, этот дух этого рода считается особенно сильным и способным влиять на представителей разных нанайских родов. Сразу после обращенного к старику Ходжеру *эпили* шаманка перейдет к другому *торо*, в котором обитает отец Ойтанка, покровитель рода Ойтанка. Пациентка по своему происхождению связана с обоими этими родами.

2 Шаманка называет старика Ходжера, духа действительно жившего когда-то шамана, *эндуром*. Это нечто вроде лести. В действительности, как она сама позже объяснила, дух шамана Ходжера *эндуром* не является. *Эндуры* считаются гораздо более могущественными духами, чем духи умерших шаманов. Пытаясь уговорить старика Ходжера шаманка к нему подольщается. Более того, она утверждает, что шаманы считают возможным польстить иногда и более мелкому духу *сэвэну*, также почтительно назвав его *эндуром*.

3 Это обещание жертвоприношения. Выкормленное пациенткой животное должно быть затем принесено в жертву.

4 Как объясняет это Гара Кисовна, флагом размахивает дух Дуску, которого она также называет Просветом Большой Зари.

98. Энин-гдэл хачин-гдал саигойди,
99. гориама гоатойдини, хаома хархидини.
100. Игэчиэни индэми, дорсинчиани дондами, хаолиа гудиэсиру!
101. Ойта ама, Ойта эниэ, хаолиа айсиларо!
102. Аяди бини осини, энини хачимбани-да тэудемэ.
103. Улэн амиа толкимба баогоми асиа пиктэ балдини осини...
104. Ама, гудиэм гэлэи. Гудиэсиру! Аим гэлэи. Айсиларо!
105. Ойта ама, энин орондолани тэугуйни.
106. Эди хаон-качи, эди хаон-качи хархианда!
107. Эди гориа-качи гоатоанда!
108. Хаолиа гудиэсиру! Хаолиа айсиларо!
109. Энимби-дэ хуэдэхэм гэлэгуми чилара, пиктэй-дэ хуэдэхэм гэлэгуми чилара,
110. асиа пиктэни балдини. Ама, гудиэсиру!
111. Хаолиа диливани, хотони дочиани хай-да дяка эди хоаламбоанда,
112. игэчиэни хай-да дякавани эди игуэндэ!

Перерыв хамиалани

113. Ойта ама торолани, хэрэ, сусуи.
114. Хэрэ, боа-боадоани сиргэ маня. Сиргэ, сиргэ бини боала энэи.
115. Даи гаонявала исиндии.
116. Дони-тани кэӈугунэ.
117. Асиа пиктэвэ эй боаду-да нэучихэни.
118. Эвэӈки-дэ дюлэси!
119. Лэмпэру дёгдола капохани. Дё дочиани ихэни.
120. Хони би эктэ аӈмалани сиаванди.
121. Эй боала кирини, гадёйни.
122. Сэдэнди сэдемби! Норианди нойнаи! Мандойни вэюи!

98. Отмеченная *хачинами*[1] матери,[2]
99. она как сумасшедшая мечется, как помешанная [головой] мотает.
100. В мозг ей войди, в [мозг] *дорсин*[3] ее опустись, умоляю, пожалей!
101. Отец Ойта, мать Ойта, молю, озолотите [ее]!
102. Когда она будет здорова, она *хачины* своей матери поставит [совершит обряд, чтобы стать шаманкой].
103. Если будет у нее хороший сон…
104. Отец, милости прошу. Пожалей! Счастья прошу. Озолоти!
105. Отец Ойта, [пусть она станет для] *мио* тем,
    кем была ее мать [шаманкой].
106. Пусть как помешанная, пусть как помешанная она [головой]
    не мотает!
107. Пусть как сумасшедшая не мечется!
108. Молю, пожалей! Молю, озолоти!
109. Мать свою потеряв и найти ее не сумев, сына своего потеряв и найти его не сумев,
110. живет эта дочь. Отец, пожалей!
111. Молю, сделай так, чтобы никакой *дяка* [дух] в череп ее не проникал и не шумел там,
112. чтобы в мозг ее никакое *дяка* не заходило!

Перерыв

113. От *торо* отца Ойта, *хэрэ*, отправляюсь.
114. *Хэрэ*, повсюду поросшие черемухой рёлки. Иду там, где рёлки, рёлки.
115. Дошли до большой рёлки.
116. Внутри [рёлки] *кэнгуэнэ* [пустота на месте покинутого стойбища].
117. Дочь [Груню] в этом месте тоже держали.
118. Отсюда вперед!
119. Она подошла к дому-лабиринту *лэмпэру*. В дом зашла.
120. Какая-то женщина кормит [души-тени] из ложечки.[4]
121. В это место заходили, унося [душу-тень Груни].
122. Повозка моя *сэдэнди!* Лодочка моя *нойна! Мандойни вэю!*

---

1 *Хачин*, буквально, некий вид. Это одно из тех нейтральных слов, которые наряду со словом, например, *дяка* [существо] или словом *най* [человек] часто заменяют слово *сэвэн* [дух].

2 Поскольку мать Груни была шаманкой, быть отмеченными *сэвэнами* матери означает в данном контексте – быть призванной стать шаманкой.

3 *Дорсин* – синоним слову *игэ* [мозг]. Более подробно значение его выяснить не удалось.

4 Считается, что если в доме *лэмпэру* духам удастся накормить душу человека, (то есть, если человеку приснится, что он что-то там есть), то он заболеет.

123. Нала-тани, энэнэ, уйкэ-мэ бини. Дони-тани ниэгугуй барами энури.
124. Энэнэ, най дилгани, най гэмухиэни.
125. Эй боала кирими, гадёйни, гадёйни.
126. Гэдиэ поктова энэи. Гэдиэнэ, саӈгиана. Эвэӈки-тэни энэи.
127. Эмуту ихон-мат бини. Исии.
128. Ихон долиндолани чуӈну омбил пулсини орхоӈко, апоӈко.
129. Асоандёамба эй боаду апомбани апола гадёйни.
130. Гэдиэнэ поктолани гадёйни.
131. Хэрэ, хэрэ! Хурэн суйкэни эугухэни.
132. Энэнэ, энэнэ! Асоандёамба эй боадоани нэучихэни.
133. Докиадиади-тани Сэлэ Сайкани дилгани! Энэнэ!
134. Эеди-лэ дюлэси гадёхани панямба.
135. Сэрумэ пиктэи, эниэ хэсэни, аӈмани туйкувэни тэдемэлу таосандо!
136. Гэрэн амбамба ялиндо!
137. Хасаси гэдиэн поктола огоха.
138. Ама-ла, горола ичуми даила хотон дергэни.
139. Эй асоанди оторбани гориама, хоглома боачиани.
140. Хотон довани омбил пулсини.
141. Мандойни вэюи, мандёла вэюи, хуэдунду, хуэдунду!
142. Ама! Сэдэнди сэдемби, Нориaнди нойнаи!
143. Улэн, голиавани, ама!.. Улэнди! Амба хотондолани улэнди ивури!
144. Асиа пиктэ дорсинчиани донидама ачоараси дякава бахани!
145. Эй энини яиханда Сэлэ Сайка-да дилини уевэни тэй эрдэӈгэдиэ эрдэлини.
146. Ама, капапсиндо! Порондолаи бобой лохомба эуриру!
147. Ама-ла, ама-ла! Хотон дочиани ипсиндэру!
148. Сэдэнди сэдемби, асиа пиктэи аӈгиа ӈаладой бобой лохомба дяпамиа!
149. Хогло маня най хорокпиачини, хэрэ, хэрэ! Гориа боани, хогло боани.

123. В земле – ой-ой-ой! – что-то вроде двери, внутрь зайдешь и не найдешь выхода.
124. Ой-ой-ой, людские голоса, людской шепот!
125. В это место зайдя, она [дальше Груню] несет, несет.
126. По ухабистой дороге иду. Ухабы, ямы. Отсюда дальше иду.
127. Что-то вроде села. Подхожу.
128. Посреди села все беспорядочно снуют в колпаках и в шапках.
129. В этом месте она шапку на женщину [Груню] надев, [дальше] ее понесла.[1]
130. По ухабистой дороге ее понесла.
131. *Хэрэ, хэрэ!* С горной гряды [в пещеру] ее опустила.
132. Ой-ой-ой! Женщину [Груню] в этом месте держали.
133. Из глубины вопли железных кошек-*сайка*. Ох-ох-ох!
134. Отсюда она [женщина-*амбан*] понесла [Грунин] *панян* дальше.
135. Дитя мое *Сэрумэ*, слово [мое], твоей матери, движение уст ее в точности исполни!
136. Всех *амбанов* [злых духов от меня] отгони!
137. Преследуя [духа], по ухабистой дороге иду.
138. Отец, вдали виднеются ряды [домов] большого города.
139. *Отор* [душу-тень] этой женщины [пациентки] в место сумасшествия, [принесли], в место *хогло* [духов, насылающих сумасшествие].
140. По городу беспорядочно снуют [люди-духи].
141. *Мандойни вэю*, стая маньчжурский мой *вэю*, облетай, облетай!
142. Отец! Дребезжащая моя повозка *сэдэнди*! Лодочка моя норианди!
143. Хорошо по ее следу, отец!.. Осторожно! В город *амбанов* осторожно надо заходить!
144. В мозг женщины [пациентки] опустившийся и не отпускающий ее *дяка* [дух мы], нашли!
145. Этот железный *сайка* [дух в виже кошки], на котором шаманила ее [Грунина] мать, над ее [Груни] головой что-то интересное выделывает.
146. Отец, заходи! Из макушки своей [головы] драгоценную саблю поднимай![2]
147. Отец, отец, в город начинай заходить!
148. Дочь моя в повозке *сэдэнди*, в правой руке драгоценную саблю поднимает!
149. Одни [насылающие сумасшествие духи] *хогло* [вокруг] кривляются, *хэрэ, хэрэ*. Страна умопомешательства, земля *хогло*.

---

1 Тем, что духи надевали на Груню шапку, шаманка объясняет ее головные боли.
2 Золотая сабля морского отца являющегося в образе человека – это, по словам шаманки, его плавник, когда он бывает в облике косатки.

150. Ама, хуюэрсу вэюи, Мандойни вэюи, улэнди, хэрэ, хэрэ, хэрэ!..
151. Ирии, энэи хотон довани. Хогло маня най хорокпичиани. Асиа пиктэвэ ивухэни.
152. Хэрэ, хэрэ, хэрэ! Амичони! Най ивухэни дачани илиндосо!
153. Даи Гиваӈгой Дякпарниа, Дякпарниа!
154. Тэде моховори-ну? Тэде чилаори-ну?
155. Амана! Хэрэ, хэрэ, хэрэ, хэрэ!
156. Хэрэ, хэрэ! Илан дока, дарин-дарин би дока.
157. Токондои дока-ла эндур пиктэи, эндур пиктэи дяӈмалиу, дяӈмалиу!

Тэин хамиалани

158. Хэрэ! Даи Гиваӈгой Дякпарниа, аим гэлэру, гудиэм гэлэру!
159. Эндур тэлгэгуй-дэ тэугуйдиэни. Улэнди, аяди маня оси осини,
160. эниэ яяхамбани яядяма,
161. эниэ соӈгохамбани соӈгодяма.
162. Хэрэ, хэрэ! Нихэлиу, нихэлиу! Дяӈмалиосу!
163. Хэрэ! Ирэмби, ирэмби.
164. Хэрэ! Най эгдини, най гэрэни. Дочила ирусу!
165. Хэрэ, хэрэ, хэрэ, хэрэ, хэрэ! Ама-ла, ама-ла! Эуси-таоси найва хадамбосу!
166. Гориа, хаони тэуни, гориа тэуни илиндаха, илиндаи.
167. Хэрэ, хэрэ, хэрэ! Оя дасичава ачоктаосу! Ачосу!
168. Хэрэ, ама, порондолани сиручихэмбэни модандолани молдёлё,
169. бобой лохонди кин-кин бивэни чалиро!

Один из посетителей камлания танцует с шаманскими принадлежностями, начиная обряд (фотография из семейного архива Г. К. Гейкер).

150. Отец! С моими девятью *вэю*, с моим *мандойни вэю* [с девятью группами маньчжурских духов] хорошенько, *хэрэ, хэрэ, хэрэ!*..
151. Захожу, иду по городу. Одни *хогло* [вокруг] кривляются. Дочь [Груню сюда] завели.
152. *Хэрэ, хэрэ, хэрэ! Амичони!*[1] Встаньте у входа, там, куда завели женщину!
153. Просвет Большой Зари, Просвет!
154. Неужели не сумеем? Неужели не справимся?
155. Отцы! *Хэрэ, хэрэ, хэрэ, хэрэ!*
156. *Хэрэ, хэрэ!* Трое ворот. Рядом, рядом стоят ворота.
157. Мое дитя *эндур*, мое дитя *эндур*, сделай так, чтобы в средних воротах, хоть щель появилась, чтобы хоть щель появилась!

[После перерыва]

158. *Хэрэ!* Просвет Большой Зари, здоровья [для Груни] проси, милости проси!
159. [Груня] *мио эндуру* поставит [приобретет изображение духов-*эндуров* на ткани]. Если поправится, выздоровеет,[2]
160. [тем духам], которым мать ее по-шамански пела, и она будет петь по-шамански,
161. как мать ее [обращаясь к ним] плакала, так и она будет плакать.[3]
162. *Хэрэ, хэрэ!* Открывайте, открывайте! Сделайте хотя бы щель!
163. *Хэрэ, хэрэ!* Захожу, захожу.
164. *Хэрэ*, много людей, толпа людей. Вовнутрь заходите!
165. *Хэрэ, хэрэ, хэрэ, хэрэ, хэрэ!* Отец, отец, сделай так, чтобы люди туда, сюда разошлись!
166. В место сумасшествия, в место помешательства [ее] завели, и я сюда зашла.
167. *Хэрэ, хэрэ, хэрэ!* Верхнее [накрывающее Грунин *панян*] покрывало снимайте! Снимайте![4]
168. *Хэрэ*, отец, узлы, завязанные над макушкой [*паняна* Груни], одним махом отсеки,
169. драгоценной саблей крепкий узел разруби!

---

1 Имеющее ритуальное значение бранное слово.
2 Обещание поставить *мио* (то есть, сделать на ткани или бумаге определенные надписи и изображения и затем с помощью определенного обряда вселить в них духов) неоднократно повторяется в этом камлании потому, что накануне Груня потеряла *мио*, принадлежавшее ее матери и перешедшее ей по наследству.
3 Помимо обычного значения «плакать» слово используется также как синоним слову «шаманить» или «петь по-шамански».
4 Считается, что, накрывая и окутывая Груню покрывалами и одеждами, духи заставляли ее тем самым болеть.

170. Хэрэ! Сиандолани симболиу, гиандолани гибамбо, хэрэ!
171. Хэрэ, хэрэ, хэрэ, хэрэ, хэрэ! Хэӈнэнивэни хэгдэгуру, хэгдэгуру!
172. Эуригуэнду бэгдивэни, ама, тэтуэвэни-дэ дэлэ-дэлэ гудэчиусу!
173. Дэлэ-дэ гудэчиу харома ӈаладии!
174. Хэрэ, хэрэ! Тэрэмди, тэрэмди!
175. Ама, тэрэмди! Ама, тэрэмди!
176. Эди хадариосу! Хэй!

Тэин хамиалани

177. Ниэгумэри дэрурэ.
178. Хатан, тургэн ниэгусу, хатан, тургэн ниэгусу!
179. Хотон токондолани дэгдэпсиндусу!
180. Сэдэнди сэдемби! Асиа пиктэвэ нэкуру, нэкуру!
181. Ойта ама, Сагди ама! Пиктэвэли аСамандиани опондохари!
182. Хэрэ! Байдала модан модандолани хуэдугуру!
183. Хэрэ! Сэдэнди сэдемби! Энэй байдала асиа пиктэвэ улэн тэгуэнду!
184. Хуюрсу вэюи, ковагосу, нихэлиусу!
185. Мандойни вэюи ковагодои нихэлиусу!
186. Мокто Пуймур эниэ, аӈмалани-ла амба тавани ниэгуми, говагору!
187. Хэдумэ, хэдумэ! Соима!
188. Байдала даи Маӈбо хомбани дяпагоми солопчи, солопчи!
189. Соима, соима, хэдумэ, хэдумэ, хэдумэ, хэдумэ!
190. Амана, амана, коваи нихэлими, нихэлими энуэнду!
191. Эндур пиктэи, асоандёамба эди дэругуэндэ, эди дэругуэндэ,
192. харома ӈаладии энувэ, силтамба симболими хуэдуру!
193. Даи Маӈбо хомбани хуэдугуру, хэдумэ, хэдумэ!

170. *Хэрэ*, [то, во что Груня закутана] с ушей ее вниз стяни, с челюстей ее стащи, *хэрэ!*
171. *Хэрэ, хэрэ, хэрэ, хэрэ, хэрэ!* В подмышках [Груню] освободи, освободи!
172. Подними ее [Груню] на ноги, отец, [чтобы освободить ее от того, во что она была укутана], и одежду ее всю в клочья разорвите!
173. Всю ее разорви своими перепончатыми руками!
174. *Хэрэ, хэрэ!* Как следует, как следует [Груню усади, чтобы ты смог схватить ее]![1]
175. Отец, как следует! Отец, как следует!
176. Не промахнитесь! *Хэй!*

После перерыва

177. Начинаем выходить.
178. Скорее, быстрее выходите! Скорее, быстрее выходите!
179. Из середины города взлетайте!
180. Дребезжащая моя повозка *сэдэнди*, уложи, уложи [на себя] дочь [Груню]!
181. Отец Ойта, *Сагди ама!* Пусть у дочери [у Груни] сон появится!
182. *Хэрэ!* Скорее, мгновенно летите!
183. *Хэрэ!* Повозка моя *сэдэнди!* Быстро мчись, и пусть дочери [Груне] удобно будет сидеть!
184. Девять моих *вэю*, напустите туман *кова*, выпускайте [туман]!
185. Мой *мандойни вэю* [группа маньчжурских духов], напусти туман *кова!*
186. Половинка [дракона] *Пуймура!* Из своей пасти выпуская огонь *амбанов* [злых духов],[2] становись на обратный путь!
187. Как ветер, как ветер [летите]! Как вихрь!
188. Скорее, держась над руслом Амура, вверх, вверх по течению!
189. Как вихрь, как вихрь, как ветер, как ветер, как ветер, как ветер [летите]!
190. Отцы, отцы! Сделайте так, чтобы ехали, окутываясь туманом, окутываясь туманом *кова!*
191. Дитя мое *эндур!* Сделай так, чтобы женщина [Груня снова] не начала, не начала [болеть],
192. перепончатыми руками болезнь с нее, хворь с нее срывая, лети!
193. Над руслом Амура лети, как ветер, как ветер!

---

1 Момент *сэкпэнгури* «хватания» *паняна* сопровождается сильными криками шамана.
2 Говоря о том, что огонь, который выпускает из пасти ее дух-помощник дракон, является огнем злых духов, шаманка имеет в виду, что он опасен для ее врагов.

194. Хэӈгуӈгуи сусуни, Эри Миони хотони, Имаӈгои далани,
    Киӈка намони кирани.
195. Эниэ, бароани капагой, эниэ туйсуй миахосо!
196. Эниэ-лэ гиасай гипаӈго! Уйкэ нихэлиу! Ивусу, ивусу!
197. Амана, эниэнэ! Оничи огоро! Гэӈгиэн муэдиэни гэлчилиу!
198. Ори муэдиэни оборо! Чали муэди чамча энуэнду!
199. Эниэ! Солбачо, солбачо!
200. Пуктэчиэлэни пумбэлиу, сиандолани симболиу,
201. мэйрэлэни мултэмсэ, чокилани чилдомса! Солбачиу!
202. Палгандолани падилидиани хэи, соли пулэдипсинду, пуэее!
203. Удин, бэюн сиӈгактадиани сиолидяни, пуэее!
204. Дэгдэчи гаса упултэчиэни сиолидяни, пуэее!
205. Эниэ-лэ, эниэ-лэ! Гиван гикоричиани сиун балдичиани пулэдиу,
    пулэдиу!
206. Дочила тэгуэнду!
207. Коптора тэучи, коптора тэугуйдиэни,
208. коптора томихамбани токточо, токточо!
209. Тэрэмди, тэрэмди тэпсибуэнду, дэрэктиэни!
210. Онини, майдяни энимби, тэдемэхэри эди дэруэгуэндэ!
211. Энуэмби. Уйкэи дипил тугуру! Докаи дипил тугуру!
212. Кумурэмби кумчиэнду, силумби сиргэнду, гадарами би гаоняндо!
213. Тургэндусу, тургэнди, тургэнди!
214. Вэюдии, сомдондии тулиэчи маня тугусу!

194. От заброшенного стойбища *Хэнгуни*, от города *Эри Миони* [Николаевска-на-Амуре] до устья Имана[1] и берега озера *Кинка* [Ханко].[2]
195. К матери [к хозяйке хранилища душ *дёкасо*] чтобы можно было зайти, сторожей у матери успокойте!
196. [Запор] с калитки снимите! Дверь открывайте! Входите, входите!
197. Отцы, матери! В [сосуд] они [душу-тень Груни] усаживайте! Прозрачной водой ее обливайте!
198. Целебной водою мойте! От чистой воды легко пусть ей станет!
199. Мать! Сделай обряд *солбочо* [надевай на нее обруч *солбо*]! Сделай обряд *солбочо!*
200. По пробору [на голове] надвое [болезнь ее] раздели, с ушей вниз ее стащи,
201. по плечам проскользни, по бедрам пройди, не застревая! Продевай [обруч] *солбо!*
202. Чтобы от ступней [болезнь] оторвать и развеять ее вниз и вверх по течению, *пуэее!*
203. Чтобы в шерсти животных она запуталась, *пуэее!*
204. Чтобы в перьях летящих птиц она запуталась, *пуэее!*
205. Мать, мать! Туда, откуда рассвет раскрывается, где солнце живет унеси, унеси [ее болезнь]!
206. Внутрь [в *они*] усаживай [Груню]!
207. В место, [где всё] *коптора* [как на волнах, покачивается], покачивающуюся ее посади,
208. чтобы покачивающаяся сидела она торчком, чтобы сидела торчком!
209. Как следует, как следует, чтоб всегда она так сидела, и чтоб в лицо ей солнце светило!
210. Мать рода Оненко Майдяня, постарайся, чтоб [болезнь] не возобновилась!
211. Я ухожу! Дверь моя, крепко запирайся! Ворота мои, крепко запирайтесь!
212. [Над этим местом] холм пусть возвысится, земля черемуховыми релками поднимется, рёлки пусть ветвями ощетинятся!
213. Быстрее, быстрее, быстрее!
214. Со своими *вэю*, со своими *сомдонами* в мой двор опускайтесь!

---

1 Река Иман в Приморском крае, приток реки Уссури.
2 Озеро Ханко в Приморском крае. По сравнению с первым географическим маршрутом, идущим в сторону «корней» рода пациентки, сейчас шаманка идет в сторону «корней» своего собственного рода Оненко (род ее отца). Она несет Грунин *панян* к себе.

Асондёан бэгдини дёло довани дяпайни

Саман сэвэнчи

1. Эниэ туӈгэнчиэни, Эйӈгэ пиктэи, Гэрхэ пиктэи!
2. Эниэ туӈгэнчиэни хаолиа тундэгусу
3. хай-да боадоани бипумэри!
4. Симур пиктэи, Япоро пиктэи,
5. билгачи тэндэгусу, хэсилбэвэ энэпсиндгу!
6. Ӈэринэ аями, каокандоива кандигосу!
7. Дёболдади дёкомби,
8. синэдими балдии сиргэчэлэи,
9. сиксэду-дэ, долбоду-да хайда эси илианду!
10. Тэму эниэ, тэӈсэдуи тэгуру, тугэру!
11. Асондёан бэгдини дёло довани дяпами,
12. энуэ, силта, тэлбуни эмдиэчи-гдэ осихани.
13. Алха яӈни алдани Алха ама, хуэдуру!
14. Делу тэвэӈкини Чукен ама дёлдохани энимби!
15. Сэрумэ пиктэи! Мудур-лэ пурилби! Хасоаӈга пурилби!
16. Эниэ маня туӈгэнчиэни!
17. Пуригби амба аӈмалани тадорами удихэмби,
    нучивэчи додовачи удихэмби,
18. гэрэн амбани гэрэн сайкади сорихамби, энимби,
19. Симур мама, силэнду, силэнду!
20. Ебэлэ-дэ осигоани хаолиа гудиэсису!
21. Хуюрсу вэюи, даи намо токондои,
22. доркин хотондолани хуюрсу вэюи
23. хуэдуру, хуэдуру!
24. Майданя эниэ,
25. хэӈгэнинэ хэпсиндусу Япоро, Халбиро сонади!
26. Эмун, дюэр агилби, нэилби,
27. хусэ, асиа пурилби, вэючие.
28. Намо кирани хуюн хурэн дюгдэлэни
29. Айкагдя диасилби, хуэдуру!
30. Кэймэдэ кэйчэмби, илианду, илианду!
31. Симур энимби, илианду!
32. Амба пурилби, илианду, илианду!
33. Торои дачани бэечии бэпсинду, бэечии бэпсинду!

Ногу женщины держат закованной в камень

Шаманка *сэвэнам*

1. На грудь своей матери, дитя мое Эйнгэ, дитя мое Гэрхэ!
2. На грудь своей матери
3. чтоб опуститься, [сюда] летите, где бы вы сейчас ни находились!
4. Дитя мое [змей] Симур, дитя мое [змей] Япоро,
5. летите, чтоб опуститься [войти] мне в горло! На мой зов идите!
6. [Светящийся] *Нгэринэ аями*, в горло мое проникни!
7. С угла моего дома, где я работаю,
8. [чтоб появиться] у завалинки, где бедно я живу,
9. поднимайтесь и летите, где бы [вы] сейчас, в этот вечер, в эту ночь [ни находились]!
10. Мать Тэму, там, где я [сейчас] сижу, и ты садись, и ты садись [рядом]!
11. Ногу женщины [пациентки Нюры] в камень закованной держат,
12. и болезнь, недуг, страдание ее все сильнее становится.
13. [Живущий] посреди пестрых скал отец Алха, прилетай!
14. Моя мать, посаженная на шаманскую дорогу [шаманом] отцом Чукеном, ходившим по тому же пути [что и я]!
15. Дитя мое Сэрумэ! Дети мои Мудуры! Дети мои Хасоанга!
16. На грудь своей матери опуститесь!
17. [Та, с чьей помощью] я детей своих от *амбанов* вырывала и растила – с детства, с младенчества я их растила,
18. со всеми *амбанами*, со всеми *сайканами* сражалась, мать моя,
19. старуха [змей] Симур, выйди, выйди наружу!
20. Пусть [Нюре] легче станет, умоляю, пожалей!
21. С девятью своими *вэю*[1] из середины большого моря,
22. из [подводного] города *доркин*а со своими девятью *вэю*
23. вылетай, вылетай!
24. Мать моя Майданя,
25. в подмышках обвязывай [меня] веревками [змеями] Япоро Халбиро!
26. Один, два моих старших брата, младших моих брата,
27. мои сыновья и дочери, присоединяйтесь к *вэю* моих духов.
28. С горного хребта на берегу моря, от вершин девяти гор
29. *Айкагдя*, друзья мои, прилетайте!
30. Собака моя *Кэймэдэ*, появись, появись!
31. Мать [змей] *Симур*, появись!
32. Дети мои тигры, появитесь, появитесь!
33. От подножия моего *торо* к телу моему придите, к телу моему придите!

---

[1] Девять *вэю* означает девять групп связанных между собой духов, в каждой из таких групп, по объяснению шаманки по девять духов.

34. Гэрэни амбаӈгои, гэрэлэ сории дякани,
35. бэи-дэ сэтуи вэюрсу!
36. Мандойни вэюни мандё энимби,
37. най палгани пиндалиа,
38. асоандёани тулиэчиэни торосо!
39. Вэюдиэри, сомдондиари торосо!
40. Тулиэмбэни, тадямбани улэнди кэндэли!
41. Панямбани оторбани хаоси-гда?
42. Улэнди, амала, улэнди кэндэли, улэнди кэндэли, улэнди кэндэлиусу!
43. Хай-да олбиалиханда хойласимбани ходиаринду!
44. Хай-да дякани дяпахандойни бади ноӈгима,
45. бади дакчими олбиалихамбани.
46. Улэнди, улэнди!
47. Эди тасира! Эди хадара!

Саман энуси найчи

48. Эй тулиэдуэси-тэни эрдэӈгэди таорамби.
49. Эрдэӈгэ! Насални тэӈ пиола-ма хатан эктэ.
50. Поалдоани бэгдиси-тэни тэӈ най хасаси-качи-мат боа-боалани сэкпэндини маня.

Саман сэвэнчи

51. Ама, байдала хадамбочиру, ялимбочиру!

Саман энуси найчи

52. Хай дяка симбивэ маӈга дакчини?
53. ‖ Балана толкичихаси, ундиси,
‖ паландои уӈчухумбэ дуктэвэйни-дэ хай?

Энуси най

54. ‖ И, ичэхэмби.

Саман энуси найчи

55. Эси-дэ уӈчухуӈку тэй эктэ, гэ, осигойни.
56. Хосактани-да тэӈ киутэл-мэт би.
57. Тэй-тэни вайси хадарини.
58. Вайси, вайси хадами хайси дёкчи бароани ичэдини,

34. Все мои *амбаны,* все твари, с помощью которых я сражаюсь,
35. тело мое немощное [стаями] *вэю* окружайте!
36. С [толпами своих солдат] *Мандойни вэю,* маньчжурка мать,
37. сверкающая [при ходьбе] босыми пятками,
38. во двор женщины [Нюры лети], поднимайся [и лети]!
39. Со своими *вэю,* со своими *сомдонами* поднимайся [и лети]!
40. По двору ее, по исхоженным ею тропкам хорошенько покружи!
41. Куда [унесли] ее *панян,* ее *отор?*
42. Хорошенько, отец, хорошенько покружи, хорошенько покружи, хорошенько покружи!
43. Кто бы ни унес [душу-тень пациентки], по следу его иди!
44. Какое-то существо приходило и забрало [душу-тень пациентки],
45. еще больше [страданий ей] добавило, еще хуже ей сделало, унеся ее.
46. Хорошенько, хорошенько!
47. Не оплошай! Не потеряй след!

Шаманка пациентке

48. У тебя во дворе что-то интересное вижу.
49. Интересно! Глаза как пламя пронзительны у женщины [которую я вижу у тебя во дворе].
50. Время от времени она кусает твои ноги в разных местах, словно бы гоняясь за тобой, она кусает.

Шаманка *сэвэнам*

51. Отец, скорее! Заставь ее уйти, отступить!

Шаманка пациентке

52. Что это за существо, которое хуже тебе сделало?
53. ‖ Видела ли ты раньше во сне, скажи,
    ‖ что у тебя в доме кто-то в бубен бьет?

Пациентка

54. ‖ Да, видела.

Шаманка пациентке

55. Сейчас бубен у той женщины появился.
56. Ногти у нее как рыболовные крюки.
57. К берегу пятится.
58. К берегу, к берегу, пятясь, все еще на дом твой смотрит,

59. дёкчи, дёкчи бароани ичэйни.
60. Эрдэӈгэ, хайда тэй хамиала? Нучку индакан-мат би, малчикика!
61. Хамиалани ниэгуи – энэнэ, дэрэгбэни ичэхэмби! – гучи эмдиэ эктэ-лэ наондёан
62. тэй пиктэку, нучку пиктэку.

Саман сэвэнчи

63. Асиа пиктэи, эндур пиктэи, ӈаладои бобой лохомба эурими, хуэдуру!

Саман энуси найчи

64. Нилако пика! Бай насални чайган-чайган,
65. хэрэ, тулиэси сусугурэ тэй дюэр эктэди эмдиӈгэ эктэди малчикику,
66. эмдиэӈгэ эктэди нучикукэн Сэрумэ пиктэку.

Саман сэвэнчи

67. Мандойни вэюи, байдала!
68. Най энуйвэни далимапсинду!
69. Байсила, байсила сусугухэмэ.
70. Хамиалани хамарма хасисилосу!
71. Насал сиулиэ энури-ну!
72. Хатанди, хатанди!
73. Аргон долан игуми, Аргон долан игуми,
74. даи Маӈбова хомбани ходягоми,
75. амана, хатанди, амана, хатанди!
76. Хатанди хатанди, асиа пиктэвэ!
77. Эрули дякава Курун начиани
78. балапчи Курукэндулэни кирипсиндулэ.
79. Хатанди, хатанди, хатанди, хатанди!
80. Ама, энуйни, энуйни, ама, энуйни,
81. балапчи Курундулэ капоха.
82. Курун солиалани кэӈгулэ боалани капоха.
83. Энэнэ, няӈа отдыхалагоари, ӈалаи усталахамби.

59. на дом, на дом твой смотрит.
60. Интересно, что это там позади такое, словно бы собачка, *маленькая* собачка *малчикика!*
61. Вслед за ней выходит – ох, я лицо ее увидела! – еще одна молодая женщина
62. с ребенком, с маленьким ребенком.

Шаманка *сэвэну*

63. Дочь моя, дочь *эндур,* своей рукой драгоценный меч поднимая, лети сюда!

Шаманка пациентке

64. [Эта женщина совсем] голая! Белками своих глаз сверкает,
65. *хэрэ,* из твоего двора [они куда-то] отправляются,
66. те две женщины, одна женщина с собачкой *малчикика,* а другая женщина с маленьким новорожденным ребенком *сэрумэ.*

Шаманка *сэвэнам*

67. Мой *вэю Мандойни,* скорее!
68. Этих уходящих людей вместе держите [не давайте разойтись им в стороны]!
69. На тот берег, на тот берег они отправляются.
70. За ними гонитесь!
71. Глазами неотступно [за ними] следите!
72. Скорее, скорее!
73. По протоке Аргон идя, по протоке Аргон идя,
74. вдоль русла Амура следуя,
75. отцы, скорее, отцы, скорее!
76. Скорее, скорее за дочерью!
77. Мучающие [Нюру] существа в Курунскую землю,
78. в старый Курун[1] заходят.
79. Скорее, скорее, скорее, скорее!
80. Отец, они уходят, они уходят, отец, они уходят,
81. в старый Курун они уже зашли.
82. К Курунской земле, двигаясь вверх по течению, с ходу пристали.
83. Ох, нужно немного отдохнуть, мои руки устали.

---

1 Заброшенное стойбище в Аяно-Майском районе Хабаровского края.

Тэин хамиалани саман сэвэнчи

84. Ама, улэнди, улэнди!
85. Балана нучидуи урэхэни.
86. Улэнди, улэнди!
87. Сэдэнди сэдемби, Норианди нойнаи, муэкэ эндур пиктэи!
88. Маҥга боалани капомби!

Саман энуси найчи

89. Эйду-тэни – энэнэ! –
90. симбивэ асигой тул-тул дяпачини,
91. симбивэ нэндэнэ дяпачини.
92. Хамиалани дюэр эктэ гэсэ-гэсэ дэдигурэ,
93. пэрхи тэҥниэрчиэни дяпамари энуйчи.

Саман сэвэнчи

94. Мандойни вэюи, мандёла энимби,
95. Сяхор далани энэру,
96. Сяхор далани дэдиру!
97. Маҥбо хомбани дяпагоми дэрурэ.
98. Хайни мутэйни амба!
99. Хургиэ хурэнди Лулукиэ дякаи, Гордоала пуригби,
100. хургиэ хурэнду дэлэнду!
101. Маҥбо хомбан хатанди, хатанди, хатанди энуйчи, энуйчи.
102. Ама хатанди!

Саман энуси найчи

103. Маҥбо хомбани, Дайсон долани капохани.
104. Ихон би-дэ байби луҥтулиэ,
105. ихон би-дэ есэнэ.
106. Эй-тэни симби-тэни эйду-тэни бэгдивэси дэҥ-дэҥ бокихачи,
107. ҥалаваси-да бокихачи, чидюрихэчи.
108. Ээли-дэ тэҥ хатан сусугуйчи,
109. тэҥ аминаси сусуи бароани дэгдэгуйчи,
110. дэрэн бароани дэгдэгуйчи.

После перерыва шаманка *сэвэнам*

84. Отец, хорошенько, хорошенько [постарайся]!
85. Когда-то давно [Нюра] ребенком [здесь в Куруне] росла.
86. Хорошенько, хорошенько!
87. Моя повозка *сэденди*, моя лодочка *норианди*, мое дитя водяной *эндур!*
88. Страшные места я прохожу!

Шаманка пациентке

89. Здесь – ох! –
90. [какой-то мужчина], он тебя как жену все время держал,
91. обняв тебя, все время держал.
92. Следом [за этим мужчиной те] две женщины бегут,
93. на западный уровень [в духовный мир]¹ путь держат.

Шаманка *сэвэнам*

94. Мой *мандойни вэю* [маньчжурские духи], моя мать маньчжурка,
95. по протоке Сяхор идите,
96. через протоку Сяхор спрямите дорогу!
97. Вдоль русла Амура они начинают путь.
98. Кто справится с этими *амбанами!*
99. [Живущее] на гудящей сопке существо Лулукиэ, мои дети Гордоа,
100. с гудящей сопки [прилетев], появитесь!
101. Вдоль русла Амура быстро, быстро, быстро уходят [эти *амбаны*].
102. Отец, скорее!

Шаманка пациентке

103. [Пройдя] вдоль русла Амура, в [заброшенное стойбище] Дайсон они вошли.
104. Стойбище пустыми [настежь раскрытыми окнами и дверями] зияет,
105. [покинутое] село обветшало.
106. Вот здесь тебе ноги твои крепко-накрепко связали,
107. руки твои связали, заковали.
108. Отсюда очень быстро они уходят,
109. как раз в направлении *сусу* [покинутого села] твоего отца они летят,
110. к верхней части острова они летят.

---

1 *Пэрхи тэуниэр* – буквально «западный этаж, уровень», в шаманских текстах это означает «духовный мир», отличный от земного материального мира.

Саман сэвэнчи

111. Нёанчи гадёхани говани эди тасиара!

Саман энуси найчи

112. Дэрэндулэ капохани байби лэпурмэ би дёгдола капохани.
113. Эй долани-тани тэни илии гурун экэсэл эгдини.
114. Эй долани нэучихэни симбивэ,
115. борти-борти бэгдивэси бокимари.
116. Ээди-дэ дэрэӈкэсэл дэрсумбэни гадёйни.
117. Тэй гэсэ-гэсэ энэи.
118. Эктэ эмдиэнэ – эрдэӈгэ! – уӈчухумбэ капчир капчихани.
119. Экэсэл-тэни боа боалани нэптэл дэгдими дюлиэлэе энуе.
120. Мутэгили, савасиа!
121. Хэтэгили, савасиа!

Саман сэвэнчи

122. Эндур-лэ энимби,
123. даила эдии, эндур-лэ эдии, илиандо, илиандо!
124. Маӈга боавани энэмби,
125. чиран боавани энэмби.

Саман энуси найчи

126. Торои дачандоани тэгухэ Чоӈгида, Чукиэн ама яяхани боава энэи.
127. Эндур этэхиури-тэни, дяпори-тани.

Саман сэвэнчи

128. Маӈбо долани чул даи ама боа, на алдандоани агбиӈгохани-тани.
129. Хэрэ, тэдэ-гдэ тэгухэси-ну,
130. тэдэ-гдэ дидюхэси-ну?
131. Даи Гиваӈгой Дякпарниа,
132. Пианиду, Некпэрду, гуӈмэнду, гуӈмэнду!

Шаманка *сэвэнам*

111. Путь, по которому унесли [*панян* больной], не потеряйте из виду!

Шаманка пациентке

112. К верхней часть острова они пришли, в ветхий старый дом заходят.
113. Внутри множество совсем молодых женщин.
114. Здесь внутри [в этом доме] они держали тебя [твой *панян*],
115. прочно, прочно ноги твои связав.
116. Отсюда люди, живущие в верхней части острова,
по *дэрсун* [по дороге тебя] несут.
117. Все-все они идут.
118. Одна из женщин – интересно! – бубен под мышкой несет.
119. Женщины там и там, крылья развернув,
вверх поднялись и вперед летят.
120. Смогу ли я, не знаю!
121. Одолею ли [их], не знаю!

Шаманка *сэвэнам*

122. Моя мать *эндур*,
123. мой старший муж, мой муж *эндур,* появитесь, появитесь!
124. По страшным местам иду,
125. по тернистым местам иду.[1]

Шаманка пациентке

126. Я дошла до основания того *торо* [жертвенника], возле которого садился Чонгилда, где отец Чукиэн[2] шаманил, по тем местам иду.
127. [Если бы в душехранилище у основания этого жертвенника твою душу-тень посадить] *эндур* ухаживал бы [за тобой],
держал бы [тебя там].

Шаманка *сэвэну*

128. Самый старший среди всех на Амуре отец,
между небом и землей появился.
129. *Хэрэ*, действительно ли ты опустился [на этот жертвенник],
130. действительно ли ты пришел?
131. В Просвет [на небе] Большой Зари,
132. Пианиду Некпэрду, выгляни, выгляни!

---
1 Буквально, по «тугим» местам иду.
2 Чонгилда, Чукиэн – имена умерших шаманов.

133. Хэрэ, най энухэни говани,
134. Мандойни вэюи, эди дэрэдирэ!

Саман энуси найчи

135. Гэдиэкту поктова исиндами дэрурэмби.

Саман сэвэнчи

136. Ама, тэдемэнду!
137. Гудиэлэ!
138. Балдичимари сумбиэ хоня-да саоличини.

Саман энуси найчи

139. Гэдиэнэ поктова энэи.

Саман сэвэнчи

140. Дайсоӈками дэлхэхэни.
141. Мапа, оркин боавани кичэру!
142. Оркин боалани нала-тани хайду-да яма боа,
143. экулу тури боа.
144. Асоандёамба эй долани нэучихэни.
145. Эеди-дэ хэйс дюлэси олбиндини.
146. Эди чочорасу!
147. Эди хадариасу асиа пиктэи!
148. Эндур-лэ лохомби килтолиа, килтолиа!

Саман энуси найчи

149. Хайда землянкани уйкэ-дэ бии.
150. Дочани ирии-тэни.
151. Ӈэрэ-дэ бивэси, чурэ-дэ бивэси.
152. Долан нэучихэни,
153. эуди дюлэси олбиндини.
154. Хэрэктэли барачи-ну?

Саман сэвэнчи

155. Ама, эниэнэ!
156. Хэрэ, амичони, амичони!

133. *Хэрэ*, путь, по которому женщина [душа-тень пациентки] ушла,
134. *мандойни вэю* [маньчжурские духи], не потеряйте из виду!

Шаманка пациентке

135. Подхожу к разбитой дороге.

Шаманка *сэвэну*

136. Отец, постарайся!
137. Жаль ее!
138. Жива будет, всегда будет тебя угощать.

Шаманка пациентке

139. По разбитой дороге иду.

Шаманка *сэвэнам*

140. Они свернули к месту, [где обитали когда-то] жители [стойбища] Дайсон.
141. Старик, будь осторожен в этом опасном месте!
142. В этих плохих местах повсюду в земле ямы,
143. не заметишь, как провалишься.
144. Дочь [Нюру] внутри здесь [в яме] держали.
145. Отсюда еще дальше вперед ее уносят.
146. Не потеряйте след!
147. Не уклонитесь от пути моей дочери!
148. *Эндур,* своей саблей сверкай, сверкай!

Шаманка пациентке

149. Какая-то землянка, что-то вроде двери.
150. Внутрь вхожу.
151. Ни света нет, ни просвета нет.
152. Здесь внутри [тебя] держали,
153. и отсюда дальше [тебя] унесли.
154. Дрожь тебя пробирает?

Шаманка *сэвэнам*

155. Отец, матери!
156. *Хэрэ, амичони, амичони!*

Саман энуси найчи

157. Тэй хусэ ная толгичидоаси,
158. поалдоани наондёаӈкан-мат най осигой-тани,
159. илуни-мэт осигой.
160. Бэгдиси туй тагой-да:
161. кукэли-ну, хай-ну бэгдиэси осигой,
162. ачоко дюэр бэгдикэни суйхуйми тай.

Саман сэвэнчи

163. Амала, мэпэри бордочивачи, мэпэри саоличивачи.
164. Тэдемэ-мэ ая, тэдемэ-мэ ая!

Саман энуси найчи

165. На бими саӈгарӈга.
166. Эй долан най нэучихэни, гудиэлэ,
167. эй долан-да бэгдивэси най чидюримэри,
168. чидюримэри гадёхани.

Саман сэвэнчи

169. Пэдэ, мама, ая хаолианду хамиалани ая!

Саман энуси найчи

170. Лэмпэру дёгдола тэӈ долан-да хуюн эктэ,
171. паталан экэсэл-мэ би.
172. Чуӈну най дэгдэми кэндэлиэ, эй долан эктэни.

Саман сэвэнчи

173. Ама, орким боалани хуэдэру, хуэдэру!
174. Намо ама, намо ама, гудиэнду-мэ ая!
175. Горола ичури чилу-чилу би, даи соӈканчи би дё, лип би дёва.
176. Таоси, тэй боачи капохани.
177. Намо ама, Мандойни вэюи,
178. тэдемэ-мэ ая, тэдемэ-мэ ая!
179. Хуэдэнду, хуэдэнду, хуэдэнду!
180. Амана, амана, тэдемэмэри, аяни!

Шаманка пациентке

157. Этот мужчина, которого ты видела во сне,
158. иногда как мальчишка становится,
159. так становится, что [я вижу его] словно наяву.
160. С ногами твоими вот так тут делали:
161. ноги твои делали такими, как у куклы, или у чего-то еще,
162. обе ноги откручивали, выдергивали.

Шаманка *сэвэнам*

163. Отец, они [семья Нюры] приносят вам жертвы, вас угощают.
164. Постарайся как следует, постарайся как следует!

Шаманка пациентке

165. Земля [здесь вся] в норах.
166. Внутри [в норе] люди [тебя, Нюра] держали, бедную,
167. внутри [в норе] ногу твою заковали,
168. заковали и унесли [твой *панян*].

Шаманка *сэвэнам*

169. Постарайся, старуха, нужно во что бы то ни стало догнать [их]!

Шаманка пациентке

170. В доме *лэмпэру*, внутри него девять женщин,
171. [девять] девушек, подобных женщинам [существ].
172. Все существа летают внутри [этого дома], женщины [летают].

Шаманка *сэвэнам*

173. Отец, лети, лети в это плохое место!
174. Морской отец, морской отец, пожалеть нужно [Нюру]!
175. Издалека видно, плотно-плотно друг ко другу [стоят] большие шалаши, как навесы, и дома без окон и дверей.
176. Туда, в то место захожу.
177. Морской отец, *мандойни вэю* [стая маньчжурских духов],
178. постарайтесь как следует, постарайтесь как следует!
179. Летите, летите, летите [ко мне]!
180. Отцы, отцы, постарайтесь как следует!

181. Алха Бориада, Сэлэ Сэӈку, хуэдуру!
182. Маӈга боала капаи.
183. Мутэгили, савасиа!
184. Пурэн амбани, гупилэгуэ, саӈгинами торои дачандолани илианду!
185. Улэнди, улэнди худэрусу!
186. Байдала! Додои маӈга!

Саман энуси найчи

187. Най панямбаси, оторбаси ивугурэ,
188. чилу-чилу уйкэ-дэ ана, хай-да ана очогоаӈкини.

Саман сэвэнчи

189. Амала, кэндэлипсинду, кэндэлипсинду!
190. Хай-да дякани-да няӈга-да дёраӈко-тани!
191. Алха Бориада, сэлэ Сэӈку суэ-лэ хай мохой бирэ,
192. хай чилису бирэ!
193. Ама, бояндо, бояндо!
194. Дёло-да дёраӈко!
195. Алха Бориада, боялипсинду,
196. улэӈгудиэни боялиро!
197. Мандойни вэюи, тэдемэми кэндэлиру,
198. хао-да панямбани!
199. Пурэн амбани, наӈгой нидимбэни уиктэди
200. силдими кэндэлиру!
201. Ёна-ёна ёнагосу, ёна-ёна ёнагосу!
202. Сэлэмэ сэдемби ипсинду!
203. Бобой лохомба гилтоли!
204. Симур эниэ, ипсинду!
205. Пурэн амбани, ипсинду!
206. Нихуэсу!
207. Боа боадоани най,
208. боа боадоани нипили.
209. Дочила ипсинду!
210. Намо ама, намо ама!
211. Боа боадоани эмуту буйкин-мэт осичи,
212. дэӈгэр-дэ ана, сигдер-дэ ана.
213. Хони тамари-ка туй осихачи-ну?
214. Дочила, дочила, дочила!
215. Э Нюра панямба-тани осихани.

181. Пестрый [кабан] *Бориада*, железный [кабан] *Сэнку*, летите [ко мне]!
182. По страшному месту иду.
183. Справлюсь ли, не знаю!
184. Тигры, отряхиваясь и потягиваясь, у подножия *торо* моего появитесь!
185. Хорошенько, хорошенько! [Ко мне] летите!
186. Скорее! Мне тяжело внутри!

Шаманка пациентке

187. Твой *панян*, твой *отор* [твою душу-тень] человек завел [в дом],
188. и сделал так, что ни дверей, ничего не стало.

Шаманка *сэвэнам*

189. Отцы, начинайте кружить вокруг, начинайте кружить вокруг!
190. Хоть что-нибудь, хоть щель небольшая [должна быть]!
191. [Кабаны] пестрый *Бориада* и железный *Энку*, нет того, что вы не смогли бы,
192. нет того, с чем не справились бы!
193. Отец, ломай, ломай!
194. И в камне трещина найдется!
195. Пестрый [кабан] *Бориада*, начинай ломать,
196. хорошенько ломай!
197. [Маньчжурские духи] *майдойни вэю*, постарайтесь, покружите вокруг,
198. [поищите], где ее *панян!*
199. Тигры, по земле, ниже травы пригибаясь,
200. крадясь, пройдите!
201. Теснее, теснее сюда собирайтесь, теснее, теснее сюда собирайтесь!
202. Моя железная повозка, въезжай!
203. Драгоценной саблей сверкай!
204. Мать [змей] Симур, заходи!
205. Тигры, заходите!
206. Откройте [дорогу к *паняну*, разогнав *амбанов*]!
207. Повсюду люди [души-тени],
208. повсюду люди, руки расставив, стоят, [путь преграждают].
209. Внутрь заходите!
210. Морской отец, морской отец!
211. [Эти люди, стоящие] повсюду как умершие стали,
212. ни пошевельнутся, ни вздрогнут.
213. Почему они такими стали?
214. Внутрь, внутрь, внутрь!
215. Здесь *панян* Нюры!

Саман энуси найчи

216. Тэе нучидуэси асиличиха мапа.
217. Дэӈ-дэӈ тухилэхэни.
218. Хэрэктэси барачи-ну?

Саман сэвэнчи

219. Хони эрдэнди ивури, э тая холдондолани?

Саман энуси найчи

220. Тэй дюэр эктэ тэгухэни,
221. тэӈ насални, тэӈ пиола.
222. Дочи маня муйкулухэ,
223. тэй мапа-да дочи муйкуйни.

Саман сэвэнчи

224. Тэдемэндусу!
225. Ама, тэдемэндусу!
226. Намони амимби,
227. туӈгэндулэни Сэрумэ пиктэвэ тадян бароани татаро, татаро!
228. Дочи хархиро!
229. Дочи наларо!
230. Асиа пиктэвэ бэгдини чидюричиэни ачору, ачору!
231. Хамиадиа тэй нучку малчикикан хактаро!
232. Эндур пиктэи,
233. бобой лохомди хархипсинду!
234. Хаолиа симболиро, хаолиа симболиро!
235. Улэн ачору, ачору, ачору!
236. Бэгдивэни улэн ачору, ачору, ачору!
237. Амана, ачору!
238. Панямбани, панямбани эуригуэнду, эуригуэнду!
239. Тэрэмди, тэрэмди, тэрэк тэрэмди,
240. тэрэмди, тэрэмди,
241. улэнди, улэнди, тэрэк, тэрэк!
242. Хэ! [Саман панямбани сэкпэӈкини].

Тэин хамиалани

243. Улэнди ниэгусу, ниэктэӈгусу!
244. Суйкэӈгулэни ниэктэгукэпу-мэт.

Шаманка пациентке

216. Когда ты была молодая, старик тебя в жены хотел взять.
217. [Теперь] крепко-крепко обхватив тебя, держит.
218. По коже [дрожь] тебя пробирает?

Шаманка *сэвэнам*

219. Как ухитриться туда пройти?

Шаманка пациентке

220. Эти две женщины рядом сидят,
221. глаза их огнем сверкают.
222. Внутрь они проползли,
223. и старик тот [твой дух-сожитель] туда вползает.

Шаманка *сэвэнам*

224. Постарайся!
225. Отец, постарайся!
226. Морской отец,
227. [Нюриного духа] ребенка ее Сэрумэ, на груди у нее находящегося, на исхоженные ею тропки утащи, утащи!
228. Внутрь махни [бросая его]!
229. Внутрь его кидай![1]
230. Оковы с ноги [Нюры] дочери снимай, снимай!
231. Отсекай путь этой маленькой собачке *малчикика!*
232. Дитя мое *эндур,*
233. драгоценной своей саблей начинай махать!
234. Молю, освободи [Нюру], молю, освободи!
235. Хорошенько снимай, снимай, снимай [с нее оковы]!
236. Ноги ее хорошенько освободи, освободи, освободи!
237. Отцы, освободите [ей ноги]!
238. Ее *панян,* ее *панян* приподнимите, приподнимите!
239. Точно, точно, как следует [усадите ее *панян*],
240. точно, точно,
241. хорошенько, хорошенько, как следует, как следует!
242. *Хэй!* [Духи шаманки «заглатывают» *панян* пациентки].

После перерыва

243. Осторожно выходите, все выходите!
244. С конца горной гряды мы вышли.

---

1 Не удалось выяснить, что здесь имеется в виду.

245. Султэн голани улэн боалгиачигусу!
246. Ама, сэлэм сэдендуи алхоан долани ниэгуру!
247. Дэпсиӈгусу!
248. Удиэ бароани дэгдэпси!
249. Хойламбани, саӈнямбани нихэлиусу!
250. Мокто Пуймур эниэ, аӈмали амбан тавани агбимбо!
251. Байгдала, байгдала!
252. Модан модандолани хэдумэ! Хэдумэ, соима, соима!
253. Хэрэ, хэрэ, хэрэ!
254. Модан модандолани, модан модандолани, модан модандолани!
255. Хэдумэ, хэдумэ, соима, пандома!
256. Маӈбо ходондиани, ходондиани хомбалигоми ходягосу, ходягосу!
257. Хэрэ-лэ, хомбани, хомбани, ама-ла, хэдумэ!
258. Мокто Пуймур эниэмби, хаӈнанчи ненумди, ненумди!
259. Хайда-ла хайвани туй таори паӈгачо, паӈгачо хайвани туй таори!
260. Талгато, талгато энури, энури, энури!
261. Сэлэм Сэдемби!
262. Харсоандо туӈгэмбэни, арчоамба энусивэси ӈэимбу, диливани ӈэригдэ!
263. Ама-ла, ама-ла, энурини ходонди, хатанди!
264. Эри миони хотончиани, тэӈнинчиэни капапу,
265. ама-ла, ама-ла, Имаӈгои далани, Киӈка намо киралани
266. хэдумэ, соима гадёми энури, энури!
267. Эниэ боалани капаго!
268. Эниэ, тусуи миахолиу, тусуи миахолиу!
269. Гиасай гибамбу!
270. Сэлэм сэдемби гиэсинду!
271. Хэрэ-лэ, они бароани асоамба,
272. эниэнэ, эниэнэ, энувэни, силтамбани...
273. Оничиани огоандосу!
274. Тэурчиэни тэгуэндусу!

245. Хорошенько ищите дорогу домой!
246. Отец, в железную мою повозку усаживайся!
247. Взлетай!
248. К Уде[1] начинай лететь!
249. Чтобы [скрыть наши] следы, дым выпускайте!
250. [Дракон] мать Мокто Пуймур,
выпусти из пасти сильный огонь!
251. Скорее, скорее!
252. Напрямик как ветер [летите]! Как ветер! Как вихрь! Как вихрь!
253. *Хэрэ, хэрэ, хэрэ!*
254. Напрямик, напрямик, напрямик!
255. Как ветер, как ветер, как вихрь, как ураган!
256. По Амуру скорее через водовороты, по руслу следуйте, следуйте!
257. *Хэрэ-лэ*, по руслу, по руслу, отец, как ветер!
258. [Дракон] мать Мокто Пуймур, под мышкой осторожно, осторожно [держи душу-тень пациентки]!
259. До каких пор это делать, погадай, погадай, зачем так делать![2]
260. [Нигде к берегу] не приставая, не приставая, нужно ехать, ехать, ехать, ехать!
261. Моя железная повозка!
262. Сделай так, чтобы [у пациентки] болезнь в груди утихла, чтобы голова ее прояснилась!
263. Отец, отец, скорее, быстрее уходим!
264. К Эри Миони [к Николаевску-на-Амуре подлетаем], ярусами [расположенные горы] пролетаем,
265. отец, отец, над устьем Имана, по берегу озера *Кинка* [Ханко]
266. как ветер, как вихрь, [Нюру] унося, нужно идти, идти!
267. В землю матери [в *дёкасо*] заходите!
268. Стражу матери успокойте, стражу успокойте!
269. Запор на изгороди снимите!
270. Моя железная повозка, [в *дёкасо*] проникни!
271. *Хэрэ*, в [сосуд] они женщину [Нюру помещайте],
272. матери, матери, болезнь ее, хворь ее...
273. в *они* [*панян* Нюры] поместите!
274. На сиденье усадите![3]

---

1 Уде – персонаж нанайской мифологии, упоминание его в данном контексте неясно.
2 Возможно, данный обряд совершается для пациентки не впервые, и шаманка сетует, что успех предыдущего лечения не был долговечным, что освобожденный *панян* снова стал добычей духов, в результате чего болезнь к пациенту снова возвращается.
3 Предполагается, что в нематериальном сосуде *они*, куда помещается *панян*, есть специальное полукруглое сиденье, сделанное из бересты или из кожи. Иногда это сиденье представляется как выделанная, обработанная для этой цели, голова медведя.

275. Чали муэлэ чаборба,
276. гэӈгиэн муэлэ гэлчиулиу,
277. ори муэдиэни силкоро!
278. Эну тэлбэхэмбэни пуктэчиэлэни пумбэлиу!
279. Сиандолани симболиу!
280. Гиандолани гибамбо!
281. Муйрэлэни мултулиу!
282. Хэӈнэлиэни хэӈгэдиу!
283. Солбочигои,
284. чумчуэни дуэлэни чимчулиу!
285. Чокилани чиломса, окилани олбими,
286. палгандолани палимса!
287. Хайлодиани пулэди энуйвэни улэнди
288. гиваӈгои гикаридиани, сиуӈгуи маталидиани,
289. гаса упултэдини, пуэе,
290. сималканди сиолидиани, пуэе!
291. Эниэ-лэ, дочила тэпсибуэнду!
292. Коптор тэурчи, тэрэмди, тэрэмди, тэпсимбу,
293. дэгди сиун дэрэкчини гарпоандо!
294. Хаолиаду хэню-гдэ сэгдэӈгуэнду!
295. Тэрэмди, тэрэмди токончи токточими барамди тэгуэнду!
296. Эниэ-лэ, эниэ-лэ, тэдемэри,
297. пуригбэ, пуригбэ, эниэлэ, кэкуэчичиэру, дидячичиэру!
298. Докай дипил тугуру!
299. Гиасай дипил тугуру!
300. Кумур би кумчиэнду!
301. Гадара би гаоняндо турэӈгусу!
302. Хэмтудиэри соначиари,
303. хэрэ, уй-дэ хайду-да эди дэрэдигуэсу!
304. Тулиэчи маня гулдиэн амбандола хахачихамби!
305. Тулиэчи маня, тулиэчи маня тугусу!

275. В чистую воду ее окуните,
276. прозрачной водой окатите,
277. целебной водою мойте!
278. Болезнь, окутавшую ее, по пробору на две части разделите!
279. С ушей [поперечные нити обруча] стащите!
280. С челюстей протягивая [обруч] вниз, в стороны [болезнь] растяните!
281. С плеч сдерните!
282. От подмышек вниз скатите!
283. Делая [обряд] *солбочо* [надевайте на нее обруч],
284. с концов пальцев [болезнь] стряхните!
285. Застрявший на бедрах, вниз [обруч] соскользнет,
286. от ступней [болезнь] оторвите!
287. Получше развейте болезнь, хорошенько,
288. туда [ее унесите], где заря занимается, где солнце разгорается,
289. в перьях птиц, *пуэее,*
290. под крыльями их[1] [она] запутается, *пуэее!*
291. Мать, внутрь [в сосуд *они*] начинай усаживать [Нюру]!
292. В место [где всё] *коптора* [как на волнах, покачивается] как следует, как следует ее усади,
293. так, чтобы поднимающееся солнце в лицо ей светило!
294. Молю, чтобы легко после болезни она поднялась!
295. Как следует, как следует, точно в середину, равновесие ей придав, усади ее!
296. Матери, матери, постарайтесь,
297. над детьми, над детьми, матери, обряд *кэкуэ* и *дидя* [совершите]!
298. Ворота крепко запирайте!
299. Калитку крепко запирайте!
300. Холмы возвысьтесь!
301. Ощетинившиеся [ветками деревья] на рёлке появитесь!
302. Все вместе к ремню привязывайтесь,
303. *хэрэ*, никто нигде не останься!
304. Во двор ко мне те, с которыми я к *амбанам* заезжала!
305. Только во двор, только во двор ко мне опускайтесь!

---

1 Буквально, в сгибах их тела, например, в тех местах, под крыльями птицы, которые соприкасаются с ее туловищем.

Наондёкан хурэндулэни

Саман сэвэнчи

1. Хэрэ, хэрэ, хэрэ, хэрэ, хэие! Хэптэри хэлэмби! Энэнэ бэее!
2. Хэ, хэрэ! Эниэ, ама!
3. Хэрэ, хэрэ, хэрэ, хэрэ! Эниэ, ама тэхэдиэри, тэӈсэдиэри,
4. Дяксор эниэ, Дяксор ама, хуэдурусу!
5. Хэ, хэрэ, хэие! Хэптэриэ хэлэмби!
6. Ама, эниэ, байдала гилгондосу!
7. Хэ, хэрэ, хэие! Дюлэхиӈгуи илан яӈни порондолани байдала, даи ама!
8. Илан торои дандолани,
9. хэрэ, хэие, даи ама, Куту ама, хуэдуру!
10. Хэрэ, хэие, хэ, хэрэ, хэие! Илан торои дачандолани хай дяка илиандо, хай дяка дэгбэдерэ!
11. Боро Яда хуэдуру! Тучи Кайла, хуэдуру!
12. Хэрэ, хэрэ! Гэ, дюлэхиӈгуи яӈнилани, илан яӈни порондолани,
13. илан торои дачандолани, даи ама, Майто мапа, хуэдуру!
14. Хэрэ, хэрэ, хэие! Маӈбо байси соӈгои хачимби, намо ама, хуэдуру! Мукэ эндурни, хуэдуру!
15. Намоӈгои токондолани даи намо эдэни эдии, хуэдуру, гилгонду!
16. Хэие, хэ, хэрэ! Хуюн тэвэксэ алдандолани, хуюн хосакта алдандолани,
17. Симурмэ пиктэи, сиӈмучии симнэгуру!
18. Хайва-да эндэдэ, хайва-да пэбуде!
19. Хэрэ, хэрэ! Даи мандёӈгои хотондолани байдала,
20. мандёма пиктэи, мудурмэ пиктэи, эндурмэ хачимби!
21. Хэ, хэй, хэие, хэрэ, хэие! Даи Мандё амимби, нялтондо хуэдуру!
22. Сиксэниду, хэ, хэрэ, боӈгомди дюлэмди еӈгур дайлани индаи, хуэдуру!
23. Хэие, хэ, хэрэ! Сэмбэлэ индаи, хуэдуру, боӈгомди, дюлэмди!
24. Тэхэе, тэӈсэе, даи дака, Дяксор эниэ, даи дада Сэндурэ, хуэдуру!
25. Илан торо дачандолани дэгдэпсинду!

Мальчик, спрятанный в горе

Шаманка *сэвэнам*

1. *Хэрэ, хэрэ, хэрэ, хэрэ, хэие!* Прерывается мой голос! Болит мое тело!
2. *Хэ, хэрэ!* Мать, отец!
3. *Хэрэ, хэрэ, хэрэ, хэрэ!* Мать, отец, от корня [нашего рода], с родины предков,
4. мать Заксор, отец Заксор, летите [ко мне]!
5. *Хэ, хэрэ, хэие!* Прерывается мой голос!
6. Отец, мать, скорее появитесь!
7. *Хэ, хэрэ, хэие!* На вершинах трех восточных скал скорее, Даи Ама!
8. У основания своего [жертвенника], у трех *торо*[1],
9. *хэрэ, хэие,* Даи Ама, Куту отец [тигр], [появись и] лети [сюда]!
10. *Хэрэ, хэие, хэ, хэрэ, хэие!* От основания трех *торо* [жертвенников] какие *дяка* поднимутся, какие *дяка* отделятся!
11. [Кабан] Боро яда, лети! [Тигр-змея] Тучи кайла, лети!
12. *Хэрэ, хэрэ!* На своих восточных скалах, на вершинах трех скал,
13. у основания трех *торо,* старший отец, старик *Майто,* [появись и] лети [сюда]!
14. *Хэрэ, хэрэ, хэие!* Существо, с которым я вдоль Амура плачу [шаманю], морской отец, лети! Водяной *эндур,* лети!
15. Из середины моря, мой старший муж косатка, появись!
16. *Хэие, хэ, хэрэ!* Посреди девяти туч, посреди девяти звезд [обитающее],
17. мое дитя, подобное [змею] *симуру,* в язык мой войди!
18. В чем-нибудь ошибусь, в чем-нибудь оплошаю!
19. *Хэрэ, хэрэ!* В большом своем маньчжурском городе скорее [появись],
20. маньчжурское мое дитя, мое дитя [дракон] *Мудур,* подобное *эндуру* существо!
21. *Хэ, хэй, хэие, хэрэ, хэие!* Старший мой отец маньчжур, выходи, прилетай!
22. Этим вечером, *хэ, хэрэ,* вожак, размером с волка, ведущая моя собака, лети!
23. *Хэие, хэ, хэрэ!* Собака моя *сэмбэлэ,* лети, вожак [моих духов], ведущая собака!
24. От основания моего рода, с родины моих предков, *даи дака,* мать Заксор, *даи дака Сэндурэ,* лети!
25. От основания трех *торо* взлетайте!

---

1 *Торо* – дерево, являющееся вместилищем духов. Возле торо совершаются обычно (или совершались когда-то прежде) жертвоприношения.

26. Хэ, хэрэ! Эниэ, улэн, Майдя мама, даи дака, даи эниэ, даи ама, улэңгудиэни пэргэчиусу!

Саман гэли найчи

27. ‖ Хусэкэн?

Гэли най

28. ‖ Хусэкэн. Хусэ.

Саман

29. ‖ Амба даи наондёкан?

Гэли най

30. ‖ Нюңгун сэ. Тэй Люба, Посар Люба пиктэни. Балдихандиа дёан ини
‖ бичи. Тэй наондёкан тул-тул баңг бими таталагой.
‖ Энин-дэ туй энуси. Хамача-да ларгиа осиоха!

Саман

31. ‖ Пиктэни, туй ундиси, тул-тул татай. Долбо-да амини пулсихэни,
‖ тукурувэ дяпара. Эмучэкэн-дэ ая, спасибо.
‖ Бэлэчикэңгуй баха тэй наондёкан амини ая, унди, хайду!

Саман сэвэнчи

32. Хэ, хэрэ! Эниэ, ама, пэргэмэри хай-да дякани суэ дюлиэлэсу-кэ.

Саман гэли найчи

33. Дюэр, илан эктэ дичини-кэ, мэдэку бидерэ!
34. Суэ дидюйвэси сара, дюлэмэмэри, хай-ка эрдэңгэ. Ичэндэчихэчи-ну!

26. *Хэ, хэрэ!* Мать, хорошенько [погадай]! Старуха *Майдя,* старшая тетя, старшая мать, старший отец, хорошенько погадайте!

Шаманка заказчице

27. ‖ Мальчик?[1]

Заказчица

28. ‖ Мальчик. Мальчик.

Шаманка

29. ‖ Большой мальчик?

Заказчица

30. ‖ Шесть лет. Это сын Любы, Посар Любы. Это [с ним] с десяти дней
‖ от роду и до сих пор, время от времени судороги у него бывают.
‖ И мать его больна. Горе какое!

Шаманка

31. ‖ У мальчика, говоришь, все время судороги? [Вчера] ночью его отец
‖ [ко мне] приходил, захватив [с собой] бутылку. Хоть и один
‖ [приходил], и на том спасибо. Сделай что-нибудь, его отец сказал,
‖ чтобы помочь мальчику!

Шаманка *сэвэнам*

32. *Хэ, хэрэ!* Мать, отец, узнайте, что это за существа вас опередили [пришли сюда еще до того, когда мы начали шаманить].[2]

Шаманка заказчице

33. Две или три женщины пришли, что-то [им], наверное, [о нас] известно!
34. Узнав о том, что вы придете [ко мне, и мы будем шаманить], они вас опередили. Интересуясь, пришли посмотреть!

---

1 Мальчик, с поисков *паняна* которого Минго начинает свое камлание, был в то время болен менингитом и находился в тяжелом состоянии. После этого камлания он поправился.

2 Накануне камлания Минго видела во сне стоящих у калитки ее дома и о чем-то перешептывающихся женщин. Из этого сновидения она узнала о том, что к ней придут просить пошаманить на больного мальчика и что эти виденные ею три женщины – *амбаны,* виновницы его болезни.

Саман амбанчи

35. Амичони!
36. Эди мимбиэ диодилиасу, католари сарам энэдесу!

Саман сэвэнчи

37. Хэрэ, хэие! Даерга бароани энухэчи. Хайвани дахангохасу, дёкчиани хуэдурусу!
38. Хэие! Хайда дякани ичэндусу!
39. Хэрэ, хэие! Элкэ-элкэ, хэрэ, исиндосу!
40. Сэмбэлэ вэчэмби, дяргол енгур дайлани индаи, бонгоду хайда дякани эди хамариасу!
41. Хэрэ, хэрэ, хэие! Элкэ-элкэ исиндосу!

Саман гэли найчи

42. Хэй, хэрэ! Энэнэ! Хэие! Тэй илан эктэ кэндэрхиндусу оялани илантодиари тэгухэчи.
43. Хайва-ка силсиличи.

Саман амбанчи

44. Хайва-ка сиосиляндосу?

Саман сэвэнчи

45. Хэ, хэрэ, хэие! Амичони! Байдала, хэй, хэрэ, энэнэ, пагдиалара сахачи!

Саман гэли найчи

46. Эмуни вайси, эмуни дуйси, эмуни соли.
47. Эмдиэнгэ эктэ налани дяпана, хайлара баянчи тэтуэчи!
48. Хэрэ, хэрэ! Эй-кэ экэсэл-кэ мэдэку.

Шаманка *амбанам*

35. *Амичони!*[1]
36. Не насмехайтесь надо мной, [...][2] без памяти упадете!

Шаманка *сэвэнам*

37. *Хэрэ, хэие!* Они в Даергу пошли. Догоните их, к дому его [больного мальчика] летите!
38. *Хэие!* Что это за существа, посмотрите!
39. *Хэрэ, хэие!* Осторожно, осторожно, *хэие*, [в дом] заходите!
40. Собака моя *сэмбэлэ*, размером с красного волка собака, тех, которые впереди, не упустите!
41. *Хэрэ, хэрэ, хэие!* Осторожно, осторожно заходите!

Шаманка заказчице

42. *Хэй, хэрэ!* Ой-ой-ой! *Хэие!* Эти три женщины на пороге вашего [дома] так втроем и уселись.
43. О чем-то шушукаются.

Шаманка *амбанам*

44. О чем вы еще будете шушукаться?

Шаманка *сэвэнам*

45. *Хэ, хэрэ, хэие! Амичони!* Скорее, *хэй, хэрэ*, ой-ой-ой, они побежали, догадались [о нас]!

Шаманка заказчице

46. Одна к берегу [побежала], одна – к лесу, а одна – в сторону поселка Хаю.[3]
47. Одну из женщин [чуть] за рукав [не] схватили! Ох, какая богатая [у нее] одежда!
48. *Хэрэ, хэрэ!* Этим женщинам что-то известно.

---

1 *Амичони* – бранное слово, которое шаманка произносит обычно в трудных для нее ситуациях или при обращении к *амбанам*.
2 Далее следуют бранные слова.
3 Буквально в тексте *соли*, то есть в направлении против течения реки. Сразу за Даергой в этом направлении начинается поселок Хаю.

49. Хэрэ! Эй сиксэ ная тайдой-да, ми уӈкэи, хай-да дякани бини, хай сулидемби?

Саман сэвэнчи

50. Хэрэ! Байдала хасисиру!

Саман гэли найчи

51. Даерга соли тутуй.
52. Эмдиӈгэ эктэ улица дуеләни тутуй, дилии хархими.
53. Хэ, хэрэ, хэие! Чисуниэ эм неделяду бие дяриӈкамба тайдой-да,
54. уӈкэе, даергаӈкани удэвэни уй-дэ пиктэвэни хай-да дякани эрдэлэдерэ.
55. Хэие! Нёанчи исиндагочиачи. Хайда мэдэ аба-ну?

Саман сэвэнчи

56. Дачиосу, хэие! Хаю киравани тутуе.
57. Хэ, хэие, хэ, хэие! Байдала, хэие!
58. Чирира, тэтуэләни сэкпэндэмбиэ.
59. Эди чиндасу! Хэ хэрэ! Дяпосу! Дюэтуӈгэвэ дэӈ-дэӈ дяпосу! Мэнэ морагича.
60. Хэ, хэрэ! Байдала вэюи, байдала вэю дэрэгбэчэ уюсу!
61. Дуин ӈалани, бэгдиэни олгиа-ма уюсу! Дюэтуӈгэвэ гэсэ бокиасу!
62. Хэ, хэрэ! Тэй эмдиӈгэ эктэ дачиосу, хэие!
63. Любакан улицавани, дили хархим, тутуе, хэие.
64. Эй экэсэл исиндагочиани хайду-да уй-дэ, хайва-да оркин тай,
65. хайду-да уй-дэ хайва-да мэпи пасия.
66. Хэ, хэие! Дуйпэ тутуи эктэ ӈаладой топтоӈгоку.

49. *Хэрэ!* Как-то вечером, когда я шаманила на человека [на твоего соседа, я видела здесь множество *амбанов*] и сказала, что это за существа, но как я могла потревожить их [без твоего согласия]?[1]

Шаманка *сэвэнам*

50. *Хэрэ!* Скорее догоняйте!

Шаманка заказчице

51. Они бегут по Даерге в сторону села Хаю.
52. Одна из женщин, мотая головой, бежит той улицей, которая ближе к лесу.
53. *Хэ, хэрэ, хэие!* Завтра будет ровно неделя, как я шаманила на того человека из Даерги,
54. я [тогда] сказала, что у даергинцев что-то случится то ли с чьим-то ребенком, то ли что-то еще.
55. *Хэие!* Они [мои духи] подбегают [к женщинам]. Не узнаем ли что-нибудь [сейчас]?

Шаманка *сэвэнам*

56. Догоняйте, *хэие!* Они бегут по берегу села Хаю.
57. *Хэ, хэие, хэ, хэие!* Скорее, *хэие!*
58. Я хватаю, вцепившись в их одежду.
59. Не отпустите! *Хэ, хэрэ!* Держите! Этих двух крепко-крепко держите! Пусть себе кричат.
60. *Хэ, хэрэ!* Скорее к своему *вэю*, скорее, *дэрэгбэчэ*,[2] привязывайте их!
61. Связывайте вместе четыре [их конечности], руки и ноги так, как [делают это] у свиней! Этих двух вместе свяжите!
62. *Хэ, хэрэ!* А одну из женщин, ту [третью] догоняйте, *хэие!*
63. По Любиной улице, мотая головой, она бежит.
64. Эта женщина, где бы к кому бы она ни подошла, что-нибудь плохое [с тем] случится,
65. где-нибудь он повесится.
66. *Хэ, хэрэ!* По лесу женщина бежит с веревкой в руке.

---

1 Минго утверждает, что, попав во время предыдущего камлания в Даергу и зайдя в этот же дом, она уже видела тех *амбанов*, с которыми встретилась сейчас. Поскольку шаман не в состоянии ничего делать над тем, чьего согласия он на это не получил, Минго и в этом случае ничего не предприняла. В данном случае она объяснила это тем, что, если забрать *амбанов* без ведома хозяина, он может потом жалеть о том, что у него не стало *амбанов*.

2 Бранное слово, соответствующее примерно выражению «вот проклятье!».

67. Хэрэ! Сэмбэлэ вэчэмби, дачиосу! Чирими чирэкэмэ дяпосу!
68. Амичони!
69. Нёани топтогодиани моӈгондолани гидалиосу! Вэючиэ чуӈну уюсу!
70. Гэ, хэрэ! Дёкчи бароани энусу!
71. Хэрэ, хэрэ! Элкэ-элкэ исиндагосу, хэие, тулиэчиэни!
72. Гэ, пэргэчиусу хай-да дякани, тэйвэни!

Саман гэли найчи

73. Эй-кэ дёгдоаси-ка ми-кэ мурчие-кэ балана эмдэ-эмдэ хая дидэ,
74. амбан кэндэли бидерэ, хэие.
75. Дёгдоари эмдэ-дэ ӈэлэчиэсичи-ну?
76. || Оля, гусэрэси!

Гэли най

77. || Ӈэлэчие, бидерэ.

Саман

78. || Ӈэлэчие, бидерэ.

Гэли най

79. || Эу диури-дэ ӈэлэчими, ундини.

Саман

80. || Хайми?

Гэли най

81. || Дёгду ӈэлэчини, бидерэ. Вообше, ӈэлэчиэмби, ундини.

Саман

82. Хай-да дякани-да, балана дёкчиаси исиндаха?
83. Эй-кэ ми-кэ мурчие-кэ тэй эктэ аминадиадиа.
    Маӈга балана бичин гурун амбанчи-да сикписи, бидерэ.
84. Хэрэ, хэрэ!

Гэли най

85. || Эси балди гурун эйвэ хони саори!

67. *Хэрэ!* Собака моя *сэмбэлэ!* Догоняй! Вцепившись, навались [на нее], держи [ее]!
68. *Амичони!*
69. Ее же собственной веревкой шею ее обмотай! К *вэю* всю ее привяжи!
70. *Гэ, хэрэ!* В [Олин] дом отправляйтесь!
71. *Хэрэ, хэрэ!* Осторожно заходите, *хэие,* во двор!
72. Ну-ка, погадайте, что это [там еще] за существо!

Шаманка заказчице

73. В этом твоем доме я мысленно [видела] раньше, [когда] изредка [в него] заходила,
74. что *амбаны* кружат повсюду, *хэие.*
75. Он в твоем доме пугался когда-нибудь?
76. ‖ Оля, говори!

Заказчица

77. ‖ Пугался, наверно.

Шаманка

78. ‖ Пугался, наверно.

Заказчица

79. ‖ Перед тем, как мне идти сюда, он сказал, что испугался.

Шаманка

80. ‖ Отчего?

Заказчица

81. ‖ В доме испугался, наверно. Вообще, я боюсь, говорит.

Шаманка

82. Что за существо вошло когда-то давно в твой дом?
83. Я вот думаю, что та женщина — [это дух] от отцов. Очень давно жившие люди с этим *амбаном* связались, наверно.
84. *Хэрэ, хэрэ!*

Заказчица

85. ‖ Как узнать об этом сейчас молодым людям!

Саман сэвэнчи

86. Байдала!

Саман гэли найчи

87. Ная манаха гурун, ури пурилбэ манагогои эрдэлини.
88. Хони тул-тул би амбан, туй бинигоани амбан хачини, саман маня яини.

Саман сэвэнчи

89. ‖ Гэ, хэрэ, хэрэ, хэрэ! Дёкчиани ирусу!

Саман гэли найчи

90. Тэй дёгдоани би най, хусэ най аосичи-ну? Тэй най дилини манга оркин. Бэгдини-дэ манга энуси.
91. Тэй-кэ пиктэ-кэ эм мэдэку осигоя.

Саман гэли найчи

92. Хэрэ! Гудиэсини най дичимбэни, хэрэ. Дёбокаи, аба-да.

Саман сэвэнчи

93. Хэрэ, хэие! Элкэ-элкэ кэндэлиосу! Аоричи бароани ипсиндусу!
94. Хэ, хэрэ, хэие!

Саман гэли найчи

95. Аоричи бэундуэчи, просто, оялани эм кэксэ тэсирэ.
96. Хэ, хэрэ! Хайлара хэргилэ, насални поталиа!
97. Хэрэ! Баданчи пуйкухэ.

Саман сэвэнчи

98. Чирири сэвэн, дяпосу! Хэ, хэие!

Шаманка *сэвэнам*

86. Скорее!

Шаманка заказчице

87. Люди [духи] изводили людей [этого рода] и вытворяют это, чтобы и растущих его детей извести.
88. Только шаман пошаманит [и узнает], что все время [делали] *амбаны* [с людьми этого рода] и что еще собираются делать эти *амбаны* и *хачины*.

Шаманка *сэвэнам*

89. ‖ *Гэ, хэрэ, хэрэ, хэрэ!* Заходите в дом!

[Шаманка видит недавно умершего мужа заказчицы таким, каким он был перед смертью.] Шаманка заказчице

90. Там в доме человек, мужчина лежит. У этого человека очень плохо с головой. И ноги у него очень болят.
91. О мальчике что-то узнать [здесь] можно.

Шаманка заказчице

92. *Хэрэ!* Мне жаль [вас], приходящих [ко мне] людей, *хэрэ*. Я работаю [шаманю для вас], может, попусту.

Шаманка *сэвэнам*

93. *Хэрэ, хэие!* Осторожно покружите [здесь]! К лежанке подходите!
94. *Хэ, хэрэ, хэие!*

Шаманка заказчице

95. На лежанке, на этом месте [мужа твоего уже нет], на нем просто кошка сидит.
96. *Хэ, хэрэ!* Ой-ой-ой! [Кошка] шипит, глаза сверкают!
97. *Хэрэ!* На табуретку прыгнула.

Шаманка *сэвэнам*

98. *Чирири* [давящий] *сэвэн*, хватай [ее]! *Хэ, хэие!*

Саман гэли найчи

99. Эй-кэ гурун-кэ хомбачи осиогопи-ка, тэй-кэ эктэ-кэ няҥга ҥэлэчи-дэ!
100. Хоно-хоно доли осигоанди? Хэрэктэй-дэ илионди бидерэ?

Саман сэвэнчи

101. Хэ, хэрэ! Соначи уюсу чуҥну дэрэгбэчи бэгдиэни сукчум!
102. Амичони! Хэие, хэ, хэрэ, хэие! Улэн дёвани кэндэлиусу!
103. Пиктэ хай-да эрдэливэни, лоча энуйни энуси-дэ, эниэнэ, панямбани пэргусу!

Саман гэли найчи

104. Хэ, хэрэ, хэрэ, хэрэ, хэие! Энулухэ пиктэи нанай гиандоани хали-да паняни биэси.
105. Эй пиктэ дилини маҥга би-дэ нэрэ? Хэие!

Гэли най

106. ‖ Дилини маҥга энусини.

Саман

107. Бэен-дэ маҥга оркин.

Гэли най

108. ‖ Гэ, гэ, бэен-дэ оркин.

Саман

109. ‖ Нучини дои оркимбани хали-да гусэрэи, хони-да отолиасини-гоани, ‖ сарасини, саори.

Гэли най

110. ‖ Сарасини-тани.

Саман

111. ‖ Дилини маҥга энусидуэни, хай най дони улэн бидерэ!

Шаманка заказчице

99. Все эти люди [мои *сэвэны*], когда соберутся вместе, та женщина [*амбан*] хоть немного напугается!
100. Не по себе [тебе], наверно, становится, мурашки бегают по телу?

Шаманка *сэвэнам*

101. *Хэ, хэрэ!* К *сона*[1] ее привязывайте всю, *дэрэгбэчэ*, ногами кверху!
102. *Амичони! Хэие, хэрэ, хэрэ, хэрэ, хэие!* Хорошенько по дому покружите!
103. Ребенок [из-за того, что] кто-то такое [над ним] вытворяет, русской болезнью заболел, матери, *о паняне* его погадайте!

Шаманка заказчице

104. *Хэ, хэрэ, хэрэ, хэрэ, хэие!* У заболевшего ребенка, по нанайскому закону, никогда *паняна*[2] при себе нет.
105. У этого ребенка голова болит или нет? *Хэие!*

Заказчица

106. ‖ Голова у него сильно болит.

Шаманка

107. И всему телу его очень плохо.

Заказчица

108. ‖ Да, да, и телу плохо.

Шаманка

109. ‖ О том, что ему плохо, ребенок не говорит,
     ‖ потому что ничего не понимает.

Заказчица

110. ‖ Он ничего не ест.

Шаманка

111. ‖ Когда голова очень сильно болит, разве человеку будет хорошо!

---

1 *Сона* – длинный ремень, которым духи привязываются друг ко другу и одновременно к какому-либо старшему духу или к шаману.

2 *Панян* – душа человека. Считается, что при болезни она покидает тело и попадает в плен к злым духам.

112. Хэрэ, хэрэ! Эй пиктэ энувэни, дюлиэлэни илан-ну, дюэр-ну ини-ну, павадиади пиктэвэ дяпахани. Тэпэмди.
113. Хэрэ, хэие! Хай-да пиктэ дяпи-да эктэни дяпахани.
114. Тэй эктэ най бими, най усэлтэ дуруни-мэ бини.
115. Ӈалани осини, эмдиэ ӈалани эмуту хайчианда отоливаси, хэрэ, сукчумэ бие.
116. Эмдиэ бэгдини бэюн бэгдини, бэюн хорондиани.
117. Эмдиэ бэгдини тактолини эмуту моди дигдаха-ма.
118. Хони дяпахани, хони тухилэхэни, павала дэгбэлирэ, тэпэмди.
119. Хэ, хэрэ! Эй дяка-тани уйси дэгдэпсиӈгу хайди тэучихэ-ну, хайди нэхэни-ну, олгалигдамса.

Саман сэвэнчи

120. Хэрэ! Ниэгусу!
121. Хэ, хэрэ! Хатанди, ходонди дёкчиари хуэдугусу, боачиари!
122. Тэй сакпуригбэни дэӈ-дэӈ дяпачиосу!
123. Хэ, хэрэ! Тэсуэдие, тулиэдие эй-дэ, эй-дэ бигини
124. Кэймэдэ кэйчэмби! Этурусу эй оркин гурумбэ!
125. Минди энэй ама-да, эйду дэрэдиру, даи-да дака-да. Дэрэдиру!
126. Хэ, хэрэ, хэие! Байдала хуюн хурэн чиалани ми пуригби, хэие!
127. Ӈэвэлэ пуригби, пуригби! Амичони!
128. Амбасалба дяпахамби. Эуси этундусу!
129. Хогого-хогого! Ӈэвэлэ пуригби, байдала хуэдурусу!
130. Хао-да эди чиндасу! Эди-кэ сиарасу! Эди-кэ лумбэсу! Кэндэлими тэрусу! Эди туйӈкундэсу!

Саман гэли найчи

131. Энэнэ, хэие, хэрэ, хэие! Хуюн ӈэвэн пуригби нёанчи хали-да чиндаси.

Саман сэвэнчи

132. Эй дяка бидуэни, хай дяка амбани хао-да бидэ каодярасу, тэиндусу!

112. *Хэрэ, хэрэ!* Перед тем, как заболеть этому ребенку, за три или за два дня до этого через окно [кто-то зашел и душу-тень] ребенка забрал. Следы остались.
113. *Хэрэ, хэие!* Кто-то взял ребенка, женщина [его] взяла.
114. Та женщина – человек [но заходила сюда] в облике зверька.
115. Если о руках ее [говорить] – одна рука ее торчит, как не пойми что, *хэрэ*.
116. Одна нога у нее – звериная нога, звериная, с копытом.
117. Другая нога, когда она [на нее] ступает, словно ветка сгибается.
118. Как она [мальчика] хватала, как к себе прижимала, как окно раскрывала, [все это видно], следы остались.[1]
119. *Хэ, хэрэ!* Это существо вверх потом взлетело, куда-то усадило [мальчика], куда-то положило и стремглав [с ним] унеслось.

Шаманка *сэвэнам*

120. *Хэрэ!* Выходите!
121. *Хэ, хэрэ!* Скорее, быстрее к дому своему летите, к своей земле!
122. [Оставьте здесь] тех сукиных детей, [тех женщин и] крепче их сторожите!
123. *Хэ, хэрэ!* С родины предков, со своего двора [пришедшая], здесь, здесь пусть будет
124. собака моя Кэймэдэ! Охраняй этих плохих людей!
125. Со мной пойдет отец, здесь же останется *даи дака*. Оставайся!
126. *Хэ, хэрэ, хэие!* Скорее, из-за девяти сопок, дети мои [ко мне летите], *хэие!*
127. *Нгэвэлэ* дети мои, дети мои! *Амичони!*
128. Я *амбанов* поймала. Идите сюда охранять их!
129. *Хогого-хогого!*[2] *Нгэвэлэ* дети мои, скорее летите!
130. Никуда [их] не отпускайте! Не ешьте [их]! Не глотайте! Кружа [только по этому месту], оставайтесь! Не трогайтесь с места!

Шаманка заказчице

131. Ой-ой-ой, *хэие, хэрэ, хэие!* Девять моих детей *нгэвэнов* никогда [этих женщин] не отпустят.

Шаманка *сэвэнам*

132. Когда какое-нибудь существо [тут] появится, какой-нибудь *амбан*, где бы он ни был [не преследуйте его], сидите спокойно, отдыхайте!

---

1 Минго имеет в виду не просто след, а так называемое *армолду*, то есть, невидимое присутствие в определенном месте свершившихся в нем когда-то событий.
2 *Хогого* – выкрики духов *нгэвэнов*.

133. Хэрэ! Хэптэри хэлэмби, бэи-дэ ядаха. Ми-дэ энуси, кусун-дэ ана.
134. Хэрэ, хэрэ! Эниэ, ама, байдала! Ӈэвэлэ пуригби, хао-да эди чиндасу!
135. Хэие, хэрэ! Даи дака, даи ама, мандёма пуригби, Сэндурэ пэдэму!
136. Дяксор ама, Дяксор эниэ! Сэлэн укур агбимбосу!
137. Байдала сакпуригбэни тэучиусу! Дякпосу!
138. Ӈэвэлэ амбала пуригби! Укур аӈма нихэлиусу!
    Чакамолигда гидалосу!
139. Илан эктэ, илан укурчи гидалаосу, тэучиусу! Кэксэвэ тэучиусу!
140. Амичони! Аӈман-да дэӈ-дэӈ уюгусу!
141. Хэрэ, хэрэ, хэрэ, хэрэ, хэие! Ӈэвэлэ амбала пуригби!
    Амбамба каока этурусу!
142. Хуюн ӈэвэн пуригби! Хао-да эди энэндуэсу ми пулсидуе, хэрэ, хэие,
143. байдала, хэие, вэюи, сонаи бэечие уюгусу!
144. Гэ, хэрэ, байдала, хэие, хэрэ, хэие!
145. Чаракоӈко мимбиэ эди чавандосу! Сулпу отаи тэтугитэ!
146. Амичони, хэие, хэ, хэрэ! Вэюи хопамби хайду би хай хэсигури, хэие!
147. Тулиэ купумби, тулиэ таримсаи!
148. Эмун, дюэр нэилби, эмун, дюэр нядилби, эмукэн-кэ агби,
149. эмун, дюэр эйкилби, вэючие!
150. Хэрэ, байдала, хэрэ! Эй пиктэ панямбани пэрхидиэ бароани хуэдугухэ.
151. Хайду-ка гадёхай-ну? Хайду-ка энухэни-ну?
152. Байдала хуэдугитэ! Поктовани, хойламбани дачиӈгита!
    Байдала дачиӈгита!
153. Хэие, вэюдиэри хуэдурусу! Даи гаса дои гойлиӈгогита!
    Уй-дэ эди дэрэдиусу!
154. Ӈэвэлэ пуригби, тэй сакпуригбэни этурусу! Даи гаса гойлиӈгогита!
155. Хэ, хэрэ! Байдала, хатанди ходанди хуэдугитэ!
156. Хэ, хэрэ! Байдала нярон-да уектэлэни, суку-дэ уектулэни байдала хуэдугитэ!
157. Амичони! Хатанди, ходонди!

133. *Хэрэ!* Прерывается мой голос, и тело мое устало. Я болею, силы нет.
134. *Хэрэ, хэрэ!* Мать, отец, скорее! Дети мои *Нгэвэлэ*, никуда [этих женщин] не отпускайте!
135. *Хэие, хэрэ! Даи дака*, старший отец, маньчжурское мое дитя *сэндурэ*, постарайтесь!
136. Отец Заксор, мать Заксор! Сделайте так, чтоб появилась железная сеть *укур!*
137. Скорее сукиных детей [женщин в эти сети] посадите! Держите [их]!
138. Мои дети *нгэвэны, амбаны!* Отверстие *укура* открывайте! Подхватив их снизу в охапку, толкайте [их в сеть]!
139. Трех женщин в три *укура* запихивайте, усаживайте! Кошку [в *укур*] посадите!
140. *Амичони!* Отверстие крепко-крепко завяжите!
141. *Хэрэ, хэрэ, хэрэ, хэрэ, хэие!* Мои дети *нгэвэны, амбаны!* Амбанов, неподвижно стоя [здесь], сторожите!
142. Девять моих детей *нгэвэнов!* Никуда не выпускайте их, когда я пойду [дальше], *хэрэ, хэие!*
143. Скорее, *хэие, вэю, сона*, к моему телу привяжитесь!
144. *Гэ, хэрэ*, скорее, *хэие, хэрэ, хэие!*
145. Босиком меня не заставляйте ходить! Пусть наденется [на меня] обувь *сулпу!*
146. *Амичони, хэие, хэ, хэие!* Мой *вэю, хопан*,[1] кто где ни находится, я созываю вас, *хэие!*
147. Мусор с моего двора, щепки с моего двора [ко мне присоединяйтесь]!
148. [Духи] одного, двух моих младших [родственников], одного, двух моих двоюродных братьев, одного старшего моего брата,
149. одной, двух старших моих сестер, к моему *вэю* [присоединяйтесь]!
150. *Хэрэ*, скорее, *хэрэ! Панян* этого ребенка в сторону запада унесли.
151. Куда унесли? Куда ушли?
152. Скорее летите! По дороге, по следам догоняйте! Скорее догоняйте!
153. *Хэие*, от своего *вэю* летите! Превращаемся в большую птицу! Никто не отставайте!
154. Дети мои *нгэвэны*, тех сукиных детей сторожите! Превращаемся в большую птицу!
155. *Хэ, хэрэ!* Скорее, быстрее, скорее летите!
156. *Хэ, хэрэ!* Скорее, над марью, над болотом скорее летите!
157. *Амичони!* Скорее, быстрее!

---

[1] Слово *хопан* близко по значению слову *вэю*. Это тоже группа, стая духов.

158. Хэ, хэрэ! Байдала хуэдугитэ! Хэрэ, хэрэ! Суӈгариӈгои далани, хэрэ, Томчиаӈгои далани хуэдугитэ!
159. Хай боалани, хай боалани!
160. Гэ, хэрэ, байдала! Эй-дэ боала-да энухэни.

Саман гэли найчи

161. Гэ, хэрэ! Гэ, эйду-дэ каодярахани илалта бичин бидерэ.
162. Хэвур-ну, хай-ну долани тэучигурэ хуэдугухэни.
163. Алихамдиори эйду тэиӈкэ-тэниэ.
164. Хони соӈгохани, хони онди соӈгохани!
165. Онди, хумэси соӈгохани. Хумэси ӈэлини-тэни.
166. Эди-дэ дэгдэпсиӈгухэни-тэни, маӈбо соли хуэдугурэ.

Саман сэвэнчи

167. Байдала дачиосу! Байдала энусу! Хай ялолани! Хай боалани!
168. Хэ, хэрэ, хэие, хэй! Яӈни-да уектулэни хуюн тэвэксэ алдандолани. Байдала!
169. Амичони! Хай ялолани! Хай боалани!
170. Пэгуй тэвэксэ пэгиэлэни, хэй, хэрэ, хэрэ, еелигдэ хуэдугитэ!
171. Хэрэ, хэрэ! Гогда мо порондолани байдала хуэдугитэ!
172. Нэктэ мо сувэндулэни байдала хуэдугитэ!
173. Хэие, хэие! Хай боалани, хай ялолани!
174. Томчиӈгой далани, Усуриӈгуй дэрэндулэни байдала хуэдугитэ!
175. Хай ялолани! Хай боалани! Эрдэӈгэ!
176. Хэрэ, хэ! Байдала хуэдугитэ! Даи яӈни бароани хуэдурусу!
177. Хэй, хэрэ, хэрэ! Байдала хуэдурусу! Гэ, пуригби, байдала, хатан, ходонди!
178. Элкэ-элкэ тэпсиндусу! Эйду-гдэ бини-гдэ-ну! Элкэ-элкэ!
179. Хэрэ, хэрэ, хэрэ! Гэ, байдала! Хуюн да вэюе хопамби, улэӈгудиэни!
180. Эниэ, Сэмбэлэ вэчэмби, гирманду, эй хурэнчи-гдэл игухэндэ-ну!
181. Улэӈгудиэни кэндэлиусу хоӈко кираваӈни!

158. Скорее летите! *Хэ, хэрэ!* Над устьем реки Сунгари, *хэрэ*, над устьем реки Томчи летите![1]
159. По каким местам, по каким [далеким] местам [летим]!
160. *Гэ, хэрэ*, скорее! В эти места они уходили [унося *панян* больного ребенка].

Шаманка заказчице

161. *Гэ, хэрэ!* Вот здесь они останавливались, наверно, три дня прошло.
162. То ли в гроб, то ли во что они [*панян* больного ребенка] положили и унесли [его].
163. Устав, они, наверно, здесь отдыхали.
164. Как [мальчик] плакал! Как он плакал, навзничь [упав]!
165. На спине [лежа] и ничком [уткнувшись] плакал. Ничком [лежал], и страшно ему было.
166. Вот уже полетели, вверх по реке как ветер полетели.

Шаманка *сэвэнам*

167. Скорее догоняйте! Скорее мчитесь! Какие расстояния! Какие [далекие] места!
168. *Хэ, хэрэ, хэие, хэй!* [Летите] выше хребтов, посреди девяти туч. Скорее!
169. *Амичони!* Какие расстояния! Какие [далекие] места!
170. Ниже самой низкой тучи, хэй, *хэрэ, хэрэ*, стремглав мчитесь!
171. *Хэрэ, хэрэ!* Над верхушками высоких деревьев скорее летите!
172. Над макушками низких деревьев скорее летите!
173. *Хэие, хэие!* Какие расстояния! Какие [далекие] места!
174. Над устьем реки Томчи, над истоком реки Уссури, скорее летите!
175. Какие расстояния! Какие [далекие] места! Интересно!
176. *Хэрэ, хэ!* Скорее летите! В сторону больших хребтов летите!
177. *Хэй, хэрэ, хэрэ!* Скорее летите! Ну-ка, мои дети, скорее, быстрее, скорее!
178. Потихоньку начинайте опускаться! Где-то именно здесь они находятся! Осторожно!
179. *Хэрэ, хэрэ, хэрэ!* Давайте скорее! *Вэю*, компания моя в девять саженей [протяженностью], хорошенько [постарайтесь]!
180. Мать, собака моя *сэмбэлэ*, вынюхивай след, посмотри, не в эту ли сопку они вошли!
181. Хорошенько покружи по краю утеса!

---

1 Сунгари, Томчи – реки Хабаровского края.

Саман гэли найчи

182. Хоӈко-да Бури тоини.
183. Бури хоӈкони-да хоня хэе маӈга! Хай чукин поёнда де би-ну!
184. Пэйси тугупи на моданчиани, уйси токон посхолагопи
185. хурэн долинчиани муэ токой.

Саман сэвэнчи

186. Хэрэ, хэрэ, хэрэ, хэрэ! Маӈбо муэчиэндэл эйвэ улэн пэргэчиуру! Ама, улэнди пэргэчиусу!
187. Гэ, эниэ, Сэмбэлэ вэчэмби, хайми тэй модамбани ухурисиэ?
188. Чала-гда игухэни-ну?
189. Гэ, хэрэ! Байдала, амана, илиандосу! Кэту маӈгади тэй удэни ухурису!
190. Хэй, хэрэ, амичони! Чукиндулэри, хэй, хэрэ, байдала ипсиндусу!
191. Вэюдиэри эди дэрэдиусу! Хурэн довани тутусу!
    Хурэн довани яогира.
192. Муйки би-дэ килториак, колиан би-дэ килториак.
    Хай-да дякани би-дэ! Элкэ-элкэ!
193. Хэрэ, хэрэ! Муэ-кэ хайду би-дэ ичэвэси.
194. Хэй, хэрэ! Энэнэ! Хэрэ, хэрэ! Элкэ-элкэ! Энэнэ! Хэрэ, хэрэ! Элкэ-элкэ!

Саман сэвэнчи хурэнду

195. Гэ, хэрэ, хэрэ! Даи дака, хурэн эдени! Даи дака, ама!
196. Дичимби, исихамби.

Саман сэвэнчи

197. Эндур-лэ пуригби кэӈкимиӈку нихорачиусу хурэн эденчи!

Саман сэвэнчи хурэнду

198. Ама, гудиэсиру! Хэй, хэрэ! Ама, элкэ-элкэ хусэ пиктэ ӈанихамби.

Шаманка заказчице

182. Это утес на берегу у Хабаровска.
183. Какое сильное течение возле Хабаровского утеса! Какой опасный водоворот!
184. [В засуху] когда вода вниз опускается, до земли [до основания утеса] доходит, а в наводнение
185. до середины утеса вода поднимается.

Шаманка *сэвэнам*

186. *Хэрэ, хэрэ, хэрэ, хэрэ!* В воде ли [они] Амура, хорошенько погадай! Отец, хорошенько погадай!
187. Эй, мать, собака моя *сэмбэлэ*, почему ты застряла [там], на повороте реки?
188. Туда ли ушли?
189. *Гэ, хэрэ!* Скорее, отцы, поднимайтесь! Слишком уж вы копошитесь на том месте!
190. *Хэй, хэрэ, амичони!* Никудышные [вы], *хэй, хэрэ,* скорее [в утес] заходите!
191. *Вэю,* не отставай! Бегите внутри горы! Внутри горы [что-то] громыхает.
192. Змеи поблескивают, и черви поблескивают. Чего [тут] только нет! Осторожно, осторожно!
193. *Хэрэ, хэрэ!* Вода повсюду, ничего не видно.[1]
194. *Хэ, хэрэ!* Ой-ой-ой! *Хэрэ, хэрэ!* Осторожно, осторожно! Ой-ой-ой! *Хэрэ, хэрэ!* Осторожно, осторожно!

Шаманка *эденам*, духам-хозяевам горы

195. *Гэ, хэрэ, хэрэ! Даи дака,* хозяин горы! *Даи дака,* отец!
196. Я пришла, я дошла.

Шаманка *сэвэнам*

197. Дети мои *эндуры*, преклонив колени, кланяйтесь хозяину горы!

Шаманка *эденам*, духам-хозяевам горы

198. Отец [хозяин горы], пожалей! *Хэй, хэрэ!* Отец, я потихоньку дошла [сюда] за мальчиком.

---

1 Минго объясняет, что внутри утеса повсюду вода. Вода ручьями течет по стенам, шумит, вокруг речки, полной змей. Вокруг темно, не видно, где ступить, чтобы не угодить в воду.

199. Хэрэ, даи ама, оркин эчиэ мурундэ!

Саман сэвэнчи

200. Хэрэ, хэрэ! Байдала аҥгиа бароани элкэ-элкэ ирусу!
201. Хэрэ, хэрэ! Дочи, дочи ирусу!
202. Хэрэ, хэрэ! Аҥгиа бароани кэчэриусу! Хай дяка! Хай дяка!
203. Хэрэ! Таоси энусу!
204. Хэрэ! Гэ, эниэ, сэлэм хэвур кадар алдандоани дэгбэлиусу пэргэмэри!
205. Хэй, хэрэ! Нихэлиу, дэгбэлиу! Амана, нихэлиусу!
206. Хэрэ! Пиктэи долани, аҥгиа калтаду тэҥ бэедуэни даи кадарди чирэхэни.
207. Энэнэ! Гудиэлэ! Хэй, хэрэ! Улэҥгудиэни тэвугусу, энэнэ, пиктэвэ!
208. Дяпара эуриусу! Пиктэвэ дяпосу!
209. Хэй, хэрэ! Тэвугусу! Бэени топтоани хэҥэлиусу! Хэй!

Саман гэли найчи

210. Оля, кружкакамба дяпу!

Саман сэвэнчи

211. Улэҥгудиэни тэвугусу! Энуси дяка соҥгойгоани.
212. Хэрэ! Эуси-эуси! Хэй!
213. Хэрэ! Эниэ, ама, ама, дяпаро! Майто мапа, тухилэру энуку пиктэвэ!
214. Хэй, хэрэ! Улэҥгудиэни мэдэсигусу! Эуси-эуси, ама, тэвугуру!
215. Эниэ тухилэру, илигоандосу!
216. Хэй, хэрэ! Улэн ясигосу вэючие!

Саман гэли найчи

217. Эси муэмбэ ми гэли.

199. *Хэрэ*, старший отец, плохого не думай!¹

Шаманка *сэвэнам*

200. *Хэрэ, хэрэ!* Скорее [туда] направо потихоньку входите!
201. *Хэрэ, хэрэ!* Внутрь, внутрь входите!
202. *Хэрэ, хэрэ!* Направо поворачивайте! Что это [там]! Что это!
203. *Хэрэ!* Туда идите!
204. *Хэрэ!* Ну-ка, мать, попробуй открыть этот [виднеющийся] посреди гранита железный гроб!
205. *Хэй, хэрэ!* Открывай, вскрывай! Отцы, открывайте!
206. *Хэрэ!* Мальчик внутри [гроба], правая сторона его тела большой гранитной плитой придавлена.
207. Ой-ой-ой! Бедный! *Хэй, хэрэ!* Хорошенько посадите – ой-ой-ой! – ребенка!
208. Возьмите и поднимите его! Возьмите ребенка!
209. *Хэй, хэрэ!* Посадите его! Тело его веревкой обвяжите! *Хэй!*

Шаманка заказчице

210. Оля, возьми кружку!²

[Заказчица не слышит.] Шаманка *сэвэнам*

211. Хорошенько усадите [его]! Больно ему, потому и плачет.
212. *Хэрэ!* Сюда, сюда! *Хэй!*
213. *Хэрэ!* Мать, отец, отец, держите [его]! Старик Майто, возьми на руки больного ребенка!
214. *Хэй, хэрэ!* Хорошенько все проверьте! Сюда, сюда, отец, посади [его]!
215. Мать, возьми его на руки и поставь!
216. *Хэй. Хэрэ!* Хорошенько проверьте [все ли вернулись] к *вэю!*

Шаманка заказчице

217. Мне сейчас вода нужна.

---

1 Минго говорит, что хозяин утеса смотрел в этот момент благосклонно, поэтому она приступили к дальнейшим действиям. Если бы он смотрел грозно, пришлось бы его уговаривать, успокаивать, обещать дополнительные жертвоприношения.

2 Минго просит воду с листьями багульника как жертву для духов, поощряющую их к выполнению предстоящей задачи.

218. Эй пиктэкэ хайду-да балдиха, родиӈка-да аба-ну,
 пэедуэни бие пуеку?

Саман сэвэнчи

219. Калхин-да пудэндии пиктэкэмбэ сэкпэндусу! Хэй, хэрэ! Хэй!

Саман гэли найчи

220. ‖ Муэкэ буру!

Гэли най

221. ‖ Дяпагосу!

Саман гэли найчи

222. Эй дёани тухэни гоани, калхин пудэндии.

Саман сэвэнчи

223. Эниэ, ама, тухилэру! Туӈгэнчии улэн тухилэру!
224. Хэрэ, хэрэ, хэрэ, хэрэ, хэй! Хатанди, ходонди ниэгусу!
225. Хурэн довани хатан, ходонди!
226. Хэрэ! Байдала! Хэй, хэрэ! Ниэлтэӈгусу!
 Вэюдиэри уй-дэ эди дэрэдиэсу!
227. Хэй, хэрэ, улэӈгудиэни тэрмидигусу!
228. Амана, эниэнэ, хурэн кадарба улэн дасигосу,
 байтагой уйлэгуй баори!
229. Хэрэ, хэрэ, хэрэ, хэрэ! Байдала! Даи гаса гойлиӈгогита!
230. Улэнди байдала дэгдэпсиӈгусу! Уй-дэ эди дэрэндигуэсу!
231. Хэй, хэрэ! Байдала! Даи гаса гойлиӈгогита!
232. Даи мо сувэндулэни, модан модани поас-посо энусу!
233. Хай ялоани, хай боалани! Хуэдугитэ!
234. Хэй, хэрэ! Хай ялоани, хай боалани!
235. Томчиӈгой дэрэндулэни хуэдугитэ! Усуриӈгуй далани хуэдугитэ!

[Заказчица снова не реагирует. Пытаясь определить, тот ли *панян* найден, шаманка Минго говорит, какие у этого *паняна* родинки и шрамы и ждет от заказчицы подтверждения этому.]

218. Этот ребенок родился без родинок, а на лбу были ранки?

Заказчица молчит. Шаманка *сэвэнам*

219. Хватайте этого ребенка со светящимися шрамами![1] *Хэй, Хэрэ! Хэй!*

Шаманка заказчице

220. ‖ Дай воды!

Заказчица

221. ‖ Возьми!

Шаманка заказчице

222. Летом он падал [и поранился], шрамы светятся.

Шаманка *сэвэнам*

223. Мать, отец, берите его на руки!
 К своей груди хорошенько его прижмите!
224. *Хэрэ, хэрэ, хэрэ, хэрэ, хэй!* Скорее, быстрее выходите!
225. [Те, кто] внутри горы, скорее, быстрее![2]
226. *Хэрэ!* Скорее! *Хэй, хэрэ!* Выходите!
 От своего *вэю* никто не отстаньте!
227. *Хэй, хэрэ!* Хорошенько осмотритесь вокруг!
228. Отцы, матери! Сложите гранитные плиты утеса, как они были, чтобы *байта* [беды] не нажить![3]
229. *Хэрэ, хэрэ, хэрэ, хэрэ!* Скорее! Превращаемся в большую птицу!
230. Хорошенько, скорее летите! Никто не отставайте!
231. *Хэй, хэрэ!* Скорее! Превращаемся в большую птицу!
232. Над макушками больших деревьев снова напрямик мчитесь!
233. Какие расстояния, какие [далекие] места! Летите!
234. *Хэй, хэрэ!* Какие расстояния, какие [далекие] места!
235. Над истоком реки Томчи летите! Над устьем реки Уссури летите!

---

1 Минго объясняет, что она видит шрамы на *паняне* светящимися.
2 Согласно последующим комментариям, шаманка опасалась, что, если ее духи-помощники замедлят, их могут запереть внутри утеса.
3 Минго заботится о том, чтобы не рассердить хозяина этого места, оставить все таким, как оно было до ее прихода.

236. Хай ялоани, хай боалани! Няронда уелэни байдала хуэдугитэ!
237. Хэй, хэрэ! Хай ялоани, хай боалани! Хэрэ! Суку-дэ уелэни!
238. Хэй, хэрэ! Дёкчи, боачи тугугитэ! Элкэ-элкэ тэпсиӈгусу, каодярагосу, тэиндусу!

Гэли най

239. ‖ Ихэрэ таори?

Саман сэвэнчи

240. Хэрэ, хэрэ, хэрэ! Эниэ, ама, каока каодярасу!

Саман гэли найчи

241. ‖ Хавой пиктэси энусини? Тэй наондёкаӈгоси,
‖ тэй хлеба гандасойни пиктэ?

Гэли най

242. ‖ И. Синэдиэ-тани амимби буйкиндиани. Синэдини.

Саман сэвэнчи

243. Хэ, хэие, гэ! Эниэ, ама, Оля дёкчиани хатанди, ходонди, тургэнди хуэдуру!
244. Элкэ-элкэ турусу!
245. Хай-да дякани ӈэлэдерэ, хай-да дякани олодяра?
246. Амичони! Гэ, хэрэ! Элкэ-элкэ ирусу! Элкэ-элкэ кэндэлиру!
247. Сактини-да дидюхэй-ну, хэ, хэрэ?

Саман гэли найчи

248. ‖ Эси мапа буйкиндиэни ӈэлэчиэси? Эмдэ-эмдэ ӈэлэчиэчи?

Гэли най

249. ‖ Поалдоани осигопи.

236. Какие расстояния, какие [далекие] места! Над марью скорее летите!
237. *Хэй, хэрэ!* Какие расстояния, какие [далекие] места! *Хэрэ!* Над болотами!
238. *Хэй, хэрэ!* К дому, к нашим местам опускайтесь! Потихоньку опускайтесь, останавливайтесь, отдыхайте!

Заказчица

239. ‖ Свет включить?

[После отдыха] шаманка *сэвэнам*

240. *Хэрэ, хэрэ, хэрэ!* Мать, отец, постойте, остановитесь!

Шаманка заказчице

241. ‖ Какой твой ребенок болеет? Тот твой мальчик, который ходит ‖ [в магазин] за хлебом?[1]

Заказчица

242. ‖ Да. Мы плохо живем после смерти отца. Плохо.

Шаманка *сэвэнам*

243. *Хэ, хэие, гэ!* Мать, отец, в Олин дом скорее, быстрее, скорее летите!
244. Осторожно, осторожно опускайтесь!
245. Что за существо здесь пугается, что за существо вздрагивает от испуга?
246. *Амичони! Гэ, хэрэ!* Осторожно, осторожно заходите! Осторожно, осторожно покружите!
247. Что за негодяй [злой дух] пришел [сюда], *хэ, хэрэ?*

Шаманка заказчице

248. ‖ Ты до сих пор со времени смерти своего мужа пугаешься? ‖ Пугаешься иногда?

Заказчица

249. ‖ Временами случается.

---

1 Это мальчик четырнадцати лет, заболевший после смерти своего отца. Ему сделана была операция. После операции ему было плохо, в школе он ложился головой на парту. На него уже шаманили, и после этого ему стало лучше. В первый раз после болезни он ходил в магазин за хлебом.

Саман гэли найчи

250. ‖ Хоно-хоно би.

Саман сэвэнчи

251. Улэнди, эниэ, улэн пэргэчиусу!
252. Сэмбэлэ вэчэмби, улэн элкэ-элкэ арганди!

Саман гэли найчи

253. Гэ, хэрэ, хэие! Сумбиэ чиуриӈги амбаӈгоси бала дидюхэ хомбачи осогопи.
254. Эдивэси чиуриӈги дяка аохандива оялани тэси.

Саман сэвэнчи

255. Амичони! Дочи ивэндусу! Эдини бичинчиэни энусу!

Саман амбанчи

256. Килэсэл пуригбэни манаха амба, эним катоани, кэндэлилугухэ.
257. Хэрэ, сиахамби оячиани хайва гэлиси?
258. Хай-да лоча энудиэни буди-дэ, тэй-кэ пиктэ будидуэни-кэ энусидуэни-кэ маӈга бичин.
259. Хаяди-да хэм чиуриӈгихэ. Сэксэни омихамбари элэкэсу-ну?

Саман сэвэнчи

260. Гэ, хэрэ, дивани пэгиэвэни байда микуру!
261. Амичони! Сэмбэлэ вэчэмби, бэгдидуэни
262. дяпара, татаро! Осини
263. бэюн хорони-ма, эмдиэ бэгдини тэй эктэ дохоло.
264. Хэй, хэрэ! Чирира дяпосу!

Саман амбанчи

265. Нучикэндюэмбэ чиуриӈгим пулсиси-ну? Эди аргалара!

Шаманка заказчице

250. ‖ Скверно, скверно.

Шаманка *сэвэнам*

251. Хорошенько, мать, хорошо погадайте!
252. Моя собака Сэмбэлэ, хорошенько, потихоньку схитри [как-нибудь]!

Шаманка заказчице

253. *Гэ, хэрэ, хэие!* Тебя изводящий твой *амбан* [от умершего мужа] быстро к тебе перешел.
254. Существо, сжившее твоего мужа [со света], на ложе его сидит.

Шаманка *сэвэнам*

255. *Амичони!* Внутрь [в комнату умершего] заходите! К тому месту, где муж ее был, идите!

Шаманка *амбану*

256. *Амбан*, который мучил детей рода Киле, [...],[1] кружил среди них.
257. *Хэрэ*, ты хорошо уже наелся [душами людей этого рода], чего еще хочешь?
258. От русской болезни умер. Когда он болел, умирая, ребенок тоже сильно болел.
259. Вы изводили [его]; напившись его крови, не насытились ли?

Шаманка *сэвэнам*

260. *Гэ, хэрэ!* Под диваном скорее проползите!
261. *Амичони!* Собака моя Сэмбэлэ, за ноги
262. хватай и вытяни!
263. У той хромой женщины нога с копытом как у животного.
264. *Хэй, хэрэ!* Задави ее и вытащи!

Шаманка [пойманному] *амбану*

265. Детей изводить ходишь? Не финти!

---

1 Бранные слова.

Саман сэвэнчи

266. Байдала сонаи, хуюн да сонаи дуэдиэни уюсу!
267. Бэгдиэни, ӈалани уюсу! Бэгдиэни, ӈалани олгиа-ма уюсу!
268. Моривани аӈмани кап пачилосу!

Саман амбанчи

269. Амимби хотоани, сиӈмуи агбимбоси-ну? Уйвэ сиаичиси? Уйвэ дяпичиси?

Саман сэвэнчи

270. Байдала соначия уюсу!
271. Дёвани кэндэли пулсиусу! Хай-да дякани чуӈну осиосу!

Саман гэли найчи

272. Гэ, си борти, си доси оркинагопи, хэрэктэси ӈэлэчи-дэ.

Саман сэвэнчи

273. Гэ, хэрэ, тулиэвэни чуӈну кэндэлиусу!
274. Кэндэрхин пэгиэлэни индаи топсинду!
275. Боро Яда, Тучин Кайла, нэуи дёгдоани сиргэчиэни модандоани симторо, этуру!
276. Байдала тулиэ тадянчиари эугусу!
277. Хусэ пиктэ пэргэчиусу!
278. Хони би дяка бими, дулу-дулу упи-упи осигоми тэпчиухэ.
279. Амини-гдал пиктэи намаӈки-ну?
280. Хэрэ, хэие! Пиктэ панямбани улэн пэргэчиусу!
281. Доркин довани-ка тутуйни-ну? Илда оявани-ка тутуйни-ну?
282. Гэ, хэрэ! Байдала эниэ гароктаро! Хумун бароани, эниэ, гароктаро!

Шаманка *сэвэнам*

266. Скорее к *сона*, к концу *сона* в девять саженей [длиной] привяжите [ее]!
267. Ноги и руки [ей] свяжите! Ноги и руки вместе свяжите, как свиней [вяжут]!
268. Чтобы не кричала, рот ей заткните!

Шаманка [пойманному] *амбану*

269. […],[1] язык показываешь? Кого еще съесть хочешь? Кого еще схватить хочешь?

Шаманка *сэвэнам*

270. Скорее к *вэю* ее привяжите!
271. Вокруг дома походите! Кто бы [здесь] еще ни был, всех прогоните!

Шаманка заказчице

272. Вот, когда у тебя на душе неспокойно, ты кожей [*амбанов* чувствуешь], пугаешься.

Шаманка *сэвэнам*

273. *Гэ, хэрэ!* По двору вокруг покружите!
274. Из-под порога собаку свою вытащите!
275. *Боро яда, Тучин Кайла*, из-под земли у завалинки дома [Оли], моей младшей сестры,[2] появитесь и караульте!
276. Скорее опускайтесь во двор к исхоженным [больным мальчиком] тропкам!
277. Погадайте о мальчике!
278. Что за существо начало делать так, что в голове у него муторно становится, тяжесть в голове появляется.
279. Не [умерший] ли отец своего сына обнял?
280. *Хэрэ, хэие!* О *паняне* этого ребенка хорошенько погадайте!
281. Не убежал ли он вглубь [подземного мира] *доркина*?
Или он убежал [куда-то] по поверхности наземного мира?
282. *Гэ, хэрэ!* Скорее, мать, посмотри! В сторону кладбища посмотри!

---

1 Бранное выражение. Иносказательно здесь говорится о показывающем язык половом органе отца.
2 Заказчица камлания Оля не является сестрой шаманки. Обращение *нэу* (младший брат, младшая сестра) может быть формой ласкового или вежливого обращения и к младшим по возрасту.

283. Таоси осини, таоси сактимбани байдала ӈэвэн пуригбие апоросу!
284. Уйвэ-дэ хао-да энуэндэсу!

Саман амбанчи

285. Хэие, хэие! Сакпурилни, туйӈкуйвэри осини, чуӈну сумбиэ най лумбэдерэ.

Саман сэвэнчи

286. Хэ, хэрэ, хэие! Байдала хуэдугитэ! Хатанди, ходонди!
287. Хэрэ, хэие! Дэрэгбэси! Найхин покто хуэдуру! Трассачи хуэдурусу!
288. Хэ, хэие! Трасса покто соли энуйсу!

Саман гэли найчи

289. ‖ Гэрэни хумунчиэни ирасо калтани?

Гэли най

290. ‖ И.

Саман сэвэнчи

291. Байдала хуэдуру!

Саман гэли найчи

292. Соӈгомда энуриэ, гудиэлэ-дэ энуриэ уюн ная гэлэндэгуэри!

Саман сэвэнчи

293. Байдала хуэдугитэ! Хумун бароани энусу!
294. Хэрэ! Дуйси-гдэ торосо! Уй-дэ гойни хумунчиэни эди энэусу!
295. Гудиэлэ, гудиэлэ!
296. Хэрэ, хэрэ! Эндур-мэ пуригби, вайла, вайла дэрэдиусу!

283. Если туда, туда [ушел его *панян*], то [пленниц этих] сукиных детей скорее детям моим *нгэвэнам* [охранять] поручите!
284. Никого никуда не отпускайте!

Шаманка [пойманным] *амбанам*

285. *Хэие, хэие!* Сукины дети, если пошевелитесь, всех вас они проглотят.

Шаманка *сэвэнам*

286. *Хэ, хэрэ, хэие!* Скорее летите! Быстрее, скорее!
287. *Хэрэ, хэие! Дэрэгбэси!* По Найхинской дороге летите! К трассе летите!
288. *Хэ, хэие!* По трассе в сторону Даерги[1] летите!

Шаманка заказчице

289. ‖ Вы всех [своих умерших] на это кладбище отвозите?[2]

Заказчица

290. ‖ Да.

Шаманка *сэвэнам*

291. Скорее летите!

Шаманка заказчице

292. Плача идешь, жалея, идешь, чтобы найти живого человека [в таком месте]!

Шаманка *сэвэнам*

293. Скорее летите! В сторону кладбища идите!
294. *Хэрэ!* Вглубь кладбища идите! Никто к чужим могилам не уходите!
295. Бедные, бедные!
296. *Хэрэ, хэрэ!* А вы, мои дети *эндуры*, на берегу, на берегу оставайтесь!

---

1 Буквально в тексте *соли*, то есть в направлении против течения реки. Сразу за Найхиным в этом направлении начинается поселок Даерга.

2 Имеется в виду кладбище чуть выше по течению от того места, где проходило камлание, возле поселка Даерга.

297. Нантара! Эндур-мэ хачимби, каока эйду нярчандосу!
298. Таваӈки хэм дуйси торосо! Хэм таоси энусу!
299. Хэ, хэрэ! Гудиэлэ! Хони таори! Хони таори!
300. Амана, эниэнэ, байдала! Доркин дочиани дорпосу! На дочиани симтогоари!
301. Хэ, хэрэ! Симтосу!
302. Хэй, хэрэ! Хони гудиэлэ! Хони таори! Хони таори!
303. Элкэ-элкэ эе-тая холдондолани, элкэ-элкэ илиохарсу!
304. Гэ, даи ама, Сагди ама! Хэвурбэ каориосу! Элкэ-элкэ дэгбэлиусу!
305. Хэ, хэрэ! Элкэ полта нихэлиусу!
306. Хэ, хэрэ! Гудиэкэлэ! Хай гудиэлэчэ!

Саман гэли найчи

307. Оля хумэси тухэси эдиси ӈаладоаси дяпана,
308. аӈгиа ӈаладии намаӈкини, деуӈгиэ ӈалаваси дяпахани. Пиктэси пэгиэлэ.
309. Си, Оля, соӈгохаси ойла, соӈгохаси дола.

Саман сэвэнчи

310. Ама, хэрэ, эниэ! Гудиэлэ-дэ! Хони таори!
311. Дасича нихэлиусу! Элкэ чиаросу! Энимбэни тэугусу!
312. Намаӈки намана элкэ-элкэ ӈалани ачосу!
313. Пиктэни ӈалани ачосу!
314. Налани дюэртуӈгэ хаӈгиси нэрусу!
315. Эди соӈго маӈга бурбуриэ,
316. эчиэ чихалара боа тайвани.
317. Хони таори! Хони таори!
318. Хэ, хэрэ! Тэугусу! Тэугусу!
319. Гэ, илигоандосу, сэкпэндусу!
320. Хэй, хэрэ! Пиктэни-дэ сэкпэндусу!
321. Хэй, хэрэ! Ясигосу! Байдала илигоандосу!

297. *Нантара!*[1] Мои *хачины, эндуры*, спокойно здесь отдыхайте!
298. Все [остальные] отсюда к лесу поднимайтесь! Все туда идите!
299. *Хэ, хэрэ!* Бедные! Что делать! Что делать!
300. Отцы, матери, скорее! Вглубь [подземного мира] *доркина* идите! Вглубь земли проникайте!
301. *Хэ, хэрэ!* Проникайте!
302. *Хэй, хэрэ!* Как жаль их! Что делать! Что делать!
303. Потихоньку, потихоньку здесь и там вокруг [могилы] потихоньку, потихоньку встаньте!
304. Давай, *Сагди ама!* Гроб вскрывай! Осторожно, осторожно открывай!
305. *Хэ, хэрэ!* Осторожно одеяло снимай!
306. *Хэ, хэрэ!* Бедный! Как его жаль!

Шаманка заказчице

307. Оля, ты навзничь упала, твой [умерший] муж твою руку держит,
308. правой рукой тебя обнимает, а левой твою руку держит.
    Твой сын внизу [под вами].
309. Ты, Оля, и открыто плакала, и тайком плакала.

Шаманка *сэвэнам*

310. Отец, *хэрэ*, мать! Бедные! Что же делать!
311. Покрывало снимайте! Осторожно раскройте [его]! Мать, посадите!
312. Обнимающую [ее] руку осторожно, осторожно [с нее] снимите!
313. Руку мальчика освободите!
314. На землю их двоих в сторонке положите!
315. Муж слишком плакал о своей смерти,
316. не соглашаясь с тем, что небо [с ним] делает.
317. Что делать! Что делать!
318. *Хэ, хэрэ!* Усаживайте! Усаживайте!
319. Ну-ка, чтобы поставить [их так], чтоб я могла [их] схватить![2]
320. *Хэй, хэрэ!* Чтоб мальчика мне схватить!
321. *Хэй, хэрэ!* Проверьте все! Скорее их поставьте!

---

1 *Нантара* – слово, значение которого выяснить не удалось; шаманка сообщила лишь, что с помощью этого слова она предотвращает опасность от соприкосновения с покойниками.

2 Решающий момент обряда *сэкпэнгури*, буквально хватать зубами, кусать. Шаман сам должен схватить *панян* больного с тем, чтобы быть в состоянии распоряжаться им дальше. Хватание это сопровождается таким криком шамана (обычно на слове «*хэй*!»),словно шаман действительно физиологически поглощает душу своего пациента.

322. Хэ, хэрэ! Дюэртуӈгэ сэкпэӈгуэмби!
323. Хэ, хэрэ! Гучи энимбэни сэкпэндэмби! Хэ, хэрэ!

Саман гэли найчи

324. Муэ-кэ бини? Муэ-кэ бини?

Гэли най

325. Аба!

Саман гэли найчи

326. Бурпухэ байтадя-ну.
327. Буйкини хоня соӈгой-да, уюни хай сария!

Саман сэвэнчи

328. Улэн ӈалани нэкусу! Улэн дасигосу!

Саман буйкинчи

329. Гудиэлэ! Эди-дэ соӈгора! Пэдэм дэрэдугуру!

Саман сэвэнчи

330. Хай садячи улэн хэвурбэ комталагосу!
331. Ама, пачилагосу!
332. Хэ, хэрэ, хэрэ, хэрэ, хэ, хэ, хэие! Байдала оикчагосу иланчиа!
333. Хэрэ, хэй, хэрэ! Байдала агбиӈгосу! Вэючие уюгусу эниэмбэни!
334. Хатан, ходонди, эндур-мэ пиктэи, эндур-мэ диасилби вэючи хэмтудиэри!
335. Хатан, ходонди эугусу! Хэие! Байдала дэдигусу тургэнди, ходонди!
336. Хэ, хэрэ! Байдала эугусу! Вайси-гдал мэнчи эугусу!
337. Хэ, хэрэ! Элкэ-элкэ боадоари, надоари каодярасу, нярчандосу, тэиндусу!
338. Хэй, хэрэ, хэрэ! Гэ, хэрэ, хэрэ! Энэнэ бэее! Алиха бэее!

322. *Хэ, хэрэ!* Чтоб обоих их мне схватить!
323. *Хэ, хэрэ!* Еще мать его я схвачу! *Хэ, хэрэ!*

[Шаманка с криком «хватает» *паняны*.] Шаманка заказчице

324. Вода есть? Вода есть?

Заказчица

325. Нет!

Шаманка заказчице

326. Умрет человек, *байта* [горе] будет [для его родственников].
327. Об умершем как плачут, об умершем как тоскуют!¹

Шаманка *сэвэнам*

328. Хорошо руки [умершего] уложите! Хорошенько [его] закройте!

Шаманка умершему

329. Бедный! Не плачь! Прощай!

Шаманка *сэвэнам*

330. Чтоб никто не узнал [о том, что мы здесь были], хорошенько закройте [гроб] крышкой!
331. Отец, заколачивай [гроб]!
332. *Хэ, хэрэ, хэрэ, хэрэ, хэ, хэ, хэие!* Скорее всплывайте в наземный мир!
333. *Хэрэ, хэй, хэрэ!* Скорее [на земле] появляйтесь! К *вэю* привязывайте мать [Олю]!
334. Скорее, быстрее, мои дети *эндуры*, мои друзья, к *вэю* все!
335. Скорее, быстрее спускайтесь, летите! *Хэие!* Скорее мчитесь, быстрее, скорее!
336. *Хэ, хэрэ!* Скорее спускайтесь! Спускайтесь, к себе летите!
337. *Хэ, хэрэ!* Потихоньку, потихоньку на место свое, на землю свою [прилетев], останавливайтесь, успокойтесь, отдохните!
338. *Хэй, хэрэ, хэрэ! Гэ, хэрэ, хэрэ!* Болит все мое тело! Устала я!

---

1 Имеется в виду не просто печаль об умершем. Считается, что, если родственники слишком о нем горюют, он может забрать с собой в могилу их души, отчего те болеют и даже умирают. Именно об этом говорит сейчас Минго.

Тэин хамиалани саман сэвэнчи

339. Эниэ, ама, илиаӊгосу, дэгбэгусу вэюи хопамби!
340. Эниэнэ, амана, даи ама, панямба каока этурусу!
341. Гэ, хэрэ! Байдала, ама, укурбэ вэюдиэри ирагоари вэючиэ!
342. Даи ама, намо эниэди гэсэ хуэдугуэри!
343. Намо ама, намо эдэни эдии, даи дака вэюе,
344. байдала эдэ гурунсэлбэ илан укурсэлду тэучиусу, вэюди гэсэ уюсу!
345. Мэнэ аргандахамбари, насалчи осини таӊгалиа, гэ, вэючи нэпсиндусу!

Саман амбанчи

346. Хэие, тэгусу! Уй-дэ эди турэсу!

Саман сэвэнчи

347. Хэ, хэие! Байдала дэгдэпсиӊгитэ! Байдала дэдиусу!
348. Хай ялочиани ирагоари!
349. Горо боачи энэгуэри хуэдурэмби. Дэдиэмби Киӊка намо кирачиани.
350. Амичони! Уевэни, тэвэксэ уевэни хатан, ходонди хуэдэрэмби.
351. Хай ялолани! Томчиӊгоа дэрэндулэни, Усуруӊгуй далани байдала хуэдугитэ!
352. Хай ялолани! Хай боалани! Байдала хуэдугитэ!
353. Даи яӊни уектулэни, гогда мо порондолани, нэктэ мо мувэндулэни байдала дэдигитэ!
354. Хай ялолани! Хай боалани!

Саман гэли найчи

355. Хэ, хэие! Мэнэ дайчагичи, мэнэ хоаӊгичи!

Саман сэвэнчи

356. Хэй, хэрэ! Байдала хуэдугитэ! Хай ялолани! Хай боалани!
357. Байдала намоӊгои суйгуэлэни, Киӊка намони кирачиани байдала хуэдугитэ!
358. Хэй! Боа-ла боргара, намо хэдуни де би-ну!

После перерыва шаманка *сэвэнам*

339. Мать, отец, поднимитесь, оторвитесь [от земли] мои *вэю* и *хопаны*!
340. Матери, отцы, старший отец, не двигаясь, сторожите *паняны*!
341. *Гэ, хэрэ!* А ты, отец, скорее [сетки] *укуры* [с духами-пленницами] к *вэю* [присоединяй], чтобы с *вэю* их везти!
342. Старший отец, вместе с морской матерью полетим!
343. Морской отец, мой морской муж косатка, *даи дака, вэю,*
344. скорее, этих дурных *дяка* [духов] в три *укура* [в сетки] затолкайте и вместе с *вэю* их свяжите!
345. Хоть и [смотрят] они так [эти пойманные женщины] своими лживыми, широко раскрытыми глазами, ну-ка, к *вэю* их прикрепите!

Шаманка пойманным *амбанам*

346. *Хэие,* усаживайтесь! Никто не упадите!

Шаманка *сэвэнам*

347. *Хэ, хэие!* Очень быстро взлетаю! Скорее мчитесь!
348. Как далеко надо [их] отвезти!
349. Чтоб в далекие места попасть, я лечу. Я мчусь к берегу моря Кинка.[1]
350. *Амичони!* Высоко над тучами скоро, быстро лечу.
351. Какие расстояния! Над долиной реки Томчи к истоку реки Уссури скорее летите!
352. Какие расстояния! Какие далекие места! Быстро мчитесь!
353. Выше больших хребтов, над верхушками высоких деревьев, над макушками высоких деревьев быстро мчитесь!
354. Какие расстояния! Какие далекие места!

Шаманка заказчице о пойманных женщинах – *амбанах*

355. *Хэ, хэие!* Пусть они себе скандалят, пусть себе ругаются!

Шаманка *сэвэнам*

356. *Хэй, хэрэ!* Быстро мчитесь! Какие расстояния! Какие далекие места!
357. Скорее по морскому мысу, на берег моря Кинка [озера Ханко] скорее прилетайте!
358. *Хэй!* Штормит, какой на море ветер!

---

1 Море Кинка – это озеро Ханко в Приморском крае.

Саман амбанчи

359. Хайвани хоаландису? Улэн боачини нэдемби-мэ!

Саман сэвэнчи

360. Хэие, гэ, хэрэ! Намо эдэни эдии! Намо ама! Намо ениэ! Укурбэ дяпосу!
361. Намо токончиани дэдемби. Гэ, байдала чиндасо олгалигда! Намо ватани ватадяра.
362. Илан модан кэндэлиу, кэндэлиусу!

Саман амбанчи

363. Хэ, хэрэ! Энэмэри улэн боачи! Намо согдатани, намо колани сиадяра чуӈну.
364. Хэй, хэрэ! Намо кирачиани, намо ватадиани котасу, пухинсу, коктол вата ватадяра.
365. Намо кирачиани гармаксасу гойр ватагодяра.

Саман сэвэнчи

366. Хэй, хэрэ! Байдала кэндэлигу! Хатан, ходондо хуэдугусу, хуэдугугитэ!
367. Хай ялоани! Хай боалани! Хатанди, хотонди хуэдугугитэ!
368. Байдала! Хай ялоани! Хай боалани! Байдала дэдигусу! Хуэдугугитэ!
369. Хай ялоани! Хай боалани! Байдала!
370. Хэ! Нярон-да уелэни, суку-дэ уелэни байдала хуэдугугитэ!
371. Хэ, хэрэ! Хатанди, ходонди хуэдугусу! Элкэ-элкэ дёкчиари боачиари тундэгусу!
372. Гэ, хэрэ! Элкэ-элкэ дёкчи, боачиари каодярагосу! Хэрэ, хэрэ!

Саман гэли найчи

373. Ихэрэ таогосу! Панямба ирагой.

Тэиндэпи саман сэвэнчи

374. Хэрэ, хэрэ! Эниз, ама, дэгбэгусу, илиаӈгосу вэюдиэри!
375. Гэ, ама, каондяраӈкимбари пуригбэ вэючи соначи!

Шаманка [пойманным] *амбанам*

359. Зачем ругаетесь? Я вас посажу в хорошее место!

Шаманка *сэвэнам*

360. *Хэие, гэ, хэрэ!* Мой муж, морская косатка! Морской отец! Морская мать! Возьмите *укуры!*
361. Я мчусь к середине моря. Ну-ка, [теперь] скорее [их] бросайте, чтоб стремительно [они на дно погрузились]! Морскими волнами их накрывает.
362. Три раза кругами [над ними], покружите!

Шаманка [пойманным] *амбанам*

363. *Хэ, хэрэ!* [Вот вы и] попали в хорошее место! Морские рыбы, морские черви полностью [вас] съедят.
364. *Хэй, хэрэ!* На берег моря морские волны ваши желудки, ваши кишки как поплавки вынесут.
365. На берег моря ваши кости врассыпную волны вынесут.

Шаманка *сэвэнам*

366. *Хэй, хэрэ!* Скорее [над ними] покружите! Скорее, быстрее мчитесь [назад], летите!
367. Какие расстояния! Какие далекие места! Скорее, быстрее летите!
368. Скорее! Какие расстояния! Какие далекие места! Скорее мчитесь! Летите!
369. Какие расстояния! Какие далекие места! Скорее!
370. *Хэ!* Над марью, над болотом скорее летите!
371. *Хэ, хэрэ!* Скорее, быстрее летите! Потихоньку, потихоньку к дому своему опускайтесь!
372. *Гэ, хэрэ!* Потихоньку, потихоньку у дома своего останавливайтесь! *Хэрэ, хэрэ!*

Шаманка заказчице

373. Свет включи! [Мне еще] *паняны* нужно будет отвозить.

После перерыва шаманка *сэвэнам*

374. *Хэрэ, хэрэ!* Мать, отец, оторвитесь, появляйтесь со своими *вэю!*
375. Ну-ка, отец, отдохнувших детей [снова] к *вэю*, к [ремню] *сона* [привязывай]!

376. Хэ, хэие! Гэ, ама, байдала!
377. Хэ, хэрэ, хэие! Ңэвэлэ пуригби, хуюн ңэвэн пуригби!
378. Хуюн яңнигочиари дэгбэпсиңгусу, олгалигда, еелигдэ хуэдугусу, ңэвэн пуригби!
379. Хэй, хэрэ, хэие! Хуюн яңни порондолани еелигдэ хуэдугусу!
380. Хэрэ, хэие! Гэ, амана, эниэнэ!
381. Нучи пиктэ, даи дака, бэедии сона дачандо тухилэру, тэгуру!
382. Энэгуй далчоамба вайси эурусу!
383. Хэрэ, хэие! Маңбо хэи энусу!
384. Вэюи, хопамби, Сэндурэ, Армоки, тэдемусу! Эндур-мэ пурилби!
385. Гэ, даи дака боачакаңгоани талгиактолани они дачани харосу!

Саман дёкасоду би сэвэнчи

386. Хэие, хэрэ, хэие! Гэ, ама, дичимби, исихамби.
387. Дёгдян нихэлиу! Алдой сибиаи анаро!

Саман мэнэ сэвэнчи

388. Тургэнди ирусу! Вэюи, хопамби, дочи-гда ирусу хатанди, тургэнди!

Саман дёкасоду би сэвэнчи

389. Гэ, хэрэ! Алдой уйки нихэлиу! Сибиаи анаро!

Саман мэнэ сэвэнчи

390. Хэрэ! Дочи-гда ирусу! Хэрэ, хэрэ, хатанди, ходонди!

Саман дёкасоду би сэвэнчи

391. Гэ, ама, даи дака, даи эниэ, сагди эниэ, дичимби, исихамби.
392. Аодин пуригбэ ирахамби. Аодин эктэ ирахамби, хусэ пиктэ ирахамби. Хусэ пиктэ.

376. *Хэ, хэие!* Давай, отец, поскорее!
377. *Хэ, хэрэ, хэие!* Мои дети *нгэвэны*, девять моих детей *нгэвэнов*!
378. От девяти хребтов оторвитесь и стремглав примчитесь, дети мои *нгэвэны*!
379. *Хэй, хэрэ, хэие!* К вершинам девяти скал стремглав мчитесь!
380. *Хэрэ, хэие!* Давайте, отцы, матери!
381. Маленького ребенка, *даи дака*, возьми на руки, к самому [ремню] *сона* [его] прижми, усади!
382. От [острова] Далчоана к берегу опускайтесь!
383. *Хэрэ, хэие!* Вниз по Амуру идите!
384. Компания моего *вэю*, Сэндурэ, Армоки, постарайтесь! Мои дети, подобные *эндурам!*
385. Давай, *даи дака*, Далчоан[1] миновав, возле устья Анюя приставайте!

Шаманка *сэвэну*, хозяину *дёкасо*

386. *Хэие, хэрэ, хэие!* Вот, отец, я пришла, я захожу.
387. *Дёгдян*[2] открывай! Средний засов снимай!

Шаманка пришедшим с ней *сэвэнам*

388. Быстро входите! Компания моего *вэю*, внутрь входите скорее, быстрее!

Шаманка *сэвэну*, хозяину *дёкасо*

389. *Гэ, хэрэ!* Среднюю дверь открывай! Засов снимай!

Шаманка пришедшим с ней *сэвэнам*

390. *Хэрэ!* Все внутрь заходите! *Хэрэ, хэрэ*, скорее, быстрее!

Шаманка *сэвэнам*, хозяевам *дёкасо*

391. Да, отец, *даи дака*, старшая мать, старейшая мать, я пришла, я дошла.
392. Я привезла милых детей. Милую женщину я привезла. Маленького ребенка я привезла и [еще одного] мальчика.

---

1 Далчоан – название той части села Найхин, где живет шаманка.
2 *Дёгдян* – вместилище духов и душ пациентов, синоним слову *дёкасо*.

Саман мэнэ сэвэнчи

393. Хэ, хэрэ! Деуӈгиэ калта удэни, илани бэуӈгуэни гэлэмэчиусу!
394. Улэн боа! Володя дякпардоани, нучи пиктэ даниндиани гэсэ тэгуэни бэуӈгуэни.
395. Хусэ пиктэ-дэ энини дякпадоани бэуӈгуэни, тэӈ улэн бэумбэ!
396. Хэи, хэрэ, хэие! Байдала! Солбо эдени, даи дака, Сагди эниэ!
397. Хуюн солбоамби алоро! Уӈчухун тэкпуэни сэкчиэрусу энимбэни дюлэси, пиктэни хамиалани!
398. Нучи пиктэ данимбани дяпандаосу, тухилуэндусу!
399. Гэ, хэрэ, хэие! Хуюн солбоамби дяпагита!
400. Нучи пиктэ, додо пиктэ дилилани гидалосу!
401. Дилилани болдомса, муйрэлэни мултуэмсэ, уӈчилэни уӈгэмсэ.
402. Гучи дилилани гидалосу!
403. Дилилани болдомса, чокилани чилдомса, уӈчилэни уӈгэмсэ.
404. Хэ, хэрэ! Ама! Диливани тэдемэлиусу, бэвэни тэдемэлиусу!
405. Пиктэ бими мутэсиэ. Бэекэмбэни тэдемусу!
406. Долани долкаӈкин дякава, туксуэхэн дякава туӈгэндуэни, ама, еӈнэлу!
407. Бэени чуӈну еӈнэлусу, долани тэдемусу!
408. Сиарасини, няӈга пиктэ сиавандосу! Омиасини, няӈга омиандосу!
409. Диливани тэдемусу! Нучи пиктэ эну маӈга бахамбани, ама, хаолиа дярбалихариа!
410. Гэ, хэрэ! Оля дилилани гидалосу!
411. Дилилани болдомса, муйрэлэни мултуэмсэ, чокилани чилдомса, уӈчилэни уӈгэмсэ.
412. Гучи дилилани гидалосу!
413. Дилилани болдомса, муйрэлэни мултуэмсэ,
414. хэй, чокилани чилдомса, уӈчилэни уӈгэмсэ.
415. Дони миавани энусивэни, бэени бэртэлэхэмбэни, миавани дони чуӈну маӈгалахамбани, дилини, ама, еӈнэлу
416. бэгдини, ӈалани дуэгдэ, эди бурбуэндэ!
417. Балдим мохоми, кусумби моридоани энусихэмбэни дярбалигосу, еӈнэлэгусу!
418. Хаолиа аяди осогойдиани нэуивэ гудиэсусу!
419. Хайди-да дякани-да дярбалиосу! Туӈгэни туксуэхэмбэни миавани энусивэни, давление торивани еӈнэлусу!
420. Гэ, пиктэ дилилани болдомса, муйрэлэни мултумсэ, чокилани чилдомса, уӈчилэни уӈгэмсэ!

Шаманка пришедшим с ней *сэвэнам*

393. *Хэ, хэрэ!* С левой стороны поищите три места!
394. Хорошее место! Маленького ребенка с его бабушкой вместе посадим на этом месте, рядом с Володей.
395. И для матери рядом с мальчиком место найдите, очень хорошее место!
396. *Хэи, хэрэ, хэие!* Скорее! Хозяйка *солбо, даи дака*, старая мать!
397. Подай девять [обручей] *солбо!* Расстели чехол от бубна, впереди [усади] мать, а позади ребенка [посади]!
398. Маленького мальчика бабушке отдайте, чтоб она на руки его взяла!
399. *Гэ, хэрэ, хэие!* Возьму девять [обручей] *солбо!*
400. Маленькому ребенку, любимому ребенку через голову [обруч] надевай!
401. Голова проскользнула, плечи прошли, до пяток [обруч] опустился.
402. Еще раз через голову [другой обруч] надевайте!
403. Голова проскользнула, с бедер [обруч] стащили, до пяток [он] опустился.
404. *Хэ, хэрэ!* Отец! Голову его проверь, тело его проверь!
405. Не может ребенок [так] жить. Тельце его проверь!
406. Все внутренние [болезни] из него, мутное из его груди, отец, выведи!
407. Все тело его исцели, внутри [все] проверь!
408. Если он не ест, немного ребенка покорми! Если не пьет, немного напои!
409. Голову его проверь! Тяжелую болезнь, [которой] маленький ребенок заболел, отец, как-нибудь облегчи!
410. *Гэ, хэрэ!* На голову Оли [обруч] надевай!
411. Голова проскользнула, плечи прошли, с бедер [обруч] стащили, до пяток [он] опустился.
412. Еще раз на голову ей [обруч] надевай!
413. Голова проскользнула, плечи прошли,
414. *хэй*, с бедер [обруч] стащили, до пяток [он] опустился.
415. Сердце от болезни, тело от усталости, от боли внутри сердца и головы, отец, очисти ее
416. до самых кончиков ног и рук, чтоб не умерла она!
417. То, что она жить не может, и силу ее болезнь забрала, облегчи, исправь!
418. Молю, чтобы выздоровела, пожалей, чтоб не умерла она!
419. Чем-нибудь облегчи ее! То, что грудь ей мутит, болезнь сердца, высокое давление облегчи!
420. А теперь [другого] ребенка голова проскользнула, плечи прошли, с бедер [обруч] стащили, до пяток [он] опустился!

421. Хэ, хэрэ! Гидалосу!
422. Хайлава эну пиктэ хони би дяка бими лапам-лапам туривэни, амана, еӊнэлугусу!
423. Дилилани болдомса, муйрэлэни мултуэмсэ, чокилани чилдомса, уӊчилэни уӊгэмсэ!
424. Хэ, хэрэ! Хэмту илан гурумбэ сэвэн осини, сэлкэхэри.
425. Амдай осини, алдахариа!
426. Хэрэ, хэие! Гэ, хэрэ! Хаолиа хусэ пиктэ дилини ачасиани!
427. Миавамби, амимби, бурбуэндэ мурумби дёбоми,
428. эмуту ундимэ осихамбани.
429. Ама, хаолиа дярбалиу, еӊнэлу!
430. Дони долкаӊкимбани, миавани энусивэни, бэени энусивэни, чадо дярбалиосу, чадо еӊнэлусу!
431. Хэй, хэрэ! Кэкусу!
432. Гэ, хэрэ! Бэунчиэни тэпсиндусу, нэрусу улэн боаду!
433. Гэ, эниэ Заксор мама, даи дака!
434. Додо хусэ пиктэ улэӊгудиэни ооридяни аоми мутэсивэни.
435. Хаолиа долбо аоридяни, хаолиа аомиа баридяни!
436. Ини аоми мутэсини, хаолиа аомиа баридяни дярбалиосу!
437. Дяксор эниэ, Дяксор ама, бэбэлэру, чэӊгэлэру!
438. Эну силтамбани чуӊну аорасивани аоридяни.
439. Хаолиа бэбэлэру, чэӊгэлэру!
440. Данимбани оркин аоривани авандосу, бэбэлусу, чэӊгэлусу!
441. Хусэ пиктэ чукин аори бэбэлэру, бэбэлэру!
442. Аораси гурумбэ-дэ авандо!
443. Гэ, хэрэ! Нучи пиктэ, эниэ, сомалан дайлани кумби куухэри!
444. Эди демусими нэучирэ! Улэн этэхихэри!
445. Хэ! Даи дака, даи ама, байдала аодим пиктэ алдан энувэни алтахихари!
446. Эди бурбундэ! Биадиани энусихэндэ хаолиа бэевэни эуригухэрсу!

421. *Хэ, хэрэ!* Надевайте [на него обруч]!
422. То существо, кем бы оно ни было, из-за которого больной мальчик без сознания падает, отцы, устраните!
423. Через голову [обруч] проскользнул, по плечам прошел, с бедер [обруч] стащили, до пяток [он] опустился!
424. *Хэ, хэрэ!* Если все трое из-за *сэвэна* [болеют],[1] пусть [*сэвэн*] перестанет их изводить.
425. Если [какое-то существо] подражать [их себе] заставляет,[2] пусть это пройдет!
426. *Хэрэ, хэие! Гэ, хэрэ!* Умоляю, пусть голова у мальчика не болит!
427. И сердце его, отец, [болит, когда] он о смерти отца думает,
428. как будто тает.
429. Отец, молю, облегчи, исцели это!
430. Внутренние болезни, болезнь сердца, болезни всего тела облегчи, исцели!
431. *Хэй, хэрэ!* Делай [обряд] *кэку!*
432. *Гэ, хэрэ!* Усаживай [их] в это место, поставь [их] в хорошее место!
433. Ну-ка, мать Заксор, *даи дака!*
434. Любимый ребенок, который спать не может, будет хорошо спать.
435. Умоляю, [пусть будет так] чтобы ночью он спал, чтоб как-нибудь сон [к нему] вернулся!
436. Днем спать он не может, умоляю, пусть сон [к нему] вернется, исцели [его]!
437. Мать Заксор, отец Заксор, спой [ему] колыбельную, укачай [его]!
438. Болезнь, хворь вся, бессонница [прошла], и он будет спать.
439. Молю, спой [ему] колыбельную, укачай [его]!
440. Пусть перестанет его бабушка плохо спать, заставь и ее спать [хорошо], спой [ей] колыбельную, укачай [ее]!
441. Мальчику, плохо спящему, спой колыбельную, спой колыбельную!
442. Не спящих людей спать заставь!
443. *Гэ, хэрэ!* Маленького ребенка, мать, грудью, с мешок величиной, покорми!
444. Не оставляй их голодными! Хорошо их понянчи!
445. *Хэ! Даи дака,* старший отец, скорее любимого старшего ребенка болезнь исцели!
446. Пусть он не умрет! Его, месяцами болевшего, молю, подними!

---

[1] Имеется в виду шаманский дух *сэвэн,* который приходит к человеку и заставляет его болеть, вынуждая его делать обряды и шаманить.

[2] Считается, что если человек сам или его родственник причинил страдание какому-то живому существу, то впоследствии он может сам испытывать подобные же страдания и болеть.

447. Дони энусивэни, миаван энусивэни, дони оркимбани,
448. бэгди, ӈала дуэгдэ, дарама суӈгурэ энусивэни дярбалихари! Хаолиа ӈэинхэриэ!

Саман гэли найчи

449. Оля, эй дюлиэлэни энин бурбучиэндэ, энимбэни дяпагочия,
450. гой ная калахама осигохани, биэчикэ.

Саман дёкасоду би сэвэнчи

451. Хусэ пиктэвэни-дэ дярбалиосу! Ӈэимбуэндусу!
452. Тургэн хогойдиани дони оркимабни хайни-да хэм энусивэни, миавани энусивэни!
453. Аминчи синадим, гэптунди гэлчэливэни
454. хаолиа ӈэинхэрсу, хаолиа илигоандосу!
455. Гармактакачан-качи гадариа бидени.
456. Нучи пиктэ маӈга эну бахамбани, амана, тэгуэсу, илигоандосу!
457. Дили балдим мутэми мутэсивэни, энусивэни ӈэинхэрсу!
458. Аорасианда аохарсу! Сиараси осихамбани-дэ эмбэ аӈма сиавахарсу!

Саман мэнэ сэвэнчи

459. Хэ, хэрэ! Ниэгумби. Энуэмби.
460. Байдала, хатан, ходонди ниэгугитэ!

Саман дёкасоду би сэвэнчи

461. Хэй, хэрэ, хэие! Алдой уйки ниэгухэмби.
462. Додиамби якчигоро! Уйки якчигоро!

Саман мэнэ сэвэнчи

463. Киӈиригда, ячкиоха. Боачи-гда ниэгусу!
464. Илдан бароани ниэгухэмби.

447. От внутренних болезней, от болезни сердца, от всего плохого внутри,
448. до кончиков ног и рук [его очисти] и по всей спине болезни его сними! Молю, облегчи!

Шаманка заказчице

449. Оля, прежде смерти твоей матери я забирала ее [душу-тень],
450. и она стала совсем другой [здоровой, словно ее подменили].

Шаманка *сэвэнам* в *дёкасо*

451. [Старшего] мальчика исцели! Пусть [у него все] наладится!
452. Чтоб скорее зажило все плохое внутри, любая болезнь, болезнь сердца!
453. По отцу тоскующего [мальчика] и постепенно угасающего,
454. молю, исправь, молю, пусть выздоровеет!
455. Как вьющиеся [тучей] комары, [таким же] неистребимым он будет.
456. Маленького ребенка, тяжело заболевшего, отцы, поднимите его, поставьте [на ноги]!
457. Болезнь головы, от которой он жить не может, исцелите!
458. Он не спал, теперь пусть спит! Он [ничего] не ел, и чтобы он понемногу начал есть, из ложечки покормите!

Шаманка пришедшим с ней *сэвэнам*

459. *Хэ, хэрэ!* Выхожу! Ухожу!
460. Скорее, быстрее, скорее выходите!

Шаманка *сэвэнам*, хозяевам *дёкасо*

461. *Хэй, хэрэ, хэие!* Через среднюю дверь я вышла.
462. Среднюю запирайте! Дверь запирайте!

Шаманка пришедшим с ней *сэвэнам*

463. С лязгом [дверь] закрылась. Наружу выходите!
464. В наземный мир я вышла.

Саман дёкасоду би сэвэнчи

465. Додиамби якчиго! Сибиаи анаго,
466. хэдиэди, солиади пулси амба хайва-да сарасидиани!
467. Хэрэ, дёгдямби кумурэк би кумчэн, гадарак би гаонян.
468. Гаоняндои гойлиӈго, гойлиӈго. Кумурэк би кумчэндуи. Гадарак би гаоняндои.
469. Хурэн на осиоха, гойлиӈгока-ма.

Саман мэнэ сэвэнчи

470. Байдала хуэдугитэ! Хатанди, ходонди!
471. Гэ, гэ, нали, боали тэпсиӈгугитэ!
472. Гэ, хэрэ! Эниэнэ, амана, мэнэ боачиари хуэдугусу!
473. Эндур-мэ пуригби, мэнэ боачиари хуэдугусу!
474. Симур-мэ пиктэи, хуэдугу! Боро Яда, Тучи Кайла, хуэдугу!
475. Даи дака, даи ама, хуэдугусу!

Уюн эктэ буйкин гурунсэл долани

Саман сэвэнчи

1. Хэрэ, хэрэ!
2. Амана, эниэнэ! Асиа пиктэвэ улэн пэргэчиусу!
3. Яями тэпчухэмби, яядямби-ма,
4. делэчиктэми тэпчиухэмби, делэндемби-мэ.
5. Хэрэ, хэие!
6. Амичони!
7. Аба дякава-да эчиэ яяи.
8. Пэргэчиусу
9. асиа пиктэвэ хони-да балдивани!

Саман энуси найчи

10. Ми-тэни, мэнчи диучиэси, симбиэ мурчихэмби.
11. Симбиэ туй энукусиэ эчиэ мурчи.
12. Диучиэси-мэт сахамби туй салбо-ма бивэси.
13. Ми эй долбониа симбиэ толкичихамби, дидивэйсу-дэ.

Шаманка *сэвэнам*, хозяевам *дёкасо*

465. Среднюю запирайте! На засов запирайте,
466. чтоб ни с низовьев, ни с верховьев пришедший *амбан* ни о чем не узнал!
467. *Хэрэ*, [на месте] моего *дёгдяна* [появился] возвышающийся холм, ощетинившаяся деревьями рёлка.
468. На рёлке все изменилось, изменилось. Возвышающийся холм [появился]. Рёлка ощетинилась деревьями.
469. Местность холмистой стала, изменилась.

Шаманка пришедшим с ней *сэвэнам*

470. Скорее [домой] летите! Быстрее, скорее!
471. Вот, вот [туда]! На землю, на улицу садитесь!
472. *Гэ, хэрэ!* Матери, отцы! На свою землю летите!
473. Мои дети *эндуры!* На свою землю летите!
474. Мое дитя [змей] Симур! Улетай! [Кабаны] *Боро яда, Тучи кайла*, улетайте!
475. *Даи дака*, старший отец, улетай!

Живая среди умерших

Шаманка *сэвэнам*

1. *Хэрэ, хэрэ!*
2. Отцы, матери! [О болезни] женщины хорошенько пробуйте разузнавать!
3. Начав петь [по-шамански], так и буду петь,
4. начав пустословить, так и буду пустословить.
5. *Хэрэ, хэие!*
6. *Амичони!*
7. Без причины я не пою [по-шамански].
8. Пробуйте узнавать
9. о дочери, [о том] как она живет!

Шаманка пациентке

10. [Еще до того, как] ты ко мне приехала, о тебе думала.
11. Не думала, что ты так сильно больна.
12. Только, когда ты пришла [ко мне], я узнала, как ты больна.
13. Я этой ночью тебя во сне видела, что вы [с мужем] идете [ко мне].

14. Хавой иниэ дидивэйсу-дэ хай садямби, сарасимби, звонилахаси-да.
15. Эгэвэ толкичихамби, нёанчиани энэхэмби, уюмбэни,
    дёгдоани ичэдии бивэни.
16. Хэрэ, тэй сахарин платьекамба тэсичэйни, эй ми пуӈкукэмби-лэ би, черный пуӈкуди тэсичивэйни.
17. Мимбивэ ичэми мэдэсини, ундини.
18. Си гэрбуси Алла?

Энуси най

19. ‖ И.

Саман энуси найчи

20. «Аллава, хэрэ, хони-да гудиэсими-дэ ая, хаямбани-да пэргэчими-дэ ая-гоани!»

Энуси най

21. ‖ Нёани буйкиндиэнди-дэ мутэсимби...

Саман энуси найчи

22. «Эвэӈки таоси мимбиэ яягоива-да, мимбиэ-дэ эди халачиасу!
23. Симбиэ хаолиа гудиэсиру, яяру!
24. Хаолиа тахариа, хаолиа яяхариа,
25. хайва чихалами, хайва пэргэчихэри!»
26. Нёани-тани туй тара, ми ниэхэмби хамиалани
27. туй тара, игухэмби, абанахани.
28. Буйкин ная толкичими хай-да гойдами ичэдевэдэси.
29. Хэрэ! Толкичиханда ми соӈгои эйкилуиэ,
30. дюэр айӈнаниа будэ хорагора энусихэмби, аохамби.
31. Энусидуи, ми туй толкичихамби, Нярма эгэдии дюэрдиэри дичимбэни.
32. Дидэ самандивачи. Боачи гэндэ, начи гэндэ...
33. Нёаӈгиан сирэмбэ уйкэчи уихэчи.
34. Гой-гой сирэмбэ ӈалачи уирэ,
35. эмуни уйкэ дадоани, эмуни уйкэ докиалани.
36. Гэ, самандивачи толкичипи, илан ини бини, ебэлэ тэгукэи.
37. Гара эйкэи, Нярма эйкэи пулсихэмбэни толкачихамби.
38. Тэй-дэ ебэ-гоани, тэгукэи.

14. Откуда мне было знать, я не знала, в какой день вы придете,
хоть ты и звонила.
15. [Твою умершую] старшую сестру [Гару Кисовну] я видела во сне,
я к ней пришла, вижу, что она живая, в своем доме находится.
16. *Хэрэ*, на ней то черное платье, такой же, как у меня платочек,
черный платок на ней.
17. Меня увидев, тут же спрашивает, говорит.
18. Тебя зовут Алла?

Пациентка

19. ‖ Да.

Шаманка пациентке

20. [Твоя сестра мне во сне говорит] «Аллу, *хэрэ*, прошу, пожалейте,
что-нибудь попробуйте узнать [о ее болезни]!»

Пациентка

21. ‖ С тех пор, как она умерла, я не могу...

Шаманка пациентке

22. «Теперь больше на мое шаманство не надейтесь, меня не ждите!
23. Тебя [Минго] молю пожалей, спой [пошамань ей]!
24. Молю, сделай, молю, спой [пошамань],
25. что согласятся [духи открыть], то попробуй узнать!»
26. Пока она так [говорила], я [в своем сновидении] вышла
27. и, [когда] вошла, она уже исчезла.
28. Умерших во сне недолго видишь.
29. *Хэрэ!* Хоть и видела во сне, я плачу о сестре,
30. я два года, чуть не умирая, болела и спала.
31. Во время болезни мне приснилось, что Нярма с сестрой пришли.
32. Придя, стали шаманить. Прямо к небу ярко и прямо к земле ярко...
33. Зеленую *сирэн* [нить-луч] к двери привязали.
34. Разных цветов *сирэн* [нити-лучи] привязав к рукам,
35. одну из них – с наружной стороны двери,
одну – с внутренней стороны двери.
36. Ну, после того, как увидела во сне, что они шаманили,
через три дня мне стало чуть лучше.
37. Видела во сне, как приходили сестра Гара и сестра Нярма.
38. Вот это и помогло моему выздоровлению.

Саман сэвэнчи

39. Хэие!
40. Эниэ! Улэн пэргэчиу
41. асиа пиктэ хайди-да салбойвани!
42. Ама, туӈэндии салбойвани,
43. ама, улэӈгудиэни, туӈгэн салбойвани
44. миаванди энусивэни [пэргэчиу]!

Саман энуси найчи

45. Дилиси-дэ энусини-ну?

Энуси най

46. ‖ Маӈга дили [энусини]!
    ‖ Эй хэусимбэ Бии хай-да долани би-мэ биэмби мурундуи.

Саман энуси найчи

47. ‖ Тэй ага наӈгалахандоани, амба гойдайни?

Энуси най

48. ‖ Ми мэдэсидуи, «Илалта бии наӈгалахандии», – уӈкини.

Саман энуси найчи

49. ‖ Илалта бии. Хали мэдэсиндэчихэси?

Энуси най

50. ‖ Ми мэдэсиндэчихэмби тавой недели.

Саман энуси найчи

51. Хэрэ!
52. ‖ Тавой недели?

Энуси най

53. ‖ И.

Саман энуси найчи

54. ‖ Амбан гойдайни.

Шаманка *сэвэнам*

39. *Хэие!*
40. Мать! Попробуй разузнать,
41. отчего болеет дочь!
42. Отец, о ней, грудью болеющей,
43. отец, хорошенько [погадай], о болезни ее груди,
44. о недомогании ее сердца!

Шаманка пациентке

45. У тебя и голова болит?

Пациентка

46. ‖ Очень сильно голова [болит]! С недавних пор у меня в мыслях
‖ такое, словно я внутри чего-то нахожусь.

Шаманка пациентке

47. ‖ Давно ли это [*мио* твой] брат выбросил?

Пациентка

48. ‖ Когда я его спрашивала, «Три дня, как выкинул», – он сказал.

Шаманка пациентке

49. ‖ Три дня назад. А когда ты ходила спрашивать?

Пациентка

50. ‖ Я ходила спрашивать на той неделе.

Шаманка пациентке

51. *Хэрэ!*
52. ‖ На той неделе?

Пациентка

53. ‖ Да.

Шаманка пациентке

54. ‖ Довольно давно.

Энуси най

55. ‖ Амбан гойдайни.

Саман энуси найчи

56. Хэие!
57. ‖ Исадила осогопи амбан гойдайси, тэй дюлиэлэни тэпчугухэси-ну?

Энуси най

58. ‖ Аба, ми исадила осогохамби-да эм недели-дэ пулэми би.

Саман энуси найчи

59. ‖ Эм недели-дэ пулэми би.

Энуси най

60. ‖ Ой чукин балдилогохамби!

Саман энуси найчи

61. Хэрэ! Хали энугуй бахаси?
62. Эуси дидюйми бахаси-ну?

Энуси най

63. ‖ Нюӈгун айӈнани. Нюӈгун айӈнаниду миаванди энусимби.

Саман энуси найчи

64. Комсомольскаду бидуй бахаси-ну?

Энуси най

65. ‖ И. Гара эгэ будэйни, тэй айӈнаниду бахамби.

Саман энуси найчи

66. Эси ми симбиэ точно пэргэчидемби.
67. Ми ундиивэ делэнпучи осини, делэнпучидечи!

Пациентка

55. ‖ Довольно давно.

Шаманка пациентке

56. *Хэие!*
57. ‖ Тебе стало хуже давно,
‖ или перед тем [когда твой брат выкинул *мио*] ты начала болеть?

Пациентка

58. ‖ Нет, как мне стало хуже, больше недели будет.

Шаманка пациентке

59. ‖ Больше недели будет.

Пациентка

60. ‖ Ой, как плохо мне стало!

Шаманка пациентке

61. *Хэрэ!* Когда ты [вообще] заболела?
62. Сюда приехав, заболела?

Пациентка

63. ‖ Шесть лет. У меня шесть лет сердце болит.

Шаманка пациентке

64. Когда в Комсомольске жила, заболела?

Пациентка

65. ‖ Да. [Когда] Гара сестра умерла, я в тот год заболела.

Шаманка пациентке

66. Теперь я тебе точно попробую сказать [узнать].
67. Моим словам, если не веришь, не верь!

Энуси най

68. ‖ Туй илан айӈнаниду толкичикаи Гара эгэвэ долбо ини.
‖ Ини таондоани соӈгоми бичимби.

Саман энуси найчи

69. Ми-кэ симбиэ мурчии,
70. эгэ хачин-да няӈга
71. мешали бидерэ.
72. Эгэ саман бичин-дэ,
73. эмуничи тугуэси хали-да биэси.
74. Ми тэрэк эси ундемби.
75. Делэндемби эм эди мурчирэ!
76. Наташкаӈгони синчи-тэни...
77. Наташка нучилэйбэки энини хачини саигохани.
78. Бими, балдими яяйни, морайни энимби хачимбани чуӈну яялогодяра.

Энуси най

79. ‖ Тэй-дэ, чукин би Наташка! Де чукин би-ну!
‖ Баба, си бараси бидерэ тэй-дэ като-да?

Саман энуси найчи

80. Хэие!
81. Хайва тами пулсиси
82. эйкэи дёкчиани, энурэ чуӈну тамагоми?

Энуси най

83. ‖ Гэ, туй пулсихэмби бичин, баба, туй.

Саман энуси найчи

84. Кэндэрхин пэгиэвэни-дэ тамагохаси хэм.

Энуси най

85. ‖ И.

Пациентка

68. ‖ Три года видела во сне Гару сестру ночь и день.
‖ Каждый день плача, жила.

Шаманка пациентке

69. Я о тебе думаю,
70. что *хачины* [духи] сестры немного [тебе]
71. мешают, наверно.
72. Сестра была шаманкой,
73. чтобы ни на кого не упали [ее *сэвэны* после ее смерти], никогда так не бывает.
74. Я правильно теперь скажу.
75. Что я обманываю, не думай!
76. Наташкины к тебе…
77. Наташку [дочь Гары] с малых лет *хачины* ее матери отметили.
78. Живя дальше, она [начнет] петь по-шамански, кричать, будет шаманить всеми *хачинами* своей матери.

Пациентка

79. ‖ Так плохо живется Наташке! Очень плохо живется!
‖ Баба, ты посмотришь, наверно, [что там] у этой […]?

Шаманка пациентке

80. *Хэиe!*
81. Ты зачем ходишь [во сне]
82. в дом своей сестры, и придя [туда], все [там] собираешь?

Пациентка

83. ‖ Да, я так ходила, баба, так.

Шаманка пациентке

84. Под крыльцом [ее дома] все собрала.

Пациентка

85. ‖ Да.

Саман энуси найчи

86. Дёкон улэн-дэ?

Энуси най

87. ‖ И.

Саман энуси найчи

88. Байтава тамагора,
89. хали-да бичин-дэ яялогодячи, моралогодячи.

Энуси най

90. ‖ Туй би, баба!

Саман

91. Хэрэ!

Энуси най

92. ‖ Хоамбачи осиогопи элэ яи, элэ мори. Дили гилкилогочиани элэ яи, ‖ элэ моралоамби.

Саман энуси найчи

93. Ми симбивэ самандямби. Пэргэми,
94. илан сиксэни, мэнэ самандямби.

Шаманка пациентке

86. И по углам?

Пациентка

87. ‖ Да.[1]

Шаманка пациентке

88. *Байта* собрав,
89. когда-нибудь запоешь, закричишь [по-шамански].

Пациентка

90. ‖ Это так, баба!

Шаманка

91. *Хэрэ!*

Пациентка

92. ‖ Как начнут донимать [*сэвэны*],[2] [кажется, что] я вот-вот запою,
     ‖ вот-вот закричу [по-шамански]. Когда голова болит, вот-вот запою,
     ‖ вот-вот закричу [по-шамански].

Шаманка пациентке

93. Я тебе пошаманю. Погадав,
94. три вечера я сама буду шаманить.

---

1 После камлания Алла Кисовна рассказала об одном из тех своих сновидений, которые имела в виду Минго: «Под крылечком [дома сестры Гары Кисовны] я ползком ползала. Ползаю и нахожу что-то наподобие белых яиц. Я заворачиваю, заворачиваю и сюда [на согнутую в локте руку] складываю, складываю. Вот не лень мне было ползать под крыльцом! В земле находила что-то наподобие яиц! Во сне собирала под крыльцом! Потом вижу, зять вроде [рыбу] разделывает, и говорит сестре: "Ты почему ей водку не наливаешь? Она у тебя уезжает!". И вроде она мне стопку водки наливает. Я вроде это выпиваю, а то, что собрала, у меня вот так вот – куча целая! Глянула – я что-то вроде босиком. У меня обутки нет! Линига же, соседка, которая умерла, мне тапочки приносит. Тапочки драные. Говорит: "Надевай и уезжай!" – [Духи] всем немного дают, дают. Вот богатство бы дали [мне], да? Хоть какой-нибудь выигрыш бы там! Лотерейку там выиграла бы! Так нет, всякие дурости дают!».

2 По словарю С. Н. Оненко, *хоамбори* – означает «капризничать, притворяться, поддерживать с кем-нибудь интимные отношения» (1980: 261). В данном случае Алла имеет в виду некие приставания, которыми донимают ее *сэвэны*.

95. Мэнэ мэундипи-тэни,
96. симбиэ мэугуэндиэмби.

Энуси най

97. ‖ Ой, баба, не надо! Баба, только такого не надо мне!

Саман энуси найчи

98. Саман осиаси-да, бай аргасиори
99. тотара аянагоари оркин-ну?

Энуси най

100. ‖ Ой, баба, не надо мне такое! Ой, я не умею!

Досоди най

101. ‖ Отолиси!

Саман эдини

102. ‖ Мэнэ тачиочидячи!

Саман

103. Хэрэ!

Энуси най

104. ‖ Ой, я такое не умею, баба! Не надо! Только не такое!

Саман энуси найчи

105. Хэрэ, саигой дяка уйди-дэ ӈэлэси,
106. чава галойни осини, мэнэ нарбиадячи.

Саман сэвэнчи

107. Хэрэ, элкэ-лэ, элкэ-лэ,
108. элкэ-лэ, эниэнэ,
109. хэрэ, ми эйкэи яяхани тэхэниэ, тэӈсэниэ ходикпи.
110. Хэрэ, хэ!

95. После того, как я сама *мэури* пропляшу,
96. ты тоже будешь *мэури* плясать [по-шамански].

Пациентка

97. ‖ Ой, баба, не надо! Баба, только такого не надо мне!

Шаманка пациентке

98. [Хоть] шаманкой и не станешь, просто обмануть [*сэвэнов*] надо,
99. после этого выздороветь разве плохо?

Пациентка

100. ‖ Ой, баба, не надо мне такое! Ой, я не умею!

Слушательница

101. ‖ Ты сумеешь!

Муж шаманки

102. ‖ Сама научишься!

Шаманка

103. *Хэрэ!*

Пациентка

104. ‖ Ой, я такое не умею, баба! Не надо! Только не такое!

Шаманка пациентке

105. *Хэрэ*, отмечающий [на шаманство] *дяка* никого не боится,
106. если этого не хочешь, сама пропадешь.

Шаманка *сэвэнам*

107. *Хэрэ*, потихоньку, потихоньку,
108. потихоньку, матери,
109. *хэрэ*, [то, о чем] моя сестра шаманила, [духи, которых она имела] на своем *тэхэ* [в основании ее отцовского рода Оненко] и в своем *тэнгсэ* [в местах, связанных с ее родом, все это] закончилось.
110. *Хэрэ, хэ!*

111. Ама! Хали-да таоси ми яясимби.
112. Бумбиэ гудиэсихэри!
113. Асиа пиктэвэ айсилахари!
114. Хэие!

Саман энуси найчи

115. Симбиэ панямбаси пэргэчиури
116. эмун ини ебэлэ биури-дэ саваси.

Саман сэвэнчи

117. Хэрэ, толкимбани намбочиосу, пэргэчиусу!

Саман энуси найчи

118. Улэӈгудиэни досидяро!
119. Эйкэи тул-тул ичэдии, толкичихаси-ну?

Энуси най

120. ‖ Эй хэусими аба, бурбучиэни илан айӈнаниду тул-тул толкичихамби.

Саман энуси найчи

121. Хэрэ, гэсэ бии-дэ толкичихаси-ну?

Энуси най

122. ‖ Гэсэ бии толкичии, димасой толкичии, тухидэгуй бии.

Саман энуси найчи

123. Хэрэ!
124. Бэечиэи димасой толкичи бичиси-ну?

Энуси най

125. ‖ Старый дёкчиани, димасой толкичими дичимби.
‖ Эси ходигой-тани тутуэниэ дюлиэлэни эгэ энусивэни маӈгади,
‖ аондо бивэни тэхэни тэӈсэни.

111. Отец! Я никогда не буду шаманить туда [не буду «ходить» в те места, куда «ходила» Гара Кисовна].
112. Нас пожалейте!
113. Дочь [Аллу] осчастливьте!
114. *Хэие!*

Шаманка пациентке

115. Твой *панян* попробую найти,
116. хоть на один день легче, может быть, станет.

Шаманка *сэвэнам*

117. *Хэрэ*, сны ее отгадайте, разузнайте!

Шаманка пациентке

118. Хорошенько слушай!
119. Свою сестру часто видишь во сне?

Пациентка

120. ‖ В последнее время нет, а после ее смерти я три года постоянно
    ‖ во сне ее видела.

Шаманка пациентке

121. *Хэрэ,* что вместе с ней живете, видела ли во сне?

Пациентка

122. ‖ Что вместе с ней живу, снилось, что в гости к ней хожу, снилось,
    ‖ что на руках у нее нахожусь.

Шаманка пациентке

123. *Хэрэ!*
124. Видела ли во сне, что приезжаешь к ней самой в гости?

Пациентка

125. ‖ В старый ее дом я в гости [к ней] во сне приходила.
    ‖ Последний раз в позапрошлом году видела сон,
    ‖ что сестра очень больна, лежит, спит.

Саман энуси найчи

126. ‖ Эгэ?

Энуси най

127. ‖ И. Аоси утуэчини [толкичихамби]. Маӈга энусивэни, хумдукукэн ‖ осигохани. Аоси утугурэ дуйси тобогойвани, дёкчи тобогойвани.

Саман энуси найчи

128. Хэрэ!
129. Эси эмдэ-эмдэ-дэ таоси пулси толкичиси.
130. Хони, хали-да буйкин гурунди-дэ хоалчиси-ну?

Энуси най

131. ‖ Баба, ми акпаӈгопи, дили маӈга гилкилогоачиани,
‖ эм картиӈка-ма насалдои эм сагди гурунсэл,
‖ буйкин гурун маня энэй. Эм [кино]лентава туй най чиндаори-мат.

Саман сэвэнчи

132. Гэ, буйкин гурун горавани-ка тутуй-ну?
133. Буйкини сирэмбэни-кэ, суксэвэни-кэ уй-кэ сирэмбэ-кэ татайчи-ну?
134. Амимби-да толкичилопи толкичиси-ну?
135. Энимби-дэ толкичиси-ну?

Энуси най

136. ‖ Эгэвэ толкичиамби. Амава-да редко когда вижу.

Саман энуси найчи

137. Эгэвэ-дэ эмдэ-эмдэ ичэдиэчи-ну?

Энуси най

138. ‖ И. Хайс эмдэ-эмдэ толкичиамби.

Саман энуси найчи

139. Аосиа-да толкичиси-ну?

Энуси най

140. ‖ И, аосиа толкичиамби.

Шаманка пациентке

126. || Старшая сестра?

Пациентка

127. || Да. Зять несёт ее на руках [видела во сне]. Она тяжело больная,
    || исхудавшая стала. Зять, взяв ее на руки, с берега поднимался,
    || к дому поднимался.

Шаманка пациентке

128. *Хэрэ!*
129. Теперь ты редко туда ходишь во сне.
130. Как и когда с умершими общаешься?

Пациентка

131. || Баба, я когда лягу спать, когда голова сильно болит,
    || словно на картинке перед глазами все старые люди, одни только
    || умершие люди проходят. Словно [кино]ленту так пропускают.

Шаманка *сэвэнам*

132. Может, она [пациентка Алла] бегает по дороге умерших?
133. *Сирэн* [нить] умерших, их луч, чей *сирэн* [луч] хочет вытянуть?
134. Начав видеть [такие] сны, видела ли во сне отца?
135. Мать видела ли во сне?

Пациентка

136. || Мать вижу во сне. И отца иногда вижу.

Шаманка пациентке

137. Сестру хоть изредка видишь ли?

Пациентка

138. || Да. Хоть и редко, но она мне снится.

Шаманка пациентке

139. И зятя видишь во сне?

Пациентка

140. || Да, и зятя вижу во сне.

Саман сэвэнчи

141. Ама, байдала
142. вэюдиэри улэн сонавариа бэечи уигусу!
143. Амичони!
144. Улэӈгудиэни пэргэчиусу!

Саман энуси найчи

145. Ми пэргэми симбивэ, буйкин гурун горачиани панямбаси пэргэгитэ!

Саман сэвэнчи

146. Хэрэ, хэие, хэие!
147. Эниэнэ, амана
148. вэюдиэри!
149. Амичони!
150. Доркин дочиани дорпигита!
151. На дочиани дорпигита!
152. Симтосу
153. доркинчи!
154. Гейкерӈкэсэл боачиани, буничиэни тутусу!
155. Горавани, бунивэни тутусу!
156. Хэрэ, хэрэ!
157. Най поктовани улэӈгудиэни тургунчиусу!
158. Асиа пиктэ хойламбани пэргэчиусу!

Саман энуси найчи

159. Маӈбо энэхэси,
160. поктоси балапчи.
161. Буни дони-да, доркин дони-да маӈбоку, маӈбоку, суйгуэку.

Энуси най

162. ‖ Маӈбоку маӈга, толкичии-да маӈбоку.

Саман

163. Хэрэ, хэрэ!

Шаманка *сэвэнам*

141. Отец, скорее
142. привяжи поводком свой *вэю* [связку своих духов] к моему телу!
143. *Амичони!*
144. Хорошенько попробуйте разузнать!

Шаманка пациентке

145. Пробуя узнать о тебе, на дороге мертвых твой *панян* попробую [найти]!

Шаманка *сэвэнам*

146. *Хэрэ, хэие, хэие!*
147. Матери, отцы
148. со своими *вэю!*
149. *Амичони!*
150. Вглубь *доркина* опускайтесь до дна!
151. Под землю погружайтесь до дна!
152. Проникайте
153. в *доркин!*
154. В место Гейкеров,[1] в их *буни* [в мир умерших] бегите!
155. Бегите по их *гора* [по дороге], по их *буни!*
156. *Хэрэ, хэрэ.*
157. Дорогу людей [Гейкеров] старайтесь не потерять!
158. Определите [где здесь] следы дочери [Аллы]!

Шаманка пациентке

159. Ты по [этой] реке проходила,
160. твоя тропа давняя.
161. И в *буни,* и в *доркине* есть река, река и мыс.

Пациентка

162. ‖ Есть река многоводная. В моих сновидениях есть река.

Шаманка

163. *Хэрэ, хэрэ!*

---

1 Несмотря на то, что основные духи-помощники Гары Кисовны были даны ей по отцовской линии от рода Оненко, после смерти ее собственный *панян* ушел в *буни* Гейкеров, то есть, в место скопления душ рода ее мужа Экто Гейкера.

Энуси най

164. ‖ Дони ми чадо суйгуэку.

Саман энуси найчи

165. Эй-тэни, маӈбо киравани-тани балана энэхэси, поктоси.
166. Чарако чаохаси.

Энуси най

167. ‖ И. Чараконда пулсиэмби.

Саман энуси найчи

168. Нелэ, чала вата ватагохандолани саори.
169. Энэмиэ ичииа, толкичии бичиси-ну.
170. Ниора би, балана пулсикэси-ну?

Энуси най

171. ‖ Пулсикэи таоси. Дё, дё би чадо. Тэй дёкчи ивэчикэи.

Саман энуси найчи

172. Хурбу-дэ!

Саман сэвэнчи

173. Байдала, тэдиусу,
174. хойламбани ходяосу!

Саман энуси найчи

175. Энэмиэ, энэмиэ.
176. Кумурэ би чадо-тани. Амбан даи дёкчи ивэчикэси-ну, толкичикаси-ну?

Энуси най

177. ‖ Ивэчикэи-гоани. Довани-да осичикаи, тэй довани.

Саман энуси найчи

178. Хэрэ!
179. Эвэӈки-дэ ниэгукэси.

Пациентка

164. ‖ В глубине там мыс есть.

Шаманка пациентке

165. То, что по берегу реки ты давно проходила, твой след [показывает].
166. Босиком ты шла, превозмогая боль [ступая на острые камни].

Пациентка

167. ‖ Да, я босиком ходила.

Шаманка пациентке

168. По набегающим волнам это можно узнать.
169. Вижу, ты идешь во сне.
170. След четкий. Давно ли ходила?

Пациентка

171. ‖ Ходила туда. Дом, дом там был. В тот дом заходила.

Шаманка пациентке

172. [Это] землянка!

Шаманка *сэвэнам*

173. Скорее, старайтесь,
174. по следу идите!

Шаманка пациентке

175. Шла, шла.
176. Холм там. Что в очень большой дом заходила, видела ли сон?

Пациентка

177. ‖ Заходила, конечно. И внутри прибиралась, внутри него.

Шаманка пациентке

178. *Хэрэ!*
179. И отсюда ты вышла.

Саман сэвэнчи

180. Амичони!
181. Байдала хуэдурусу!

Саман энуси найчи

182. Энэмиэ, энэмиэ.
183. Хомаран-качи би-дэ, даи дё-да би-мэ. Дэкэн ихэрэ.
184. Дёва би-дэ ивэчикэси-ну?

Энуси най

185. ‖ И.

Саман сэвэнчи

186. Байдала хуэдурусу!
187. Амичони!
188. Хэ, хэ, хэрэ!

Саман энуси найчи

189. Нэдэ-нэдэ боава-да энэхэси-ну?

Энуси най

190. ‖ Тэй дё дуелэни энэми, хурэкэн-мэ би чиалани энэми, ‖ олгиасалба эгди ичэдихэмби. Уй олгиасални-ос?

Саман сэвэнчи

191. Байдала!
192. Хачин амба боавани дачиосу!
193. Доркин довани дэдивэни дачиосу!

Саман энуси найчи

194. Хэрэ, эй дё дуектулэни энэйдуй-тэни,
195. хэрэ, олгиан би-дэ даини.

Энуси най

196. ‖ Туй би. Би. Би.

Шаманка *сэвэнам*

180. *Амичони!*
181. Быстрее летите!

Шаманка пациентке

182. Шла, шла.
183. Как будто летний дом, большой дом. Лампа едва горит.
184. В дом заходила ли?

Пациентка

185. ‖ Да.

Шаманка *сэвэнам*

186. Быстрее летите!
187. *Амичони!*
188. *Хэ, хэ, хэрэ!*

Шаманка пациентке

189. Шла ли ты по пустому открытому месту?

Пациентка

190. ‖ За тем домом со стороны леса шла и, обходя сопочку,
     ‖ множество свиней увидела. Чьи свиньи?

Шаманка *сэвэнам*

191. Быстрее!
192. По земле разных *амбанов* гонитесь [за Аллой]!
193. По *доркину* старайтесь [ее] догнать!

Шаманка пациентке

194. *Хэрэ*, когда ты обходила этот дом со стороны леса,
195. *хэрэ*, там свиньи были, большие [такие].

Пациентка

196. ‖ Так было. Было. Было.

Саман энуси найчи

197. Дёсал даи-ну, омосал-да даи-ну.

Энуси най

198. ‖ Тэрэк би.

Саман сэвэнчи

199. Энусу, тутусу!
200. Хойламбани ходясу!

Саман энуси найчи

201. Хэрэ, ичуӈгиэ
202. эм даи дё, киралани няӈга, уйкэлэни-дэ няӈга.
203. Уйкэлэни-дэ ивэчихэси-ну?

Энуси най

204. ‖ Чадо най эгдини бичин.

Саман энуси найчи

205. Хэие, хэие!
206. Эй-тэни тэй дё долани-тани
207. хайни паняни? Гудиэлэ!

Энуси най

208. ‖ Гэ, эгди най би чадо, тэй дёгду.

Саман

209. Хэие!

Энуси най

210. ‖ Пакчи-пакчи би дё, эм коридор-ма би.

Саман энуси найчи

211. Най-тани эгдини-тэни. Дёчоа би!
212. Тэй-тэни пакчини даи дё-ка туй бигини.
213. Долбо-гда-ну, ини-гдэ-ну, такори гурун-дэ бии.

Шаманка пациентке

197. То ли дом большой, то ли большой свинарник.

Пациентка

198. ‖ Правильно.

Шаманка *сэвэнам*

199. Идите, бегите!
200. По следу идите!

Шаманка пациентке

201. *Хэрэ*, отчетливо видно,
202. что около того большого дома ты ненадолго [остановилась], у двери ненадолго [остановилась].
203. Ты в дверь зашла?

Пациентка

204. ‖ Там было много людей.

Шаманка пациентке

205. *Хэие, хэие!*
206. В этом доме
207. чьи *паняны?* Бедные!

Пациентка

208. ‖ Да, много людей было там, в том доме.

Шаманка

209. *Хэие!*

Пациентка

210. ‖ Темно-темно было в доме, как в коридоре.

Шаманка пациентке

211. Людей много. Им очень плохо!
212. Такой темный большой дом.
213. То ли ночь, то ли день. И знакомые люди есть.

Энуси най

214. ‖ Би. Би.

Саман энуси найчи

215. Такори гурун-дэ бии.

Энуси най

216. ‖ Гэ, ми чадо нэкуэнэвэ ичэдикэи Томанава, Валянава,
‖ мэнэ пиктэи Алёшкангои тэй дё долани, эм комнатаду.

Саман сэвэнчи

217. Гэ, хэрэ, хэие!
218. Эйду-гдэл би-ну, дюлэси-гдэл энэхэн-дэ-ну?
219. Уленгудиэни гороктангосу!
220. Амичони! Эй дё долани пакчи-да, чунну кэндэлиусу!
221. Хэрэ! Уй-гдэл пэгиэлэни-гдэл хумиэхэн-дэ-ну?
222. Уй-дэ алдандоани тэсини-гдэ-ну?
223. Улэн кэндэлиусу пакчи-да!
224. Амичони!
225. Байдала кэндэдигитэ!

Саман энуси найчи

226. Эй-кэ дёгдиади-тани ниэгухэси поктони.
227. Хайва гэлэгуми пулсихэси-ну,
228. хайва ярсими пулсихэси-ну?

Энуси най

229. ‖ Тэде, тэде! Тэй дёва ярсикаи.

Саман энуси найчи

230. Павала пуйкугуми ниэгухэнди-тэни солиа, хатандиа дуэрэхэси.
231. Поктоси тэпэмди.

Саман сэвэнчи

232. Амичони! Дачиосу!
233. Амичони! Тутусу! Аодин пиктэвэ хасисиосу!
234. Хатан, ходонди дэдиусу!

Пациентка

214. ‖ Есть, есть.

Шаманка пациентке

215. Знакомые люди есть.

Пациентка

216. ‖ Да, я там младших [родственников] видела, Тому, Валю,
‖ своего сына Алёшку. В том доме, в одной комнате.

Шаманка *сэвэнам*

217. *Гэ, хэрэ, хэие!*
218. Здесь ли [*панян Аллы*], или дальше ушел?
219. Хорошенько ищите след!
220. *Амичони!* Хоть и темно в этом доме, везде покружите [проверьте]!
221. *Хэрэ!* Может, она закопалась под кем-нибудь?
222. Может, она сидит между кем-нибудь?
223. Хорошо поищите, хоть и темно!
224. *Амичони!*
225. Быстро кружите [ищите]!

Шаманка пациентке

226. Вот след, [показывающий, что] ты из этого дома вышла.
227. Что ты искала, когда ходила [по тому дому],
228. что проверяя, ходила?

Пациентка

229. ‖ Правда, правда! Я проверяла тот дом.

Шаманка пациентке

230. Как только ты вышла, выпрыгнув в окно,
быстро зашагала вверх по течению.
231. Твой след отчетливо виден.

Шаманка *сэвэнам*

232. *Амичони!* Догоняйте!
233. *Амичони!* Бегите! За любимым чадом [за Аллой] гонитесь!
234. Быстрее, скорее мчитесь!

Саман энуси найчи

235. Ичуэнди, буни-дэ сиуӈку, буни-дэ моку, буни-дэ маӈбоку, няроӈку!
236. Хэрэ! Тэй нярон киралани энэхэси.
237. Хэрэ, хэ!
238. Киравани энэйдуй-тэни,
239. хэие, хайва-ка ичэхэси-ну?
240. Мэнэ-дэ дюлэси-гдэл тутуй толкичихаси-ну?

Энуси най

241. ‖ И.

Саман энуси найчи

242. Хайва-ка дачихаси?
243. Мурундуэси, хайва хасисиамбиа мурчихэси?

Энуси най

244. ‖ Уй сарини, хандамби энэкэи-тэни?

Саман сэвэнчи

245. Энусу, дачиосу!
246. Амичони!
247. Хойламбани панямбани! Эктэ хайлаӈгодячи аргандакоани.
248. Байдала энэми, энэми!
249. Хэрэ! Энэми аӈгиа калта,
250. амичони, дачиосу, энусу, эди дэлхурэсу!

Саман энуси найчи

251. Хэрэ! Дё бими, дё даини!
252. Хэрэ! Хай-да гогдалани тэй дё-тани толкичидоаси!
253. Дюкэн ихэрэ дегдэйни-ну, аба-ну? Бичин-ну тамача дёгду-да?

Энуси най

254. ‖ Тамача дё бичин.

Саман сэвэнчи

255. Хэрэ, хэ!
256. Тэй дё бароани топсиндусу,

Шаманка пациентке

235. [*Сэвэны*] показывают, что в *буни* [в мире умерших] и солнце есть, в *буни* и деревья есть, в *буни* и река есть, и болото есть!
236. *Хэрэ!* Ты по краю того болота прошла.
237. *Хэрэ, хэ!*
238. Когда по краю [болота] ты шла,
239. *хэие,* что-то ты видела?
240. Как ты только вперед бежала, видела ли во сне?

Пациентка

241. ‖ Да.

Шаманка пациентке

242. Может, ты за кем-то гналась?
243. В твоих мыслях за кем ты гонишься, ты [об этом] думала?

Пациентка

244. ‖ Кто знает, за кем я шла?

Шаманка *сэвэнам*

245. Идите, догоняйте!
246. *Амичони!*
247. По следам *паняна* [Аллы]! Женщины невероятно хитрые.
248. Быстрее идите, идите!
249. *Хэрэ!* Идя по правой стороне,
250. *амичони,* догоняйте, идите, никуда не сворачивайте!

Шаманка пациентке

251. *Хэрэ!* Дом есть, большой дом!
252. *Хэрэ!* Какой высокий этот дом в твоем сновидении!
253. Лампа едва горела или нет? Может ли быть [лампа] в таком доме?

Пациентка

254. ‖ Такой дом был.

Шаманка *сэвэнам*

255. *Хэрэ, хэ!*
256. Поднимайтесь с берега к этому дому,

257. дачиосу поктовани, хойламбани ходяосу!
258. Хэрэ! Энэнэ!

Саман энуси найчи

259. Эй уйкэни нихэличэми чилахандой хаолиа нихэлихэси.
260. Хэрэ, дасигойдой элэвэси капирахани.
261. Элэвэси капирахамбани молто татагохаси.
262. Хайва уйлэндэми ириси? Дочи ихэси! Аргандайси!

Саман сэвэнчи

263. Хэрэ! Ихэрэ-дэ ана-да ирусу,
264. гиармандосу, ярсиосу!

Саман энуси найчи

265. Хэрэ! Хэрэ! Эй долани-тани най паняни эгди-тани, буйкин гурун-тэни.
266. Гудиэлэ! Даду-да, наду-да, хайду-дэ хэм би! Хэрэ!
267. Гэ! Дамиси-да эйду бии,
268. даниси-да эйду бии,
269. нучи гурун-дэ эгдини,
270. экэсэлдэ эгдини.
271. Валя эдилэчихэни гаолян, асини-да эйду бии.
272. Экто-дэ, асини уйкэ дадоани бини.
273. Гудиэлэ диасилби!

Саман сэвэнчи

274. Ирусу! Гэлэгусу!
275. Эйду-гдэл лакпиахани-ну?
276. Хэрэ! Дочи-гдал ирусу!
277. Хэрэ!

Саман энуси найчи

278. Аоси-да гудиэлэ, энэнэ!
279. Удихэмби, уй пиктэни биэчи-кэ? Оӈакан уй-тэни?
280. Тэй оӈакакан будэчи-кэ?

Энуси най

281. ‖ Хавой дяка?

257. догоняйте, [следуя] по ее пути, гонитесь [за ней] по ее следу!
258. *Хэрэ! Энэнэ!*

Шаманка пациентке

259. Эту дверь ты не смогла сразу открыть, еле-еле ее открыла.
260. *Хэрэ*, закрывая дверь, ты прищемила свой подол.
261. Защемленный подол, оборвав, выдернула.
262. Что делать [собираешься в этом доме, для чего] заходишь? Внутрь зашла! Шкодишь!

Шаманка *сэвэнам*

263. *Хэрэ!* Хоть света и нет, заходите,
264. Рыскайте, проверяйте!

Шаманка пациентке

265. *Хэрэ! Хэрэ!* Здесь внутри много *панянов* умерших людей.
266. Бедные! И у порога, и на земле, везде они! *Хэрэ!*
267. Да! И дед твой здесь,
268. и бабушка твоя здесь,
269. детей много,
270. женщин много.
271. Жена бывшего мужа Вали, корейца, тоже здесь.
272. Экто и его жена [Гара Кисовна] тоже [здесь], они у порога.
273. Бедные мои друзья!

Шаманка *сэвэнам*

274. Заходите! Ищите [*панян* Аллы]!
275. Здесь где-то она застряла?
276. *Хэрэ!* Дальше, внутрь заходите!
277. *Хэрэ!*

Шаманка пациентке

278. И зятя жалко, ой-ой-ой!
279. Я нянчила, чей же был ребенок? Как его [зовут], ребенка?
280. Еще тот ребенок умер?

Пациентка

281. ‖ Который?

Саман энуси найчи

282. ‖ Уй нэукэнсу пиктэкэн?

Энуси най

283. ‖ А! Саша пиктэни, дочкани!

Саман энуси найчи

284. Хэрэ! Хэрэ! Гудиэлэ аоси-тани тэй пиктэвэ тухилэрэ,
285. панякамбани-да этэхичигуэни, гудиэлэ!
286. Соӈгоми эгэ-дэ аоси дякпадоани хумэси тухэни, хумэси!

Саман сэвэнчи

287. Улэн ярсиосу!
288. Хэрэ! Хэ!

Саман энуси найчи

289. Эгэ дякпадоани тухэси! Тунэ, анана, намаӈкини!
290. Наманда, дяпахани, дяпана!
291. Хэрэ!

Энуси най

292. ‖ Туй би саваси. Тул-тул соӈгой бичии, долбо,
 ‖ ини соӈгой бичии эйкэи дёӈгопи.

Саман

293. Энэнэ, гудиэлэ!

Энуси най

294. ‖ Дёбонагоханда дёӈгоми соӈгой бичи.

Саман

295. Энэнэ!

Шаманка пациентке

282. Кто был ребенок твоего младшего [родственника]?

Пациентка

283. ‖ А! Сашин ребенок, его дочка
‖ [дочка племянника, сына Гары Кисовны]!

Шаманка пациентке

284. *Хэрэ! Хэрэ!* Бедный зять [Экто]! Взяв на руки того ребенка,
285. он его душу-тень нянчит. Бедный!
286. Плача, твоя сестра [Гара Кисовна] рядом с зятем ничком упала, ничком [лежит]!

Шаманка *сэвэнам*

287. Хорошо проверьте!
288. *Хэрэ! Хэ!*

Шаманка пациентке

289. С сестрой рядом и ты упала! Упав [прямо на тебя], ой-ой-ой, она обняла [тебя]!
290. Обняв, она обхватила [тебя] и держит!
291. *Хэрэ!*

Пациентка

292. ‖ Так и есть, наверно. Я все время плакала, ночь и день плакала,
‖ тоскуя о сестре.

Шаманка

293. *Энэнэ,* бедная!

Пациентка

294. ‖ Даже когда на работу уйду, как вспомню, так плачу, [так я] жила.

Шаманка

295. *Энэнэ!*

Энуси най

296. ‖ Ми-кэ маӈга синадикаи.

Саман сэвэнчи

297. Хэрэ! Эгэвэ тэй аносису! [Аллава] тэвусу!

Саман энуси найчи

298. Энэнэ! Туӈгэнси оячиани тухэни, тунэ.

Саман сэвэнчи

299. Тэвугусу!

Саман энуси найчи

300. Аргандами пулсими, лакпиахаси-тани.

Саман сэвэнчи

301. Хэрэ, хэие!
302. Тэвугусу!
303. Элэдуэни дяпара, татагосу, илигоандосу!
304. Хэие!

Саман энуси найчи

305. Ми симбиэ илгэсии, си-кэ-ну, гой-ка-ну.
306. Калхимбаси илгэсигуивэ. Ӊаладоаси-да, бэгдидуэси-дэ пудэнди.

Энуси най

307. ‖ Би, би, би, би.

Саман сэвэнчи

308. Хэрэ!
309. Тугрэнди!
310. Эмдиэ калта бэгдидуси-дэ хай-да калхин аба-ну?

Пациентка

296. ‖ Я очень мучилась.

Шаманка *сэвэнам*

297. *Хэрэ!* Сестру [пациентки Гару Кисовну] отодвиньте! [Аллу] посадите!

Шаманка пациентке

298. *Энэнэ!* На твою грудь она как упала, так и лежит.

Шаманка *сэвэнам*

299. Посадите [Аллу]!

Шаманка пациентке

300. По разным местам куда попало ходишь, вот и застряла здесь.

Шаманка *сэвэнам*

301. *Хэрэ, хэие!*
302. Посадите [Аллу]!
303. Ухватите ее за подол и вытяните, поставьте [ее]!
304. *Хэие!*

Шаманка пациентке

305. Я тебя проверю [обряд *илгэсиури* сделаю], ты ли это [твой ли это *панян*] или кто другой.
306. Твои шрамы [определю], делая [обряд опознания души-тени] *илгэсиури*. На твоей руке, на твоей ноге светятся [шрамы].

Пациентка

307. ‖ Есть, есть, есть, есть.

Шаманка сэвэнам

308. *Хэрэ!*
309. Скорее!
310. На одной стороне твоей ноги никаких шрамов нет?

Энуси най

311. ‖ Би, би.

Саман досоди найчи

312. Хэрэ, хэие!
313. Гэ, сэкпэндэмби муэвэ дяпаосу!
314. Тома! Чэк-дэ! Ми гэлидуивэ тургэн бухэрсу!

Досоди най

315. ‖ Гэ!

Саман сэвэнчи

316. Сэкпэндэмби,
317. гэ, ярсиосу, хадаӈкини-ну?
318. Улэн илигоандосу!
319. Мэнчиэри татаосу сэкпэндэмби!
320. Хэрэ!

Саман досоди найчи

321. ‖ Гадёсу муэӈгуэри!

Досоди най

322. ‖ Хайду бини?

Энуси най саманчи

323. ‖ Ясиго, баба! Улэн ясиго!

Саман сэвэнчи

324. Улэнди кэндэлиусу!
325. Хэрэ, хэие!
326. Хатан, ходонди ниэктэгусу!
327. Хайду-да эди дэрэдигуэсу!
328. Доркин довани тутугугуэри!
329. Буни довани дэдигугуэри!
330. Хатан ходонди дэдигугуэсу!
331. Нантара!
332. Эндур пуригби!

Пациентка

311. ‖ [Так и] есть, [так и] есть.

Шаманка слушательнице

312. *Хэрэ, хэие!*
313. Ну, я буду хватать [*панян*], воду возьмите!
314. Тома! Будь наготове! Когда я попрошу, быстро подай!

Слушательница

315. ‖ Ладно!

Шаманка *сэвэнам*
316. Я буду хватать [*панян*],
317. ну, проверьте, она [что] увернулась?
318. Хорошенько поставьте [ее]!
319. К себе подтяните [ее], я хватаю!
320. *Хэрэ!*

[Шаманка с криком «хватает и заглатывает» *панян* пациентки, затем обращается к слушательнице.] Шаманка слушательнице

321. Подай воды!

Слушательница

322. ‖ А где она?

Пациентка

323. ‖ Проверь, баба! Хорошо проверь!

Шаманка *сэвэнам*

324. Хорошенько покружите!
325. *Хэрэ, хэие!*
326. Быстрее, скорее выходите!
327. Нигде не отставайте!
328. Бегите по *доркину!*
329. Мчитесь по *буни!*
330. Быстрее, скорее возвращайтесь!
331. *Нантара!*
332. Мои дети *эндуры!*

333. Хэие!
334. Амичони!
335. Хатан ходонди дэдигуэсу,
336. хэие,
337. хай-да ялолани,
338. хэрэ, байдала
339. илдан бароани ниэгугитэ, агбиӈгогита.
340. Энэнэ!
341. Хэие!
342. Байдала начи, боачи агбиӈгогита!
343. Хэие!
344. Сиэ!
345. Хэрэ, илдан боачиани, наӈгои, боаӈгои агбиӈгогита!
346. Байдала хуэдэгугитэ!
347. Гэ, боаӈгочи, наӈгочи исигокаи.
348. Тулиэчиэри тугусу!
349. Хэрэ, хэрэ!

Энуси най

350. ‖ Эрдэӈгэни! Зачем мне надо было в буни ходить жить?

Саман сэвэнчи

351. Хэрэ! Байдала дёкасочи энэгитэ,
352. хуэдуӈгитэ хатан ходонди!
353. Далчоамба вайси эурусу!
354. Маӈбо хэи энусу, боачакан-да талгиактолани,
     Они дани дёкасочи энусу!
355. Гэ, амана! Эди-дэ ларгиасиасу! Уйкэвэ нихэлигусу!
356. Сибиава аносу!
357. Байдала ипсиндусу, хатан ходонди!
358. Алдой уйкэвэ нихэлиру!
359. Алдой сибиава анаро!
360. Дочи-гдал ирусу!
361. Хэие!
362. Хэрэ! Ама, мамавани ирахамби.
363. Мапани дякпадоани тэвэндусу,
364. гучи хоралсидяни-ма, гучи гой найчи!
365. Хэрэ!

333. *Хэие!*
334. *Амичони!*
335. Быстрее, скорее возвращайтесь,
336. *хэие,*
337. из этих далеких мест,
338. *хэрэ,* скорее
339. выходите в [мир людей] *илдан,* появитесь [в нем].
340. *Энэнэ!*
341. *Хэие!*
342. Быстрее на земле, под небом появитесь!
343. *Хэие!*
344. *Сиэ!*
345. *Хэрэ,* в мире [людей] *илдан,* на нашей земле, на нашем месте чтобы появиться!
346. Быстрее как ветер летите!
347. Ну, на наше место, до нашей земли добрались.
348. Во двор опускайтесь!
349. *Хэрэ, хэрэ!*

Пациентка

350. ‖ Интересно! Зачем мне надо было в *буни* ходить жить?

Шаманка *сэвэнам*

351. *Хэрэ!* Скорее в *дёкасо* пойдем,
352. летите быстрее, как ветер!
353. Спускайтесь на берег [протоки] Далчоан![1]
354. Вниз по Амуру, мимо островка на противоположной стороне, в *дёкасо* до устья Анюя идите!
355. Ну, отцы! Не посчитайте за труд! Откройте дверь!
356. Снимите запор!
357. Быстрее начинайте входить, быстрее, скорее!
358. Среднюю дверь откройте!
359. Средний запор снимите!
360. Вовнутрь входите!
361. *Хэие!*
362. *Хэрэ!* Отец, я женщину [Аллу] привезла.
363. Возле ее мужа посадите [ее],
364. а то он еще приревнует [ее] к другому человеку!
365. *Хэрэ!*

---

1 Далчоан – протока при впадении реки Анюй в Амур, возле которой живет Минго.

Энуси най

366. ‖ Хоралсини-гоани хаҥгила тэпи. Най эгди.

Саман сэвэнчи

367. Улэҥгудиэни тэпсимбуэндусу!
368. Амана! Асиа пиктэвэ кэкучиусу!
369. Туҥгэни, миавани, дилини энусивэни чуҥну енэлусу!
370. Хаолиа нэдерэ туругуйдиэни!
371. Ама, хаолиа гудиэсихэри!
372. Давление торивани-да, хаолиа, асиа пиктэ алда алдамбоахари!
373. Миавани энусивэни-дэ хаолиа нэдерэ туругусу!
374. Гой ная калоха-мат эмун, дюэр иниэ очогоандосу, бивуэнхэрсу!
375. Чуҥну дони энусивэни-дэ,
376. хачин дяка, оркин дяка толкичиванда,
377.ениэнэ, чава-да камалиосу!
378. Ҥэрэ-чурэ очогоандосу!
379. Хэрэ! Хаолиа нэуиэ
380. Алдан энувэни алтахихарсу!

Энуси най

381. ‖ Поалдоани долбо, аораси осогоамби.

Саман сэвэнчи

382. Хэрэ!
383. Хай-да хэм энусивэни, чуҥну улэҥгудиэни ебэлэ бивэндусу!
384. Миавани, дилини, давление торивани-да, бэгдини,
ҥалани дуэ-гдэ энусивэни-дэ чади улэнди,
385. хэрэ, ениэнэ, ниэлтуҥгусу!
386. Амана вэюдиэри,
387. ниэгусу! Сибиаи аноро! Уйкэи якчиро!
388. Ниэгусу вэюдиэри!
389. Хатан ходонди ниэгукэпу!
390. Ама! Докаи якчиго! Уйкэи якчиго!
391. Кумуру би кумчиэн, гадара би гаонян осигоро!
392. Дёгдямбиа ха-да амбани сараси осогойдиани, кириасидяни!

Пациентка

366. ‖ Приревнует, конечно, если [меня] в стороне [от него] посадят.
‖ Людей-то много.

Шаманка *сэвэнам*

367. Начинайте хорошенько [ее] усаживать!
368. Отцы! Для дочери [Аллы] сделайте [обряд] *кэкури!*
369. Все болезни ее груди, ее сердца, ее головы облегчите!
370. Молю, приостановите [ее болезнь]!
371. Отец, молю, пожалей!
372. Повышенное давление, молю, у дочери пусть средним станет!
373. Болезнь сердца, молю, приостановите!
374. Словно подменили ее другим человеком,
хоть на один-два дня пусть так станет, пусть так будет!
375. Всем внутренним болезням,
376. разным существам, злым существам, которые ей снятся,
377. матери, преградите [к ней путь]!
378. Пусть станет ей легко и светло!
379. *Хэрэ!* Молю, исцелите
380. внутренние болезни моей младшей [Аллы]!

Пациентка

381. ‖ Стало так, что я иногда ночами не сплю.

Шаманка *сэвэнам*

382. *Хэрэ!*
383. Все ее болезни, все хорошенько облегчите!
384. Болезни сердца, головы, повышенное давление,
до кончиков ног и рук хорошенько,
385. *хэрэ,* матери, снимите!
386. Отцы со своими *вэю,*
387. выходите [из *дёкасо*]! Запор свой толкните! Дверь заприте!
388. Выходите со своими *вэю!*
389. Быстро, скоро мы вышли!
390. Отец! Ворота запирай! Дверь запирай!
391. Бугристые холмы, ощетинившиеся [деревьями] рёлки, появитесь
[на месте *дёкасо*]!
392. Чтобы никакой *амбан* не узнал о моем *дёгдяне* и не зашел [в него]!

Саман дёкасоду би сэвэнчи

393. Кумурэ би кумчиэнду, гадара би гаонянду дэрэдигуру!

Саман мэнэ сэвэнчи

394. Байдала сусугугитэ!
395. Хатан, ходонди дэдигугитэ!
396. Хэ, хэие!
397. Хэрэ! Боачии, начии тугукэи.
398. Хэрэ! Хай-да хэм боавани, амана, эниэнэ,
 мэн-мэн яяхамби боачиари хуэдугусу!
399. Намо ама! Хуэдугуру! Намо эниэ! Хуэдугуру!
400. Намо эдэни эдии! Хуэдугуру!
401. Майто мапа! Хуэдугу! Куту ама! Хуэдугу!
402. Эндур-мэ пуригби! Байдала хуэдугусу!
403. Мандё-ма пиктэи! Хуэдугу!
404. Мудур-мэ пиктэи!
405. Хэрэ, хэрэ, хэрэ!
406. Дяксор эниэ! Эмун, дюэр сиксэду,
407. хэрэ, нэуи бароани хуэдугусу!
408. Сэмбэлэ индаи! Сиргэчэнчиэни апсиндаро!
409. Чиманачи энуйвэ-тэни улэнгудиэни нгэлэури дяка хай-да аба!
410. Хэрэ! Хай-да хэм боавани яяхамби гэмулигдэ гэлчиэгусу!

Буйкин эгэду камалихан эктэ

Саман сэвэнчи

1. Сэлэмэ эниэ, сэдэнду!
2. Кайдалам Буктулэ эниэ, сиксэду илэкэлэ (илианду)!
3. Эси гиванёй гиагойдоани,
4. пакчирангойдоани, мэнтэнгуйдуэни
5. хай-да хэм дяка палгани дэгбэгуйни,
6. тудиэду, хайду-да тутуйни, саваси.
7. Сиэ! Пэрхи тэнемби
8. илан торо сувэндулэни, токон торо сувэндулэниэ,
9. Сэрумэ пиктэ, сэдэнду,

Шаманка *сэвэнам*, остающимся в душехранилище *дёкасо*

393. Оставайтесь в бугристых холмах, в ощетинившихся [деревьями] рёлках!

Шаманка *сэвэнам*, уходящим из душехранилища *дёкасо*

394. Быстрее отправляйтесь [назад]!
395. Быстро, скоро будем мчаться!
396. *Хэ, хэие!*
397. *Хэрэ!* На свое место, на свою землю опустились.
398. *Хэрэ!* По всем местам, отцы, матери! Каждый на свое место, [про которое] я шаманила, летите!
399. Морской отец! Лети! Морская мать! Лети!
400. Морской муж косатка! Лети!
401. Старик Майто! Лети! Отец Куту [тигр]! Лети!
402. Мои дети, подобные *эндурам!* Быстрее летите!
403. Мое маньчжурское дитя! Лети!
404. Мое дитя, подобное [дракону] *Мудуру!*
405. *Хэрэ, хэрэ, хэрэ!*
406. Мать Заксор! Один, два вечера,
407. *хэрэ,* полетай к моей младшей сестре [Алле]!
408. Моя собака Сэмбэлэ! На своей завалинке укладывайся!
409. К завтрашнему дню пусть ей станет лучше, пугающие ее существа пусть исчезнут!
410. *Хэрэ!* По всем местам, [про которые] я шаманила, [расходитесь], постепенно исчезая [из виду]!

В плену у умершей сестры

Шаманка духам

1. Железная мать, на дребезжащей телеге приезжай!
2. Мать *Кайдала Буктулэ*, будь этим вечером снаружи [встань, приготовившись для дела]!
3. Сейчас, когда закат померк,
4. когда темнеет и смеркается,
5. все *дяка* свои ступни [от земли] отрывают,
6. чтобы по двору и еще где-то бегать, не знаю.
7. *Сиэ!* С западного уровня [из мира духов]
8. с верхушек трех [деревьев-жертвенников] *торо*, с верхушки среднего *торо*,
9. дитя Сэрумэ, выезжай на дребезжащей телеге,

10. туӈгэндулэни тундэгуру!
11. Хэ!
12. Ӈэлидуй хайва-да дяваӈдямби,
13. ӈэлидуй хайва-да сэкпэндемби-дэ, сэдэндемэ.
14. Хай-да дяпаӈкини осини-да, ходиоха.
15. Оркин гурумбэ маня дэгбэгэхэни эриндулэни бабоӈголамби.
16. Маӈбо хэи соӈгои,
17. Эмороӈгои хоӈкони.
18. Ама, мапа
19. Сосида Солгода!
20. Симбивэ, симбивэ силпигуэмби элкэ-лэ.
21. Ама, мапа, хуэдугуру!
22. Асиа пиктэ лэпулэчиэни сиксэду,
23. гисианчи гилгоанду, хулдичи хуэдуру!
24. Сиэ, сиэ, сиэ, сиэ, сиэ, сиэ, сиэ, сиэ!
25. Хаоси-гда, хаоси-гда, хаоси-гда, хаоси-гда сусудемби-мэ.
26. Асиа пиктэй, деуӈгиэ хаваӈкичии силгигуру!
27. Хусэ пиктэй, деуӈгиэ хаваӈкичии силгигуру!
28. Мэнэ маня мэндули дэсэмбухэмби дэрсундуэмби,
29. эмун, дюэр диасилби, вэюду!
30. Сэмбэ вэчэн, сиксэду гисиан бароани,
31. хуэдэди хулдичи-кэчи, ӈалачи-качи гилгоӈгоро!
32. Эдэн эдии!
33. Хуюн эдэ пояӈгойни, эдии!
34. Мачойни Мадойни дякаи!
35. Япороӈгои, Симуруӈгуи соначиандии,
36. мапа, эдии, хэркэпсинду,
37. пиэпсинду хуэдуру!
38. Сарами хуэдудемби-мэ.
39. Маӈбо хэи хуэдупсинду-дэ!
40. Кайдала Буктулэ эниэ!
41. Эди, хуюн диактава эди сукчумирэ,
42. хайва-да эди тулиэлэни тойкоанда-гоа!
43. Тоӈдо-гдал поктова-гда тоӈдокиару!
44. Даи хэлгэ чиакани,
45. хэй, соли ная соӈгоанда чиакама.
46. Талгала, талгала,

10. чтобы на мою грудь опуститься!
11. *Хэ!*
12. Пугаясь, что-нибудь схвачу,
13. пугаясь, что-нибудь укушу, дрожа.
14. Если кто-нибудь [меня] схватит, конец мне.
15. Оттого, что плохие «люди» [духи] открылись [и мешают мне], я так нескладно [шаманю].
16. Я плачу [шаманю] вниз по Амуру,
17. до Эморонского утеса.
18. Отец, старик
19. Сосида Солгода!
20. Тебя, тебя за пояс засуну потихоньку.
21. Отец старик, прилетай!
22. На [мои, твоей] дочери бормотания, этим вечером,
23. в колотушку моего бубна, к моему теплу [к бубну] прилетай!
24. *Сиэ, сиэ, сиэ, сиэ, сиэ, сиэ, сиэ, сиэ!*
25. Куда-нибудь, куда-нибудь, куда-нибудь [в каком-нибудь направлении путешествуя] отправлюсь.
26. Моя дочь, под левую подмышку мою протиснись!
27. Мой сын, под левую подмышку мою протиснись!
28. Кто-нибудь их тех, [которых] я сама себе намусорила на своем [шаманском пути] *дэрсунэ*,
29. один, два моих друга [окажитесь] в моем *вэю* [среди стаи моих духов]!
30. Сучка Сэмбэ, этим вечером к колотушке моего бубна прилетев,
31. к моему теплу [к бубну], к моей руке прилепись!
32. Мой муж косатка!
33. Из девяти братьев косаток самый младший брат, мой муж!
34. Мой *дяка* [дух] Мачойни Мадойни!
35. К поводку моего [змея] Япоро Симура,
36. старик муж, чтобы привязать себя,
37. чтоб [к нам] присоединиться, прилетай!
38. Я полечу, знаю [куда].
39. Вниз по Амуру начинайте лететь!
40. Мать Кайдала Буктулэ!
41. Нет, не переворачивай девять слоев дёрна,
42. чтобы никто ничем во дворе тебя не задел!
43. По кратчайшей дороге напрямик летите!
44. За большим заливом,
45. выше и ниже по течению я плакала [шаманила] об [утонувших] людях.
46. Подальше от берега, подальше от берега,

47. Мачойни Мандойни!
48. Мии дои пуйсивэни, хай-да кумтэни дэгбэхэндуэни.
49. Энэнэ, пиктэи, хай-да боадоани ная лакчиамбоанду!
50. Сиэ! Сиэ, сиэ, сиэ, сиэ, сиэ!
51. Эмбэнивэ-лэ соӊгойвани-да хай дахиоха.
52. Эси-тэни тэруэ тэруэ тэгувэндэ.
53. Буди-дэ иниӊгуни-дэ исихани-да-ну?
54. Маӊбочи талгиани хадо ная-да тадори дяка
55. хали-гда тусули-гдэ-ну,
56. хали-гда баоли-гда-ну?
57. Токондои лагба-лагба тэсимэри, тэсимэри
58. этури дяка даори найва туй луӊбэ-тэни.
59. Даергава-да хэйкучилувэн-дэ, киричиван-да улэсивэси,
60. саман-маня, саман
61. хэдиэ, солиа най тусуни,
62. бумбиэ, мимбиэ луӊбэми тами мохоаси.
63. Сэлэмэ эниэ, элкэ сэдэнду
64. асиа пиктэ тулиэлэни элкэ-лэ кэндэлигуэнду!
65. Чэӊгудэ, Еӊгудэ!
66. Тулиэ тадян илан модан кэндэлиу талгала!
67. Най-да буди-гдэ оломи-тани.
68. Хаоси-гда олбиа-ма
69. оторбани, панямбани?
70. Бабоӊгодиани туй бабоӊголадиани
71. исиндахан хоймоламбани нёамбани дякпини тактойни.
72. Хаоси-гда гираӈка?
73. Хэрэ, хэрэ, хэрэ, хэрэ!
74. Сиэ!
75. Хайва-да толкичихамби-да эчиэ гусэрэ?

Гэли най

76. ‖ Аба.

47. Мачойни Мандойни!
48. У меня внутри так кипит, как [вода в котле],
    когда крышка от котла снята.
49. Ох, мое дитя, сделай так, чтобы на какое-то время всплыл
    и к берегу пристал человек![1]
50. *Сиэ! Сиэ, сиэ, сиэ, сиэ!*
51. Прислушайся к плачу хоть одного человека.
52. Сейчас словно онемевшую [меня] посадили [шаманить].
53. Может быть, настал день моей смерти?
54. В глубину реки стольких людей затянувшее *дяка*
55. когда-то же [и меня] подкараулит,
56. когда-то же [и меня] найдет?
57. На середине реки кишмя кишат
58. сторожащие *дяка*, которые человека,
    плывущего на ту сторону [реки] проглатывают.
59. В Даергу заезжать, приезжать не люблю,
60. [там] одни шаманы, шаманы,
61. здесь и там люди [шаманские духи] бродят,
62. и нас, меня проглотить им ничего не стоит.[2]
63. Железная мать, потихоньку на телеге
64. по двору женщины [пациентки Аллы] осторожно покружи!
65. Чэнгудэ, Енгудэ!
66. Над протоптанными дорожками во дворе издалека три раза покружи!
67. Человек может умереть от неожиданности.
68. Куда [амбан] унес
69. *отор, панян* [Аллы]?
70. Как попало не делай,
71. иди по ее [Аллы] следу, там, где она ступала.
72. Куда она шла?
73. *Хэрэ, хэрэ, хэрэ, хэрэ!*
74. *Сиэ!*
75. Что она [Алла Кисовна] во сне видела, она не рассказывала?

Заказчица

76. ‖ Нет.

---

1 К Лингдзе часто обращались с просьбой помочь найти утонувших людей.
2 В 1991 году, когда исполнялось это камлание, в Даерге практиковала только одна шаманка. Говоря об опасности, исходящей для нее от множества шаманов, Лингдзе имеет в виду шаманов, ушедших из жизни и оставивших в Даерге своих непристроенных духов. Между тем, шаманя для жительницы Даерги Аллы Кисовны, Лингдзе вынуждена была «идти» в это пугавшее ее место.

Саман гэли найчи

77. Хони саори най хайди толкиӈку-ну,
78. хайди амиӈку-ну?
79. Эйкэди-кэ поандоани хоалчаӈгойни буйкин эйкэди?

Гэли най

80. ‖ Толкичамби, балана уӈкини-ус, чава. Балана.

Саман гэли найчи

81. ‖ А?

Гэли най

82. ‖ Балана уӈкини, ундэмби, эйкэи толкичамби-мда.

Саман сэвэнчи

83. Бутумби Болбомби!
84. Улэнди, эниэ, мама,
85. хаямба-да барианду
86. мэдэвэ, алдомба, хачимбани!
87. Хаосина палгавани таосанду!
88. Аллаӈгоси туй би-дэ, хайкамба-да сакачини бидерэ?

Гэли най

89. ‖ Сакачини бидерэ.

Саман

90. ‖ Туй би-дэ хайкамба-да сакачини?

Гэли най

91. ‖ И.

Саман сэвэнчи

92. Хайва-да пулэ дяка-ла пулэлэсимби,
93. хай-да пулэвэни-дэ пулэвэни-дэ хайва-да мутэсимби.

Шаманка заказчице

77. Как узнать, что человек видел во сне,
78. какие сновидения видел?
79. Она свою умершую старшую сестру вспоминает ли [во сне]?

Заказчица

80. ‖ Я вижу ее во сне, она раньше говорила. Раньше.

Шаманка заказчице

81. ‖ А?

Заказчица

82. ‖ Раньше она говорила, говорю,
‖ что видит свою старшую сестру во сне.

Шаманка *сэвэнам*

83. Бутумби Болбомби!
84. Хорошенько, мать-старушка,
85. сделай так, чтобы я что-нибудь нашла [разузнала]
86. о вестях, о слухах, о *хачинах*!
87. Собери ее следы, куда ступни ее [направились]!
88. Алла хоть и такая [простая, не шаманка],
но о чем-то она знает, наверно?

Заказчица

89. ‖ Знает, наверно.

Шаманка

90. ‖ Хоть она и такая [не шаманка], но о чем-то знает?

Заказчица

91. ‖ Да.

Шаманка *сэвэнам*

92. Ничего лишнего не могу,
93. ничего лишнего, лишнего ничего не могу [сказать].

Гэли най

94. ‖ Эйкэи, дякадиани эрулэйси биэси-ну, уӈкэи ми.
‖ Эйкэи, дякадиани эрулэйси биэси-ну, мэдэсикэи, ундэмби.

Саман гэли найчи

95. ‖ Хайва ундини чава?

Гэли най

96. ‖ «Хони савори! – ундини. – Туй би бидерэ», – уӈкини.
‖ Тэӈ чихаласи.

Саман гэли найчи

97. ‖ Хали-да эчиэ пэргэчиэси-ну Алла панямбани?

Гэли най

98. ‖ Хони савори! Ми нёани панямбани эси-мэ ми симбивэ тавоандии.

Саман гэли найчи

99. ‖ Хай-да туй осихани? Эй тутуэниэ, эдини панямбани тавандами,
‖ Алла панямбани-да пэргэчиу, ундивэни:
‖ «Эди чихалами-да аба-тани! Эди чихалами-да аба-тани!».

Гэли най

100. ‖ И.

Саман гэли найчи

101. ‖ Эдини уӈкини: «Эгэ, пэргэчиунду!» – эдини панямбани тайдои.
‖ «Чихани, – уӈкини, – чава!»

Гэли най

102. ‖ Туй ундини, туй ундини.

Заказчица

94. ‖ От *дяка* [от духов] своей старшей сестры мучаешься, наверно,
‖ я ей сказала. От *дяка* своей старшей сестры мучаешься, наверно,
‖ я ее спросила, говорю.

Шаманка заказчице

95. ‖ Что она об этом говорит?

Заказчица

96. ‖ «Как знать! – говорит. – Может быть, так и есть», – она сказала.
‖ Но определенно она не говорила.

Шаманка заказчице

97. ‖ Когда-нибудь [кто-нибудь] гадал [делал обряд *пэргэчи*]
‖ на *панян* Аллы?

Заказчица

98. ‖ Как знать! Я на ее *панян* только сейчас прошу тебя обряд сделать.

Шаманка заказчице

99. ‖ Почему так стало? В прошлом году, когда я делала *панян* на ее
‖ мужа, я предложила и *панян* Аллы сделать [поискать],
‖ но она [Алла] не согласилась: «Не хочу, нет! Не хочу, нет!».

Заказчица

100. ‖ Да.

Шаманка заказчице

101. ‖ И ее муж [мне] сказал: «Сестра, погадай [на нее,
‖ сделай обряд *пэргэчи*]!» – когда я ее мужу *панян* делала.
‖ «Не надо – она ответила, – этого!»

Заказчица

102. ‖ Так сказала, так сказала.

Саман сэвэнчи

103. Уйсилэ гираӊкини
104. чихали, осиси-да дуйси believersахани.
105. Ая, мэнэ хали-да тавандя-ма.
106. Улэнди, Сэмбэ вэчэн, улэнди мэдэсиу, пуруру!
107. Сиэ!
108. Най эйкэвэни хумундучи улэнди си токпачихаси? Пулсикэси-тэни?

Гэли най

109. ‖ Пулсикэи-тэни. Уй сарини, ми эдиэчиэдэсимби.

Саман гэли найчи

110. ‖ Пулсикэси-тэни-дэ?

Гэли най

111. ‖ Пулсикэи-гоани, токпачикаи абаи, сарадасимби, оӊбохамби.

Саман гэли найчи

112. ‖ Эй хэдилэ товори покто би дяка, бидерэ, най торини чадо.
    ‖ Хэй товори поктоку-да би бидерэ-мдэ.

Гэли най

113. ‖ Туй би бидерэ.

Саман гэли найчи

114. ‖ Эй солила падила би покто.

Гэли най

115. ‖ Уй сарини! Эдиэчиэсимби, эгэ!

Саман гэли найчи

116. ‖ Ми-дэ халина пулсихэндии, эдиэ-чиури-ну тэй удэвэни!
    ‖ Тэй Алла амимбани хумудуи, токпачидои-качи,
    ‖ солиала поктодо токапу, ундэ. Эй хэдилэ-дэ поктоку бидерэ-мдэ.

Шаманка *сэвэнам*

103. [Алла] выше [среднего уровня] шагнула, [шаманкой становится]
104. хочет она или не хочет, но [ее *панян*] в лес отнесли.
105. Ладно, сама когда-нибудь сделает [*сэвэна* и станет шаманкой].
106. Хорошенько, собака *сэмбэлэ* хорошенько разузнай, понюхай [возьми след]!
107. *Сиэ!*
108. Когда ее сестру хоронили, ты ходила на похороны? Ходила?

Заказчица

109. ‖ Наверно, ходила. Кто знает, я не помню.

Шаманка заказчице

110. ‖ Ходила?

Заказчица

111. ‖ Ходила или нет, не знаю, забыла.

Шаманка заказчице

112. ‖ С северной стороны там есть дорога, по ней люди поднимаются
‖ [к могилам]. С северной стороны есть дорога, где ходят
‖ [к могилам], наверно.

Заказчица

113. ‖ Так и есть, наверно.

Шаманка заказчице

114. ‖ А южнее есть еще одна дорога.

Заказчица

115. ‖ Кто знает! Я не помню, сестра!

Шаманка заказчице

116. ‖ Я тоже давно [туда] ходила, разве [все] упомнишь про эти места!
‖ Когда хоронили отца Аллы, я [по южной дороге] ходила,
‖ поднималась туда. Но севернее тоже есть дорога, наверно.

Гэли най

117. ‖ Уй сарини. Сарасимби.

Саман

118. Бутумби Болбомби
119. хайва-да бараӈкими-да мутэнэи,
120. хайва-да хэсэвэ-дэ мутэнэи.
121. Эй эгди хумун хэи энэхэни дуэнтэду. Тэн дуэвэнду-дэ биэси-дэ хумунди-дэ, хэи-дэ эгди-лэ би, амба эгди-лэ хумун. А солина-да эгди хумун. Тэй хумун хэдиэлэни- тэни-дэ хай вами мо биэ-дэ. Поло-ну, пиагда-ну-да.
122. Хайни-да хачимбани-да сусэмби-ну?
123. Эниэ, мама! Улэнди!
124. Буктулэ Кайдала эниэ!
125. Бабоӈгодиани-ка эди бабоӈголасу!

Саман гэли найчи

126. Хэдиэни тэтуэвэни дола эчиэ тэтуэндэчи?

Гэли най

127. ‖ Уйвэ?

Саман гэли найчи

128. ‖ Гарава.

Гэли най

129. ‖ Тэтуэӈкини бидерэ. Тэтуэӈкини.

Саман гэли найчи

130. ‖ Сиа би тэтуэ-дэ, хай-да улэн, тэй оялани пальто-ну, хай-ну?

Гэли най

131. ‖ Туй би бидерэ.

Заказчица

117. ‖ Кто знает. Я не знаю.

Шаманка

118. [Мой помощник] Бутумби Болбомби
119. что-то, найти, наверно, сумел,
120. какие-то слова [мне дать] сумел.
121. В лесу, к северу [от дороги] много могил. Не на самом конце [кладбища] эта могила [могила шаманки Гары, сестры Аллы], севернее ее еще много, еще очень много могил. К югу [от этой могилы] тоже много могил. С северной стороны от этой могилы стоит дерево, довольно толстое. То ли осина, то ли береза.
122. Наверно, я что-то путаю?
123. Мать, старушка! Хорошенько!
124. Мать Буктулэ Кайдала!
125. Как попало не делай!

Шаманка заказчице

126. Нанайский халат внутрь [в гроб на покойницу] не надевали?

Заказчица

127. ‖ На кого?

Шаманка заказчице

128. ‖ На Гару.

Заказчица

129. ‖ Надели, наверно. Надели.

Шаманка заказчице

130. ‖ Красивый халат, какой хороший [надели],
     ‖ а поверх него то ли пальто то ли что?

Заказчица

131. ‖ Так и есть, наверно.

Саман сэвэнчи

132. Эуси-таоси
133. най дасичавани, буниэчивэни, ама, мапа
134. Сосиди Солгода,
135. гианди улэн гихолбоачиру!
136. Эуси-таоси элкэлэ!
137. Самаӈгоди хони саладиори,
138. хоня тухэ буйкин-дэ!
139. Хай-да эриндуэни туй дэгбэ най чадо осогой-да саваси,
140. ная дигдаха дякади-гда бачиори-гда.
141. Элкэ дэгбэлиу! Элкэ нихэлиу!
142. Эди-дэ хапиноалира!
143. Буэ хайди-да хэм ӈэлэури.
144. Хэрэктэвэни модандолани дэгбэлиу!
145. Эниэ, мама!
146. Харома ӈалади
147. улэн хархилиру!
148. Най оркин тэтуй-ну?
149. Хайва-да тэтуй-ну, го анади-ка най тэтуй-ну,
150. хай-да дякани тэтухэн-дэ?
151. Аӈгиа калта ӈалади бэечиэни налахани.
152. Хони-да бэгдиди-дэ, аӈгиа бэгдиди-дэ дигдахани, чирэхэни.
153. Та туӈгэндулэни гидалохани бичин нэучиэни тойкоанда.
154. Най хачин дякадиани тэлуӈгуэми ӈэлэмби, ӈэлэмби.
155. Эниэ, дякпаи бароани дяпару!
156. Харома ӈалади хархипсинду,
157. дяолима ӈалади
158. дяпару дякпаива бароани улэнди!
159. Еӈудэ Чэӈгудэ!
160. Кирадиа дидяла эди осира,
161. кумбиэ хатаӈга най осидяра,
162. Маолиа, майтои порон дабал эуриру!
163. Маолиа ама, кэпур кэркэлэгуэри
164. эди-дэ сопчиаӈгоасидяни!
165. Сэлэмэ ӈалади,

Шаманка *сэвэнам*

132. Туда-сюда
133. то, чем человек [покойница] покрыта, это *буниэ*,[1] отец, старик
134. Сосиди Солгода,
135. челюсти свои раздвигай, хорошенько ими зацепляя [ткань, которой покрыта покойница]!
136. Туда-сюда потихоньку!
137. Как справиться с шаманкой,
138. хоть она упала и умерла!
139. Но чуть что, и она, если ее раскрыть, другим человеком станет [находящийся рядом с ней в могиле дух вселится в другого человека],
140. можно наткнуться на того *дяка*, который человека [покойницу] прижал [умертвил].
141. Осторожно раскрывайте! Осторожно открывайте!
142. Не вытряхните что-нибудь [наружу]!
143. Мы всего боимся.
144. До самого тела [все] раскрывайте!
145. Мать, старушка!
146. Перепончатой своей рукой
147. хорошенько размахнись!
148. Люди разве наденут [на покойницу] плохую одежду?
149. Что бы ни надели, неприличную одежду люди разве наденут,
150. в какую бы одежду ее ни одели?
151. Правой рукой она тело [Аллы] захватила.[2]
152. И ногой, правой ногой [тело Аллы к себе] прижала, придавила.
153. В грудь свою засунула свою младшую сестру.
154. Про такие *хачины* и *дяка* людей говорить *тэлунгу* я боюсь, боюсь.
155. Мать, забери [Аллу и дай ее] мне!
156. Перепончатой рукой размахнись,
157. своей насквозь просвечивающей рукой и
158. тащи хорошенько [Аллу] ко мне!
159. *Енгудэ Чэнгудэ!*
160. Близко [к нему, к духу, который убил покойницу] не подходи,
161. а то человек [Алла] быстро согнется [станет скорченной],
162. *Маолиа*, свою кувалду подними выше головы!
163. Отец *Маолиа*, долбани и расплющи [духа, убившего покойницу],
164. чтобы он [убивший покойницу дух] не возрождался!
165. Своей железной рукой [его ударь],

---

[1] Ткань, которую каждый от себя приносит на похороны, называют *буниэ*.
[2] Буквально, «она тело [Аллы] к себе бросила».

166. сиэ, сиэ, сиэ, сиэ,
167. дэлумди, лапамди осидяни,
168. бумбиэ хони тами-да мутэдесидиэни
169. сокамди энэйдени.
170. Сосида Солгода!
171. Дяксимди, кэчимди энэйдиэни кэркиру!
172. Сиэ, сиэ, сиэ!
173. Эди чочагоанда,
174. хаморои пурилбэ хаӈпачигодяра-ла!
175. Сиэ!
176. Асиа пиктэ пуктэчиэлэни пуктэпсинду!
177. Порондолани пуктэру
178. апилани ачагойдиани,
179. чиакта модандолани чинариру!
180. Улэнди чинарипсинду!
181. Хэрэктэни модандолани хэчирэпсинду!
182. Мэйрэлэни мултурэмди,
183. хуйчэндулэни хупэлэмди
184. поси-гдал, поси-гдал, поси-гдал!
185. Сиэ, сиэ, сиэ, сиэ, сиэ, сиэ, сиэ! Сиэ!
186. Чокилани чилдонда,
187. пэйӈэндулэни пуэлиндэ,
188. хэрэктэвэни модандолани хэчирэру!
189. Ама, эниэ!
190. Асиа пиктэ иӈгулдивэни,
191. асиа пиктэ чаполдивани,
192. миаванди мидами,
193. паханди пайховани
194. поси-гдал, поси-гдал, поси-гдал, поси-гдал!
195. Алчокандолани ачопсими
196. поси-гдал,
197. палгандолани падилоами,
198. чумчуэндулэни чукулдуэми!
199. Сиэ!
200. Эечи дэрсуӈгэ гурунсэлбэ
201. гианди-да эди гихолбоачира!
202. Сона бароани сомдолагоари,
203. хэӈэнилэни хэркэру,
204. хуюн модан хэркэру!
205. Найва дэпчэлихэмби, дэулихэмби,
206. улэӈгудиэни бомболигору!

166. *сиэ, сиэ, сиэ, сиэ,*
167. так, чтобы он потерял сознание и без памяти упал,
168. чтобы с нами он ничего не смог сделать,
169. чтобы отключился.
170. Сосида Солгода!
171. Ударь кувалдой так, чтобы от боли его перекосило!
172. *Сиэ, сиэ, сиэ!*
173. [Не упусти его] чтобы он не убежал,
174. чтобы он не погнался за следующими детьми [этого рода]!
175. *Сиэ!*
176. Пробор [на голове *паняна* Аллы] ровным сделай!
177. По ее макушке проведи
178. до самого затылка,
179. от ямочки ниже затылка надавливая на кожу веди!
180. Хорошенько веди, надавливая на кожу!
181. Около кожи [не касаясь ее] растирай!
182. По плечам проскользни,
183. по локтям опустись
184. ниже, ниже, ниже!
185. *Сиэ, сиэ, сиэ, сиэ, сиэ, сиэ, сиэ! Сиэ!*
186. По бедрам, не застревая [на них], проскользни,
187. по коленям скатись,
188. Около кожи [не касаясь ее] проведи!
189. Отец, мать!
190. Женщины [Аллы] стоны,
191. женщины боли,
192. трепетание ее сердца,
193. страдания ее от судорог,
194. [опускайте все это] ниже, ниже, ниже, ниже!
195. С лодыжек [все это] начинайте снимать,
196. ниже,
197. от ступней отделите,
198. от пальцев ног отсеките!
199. *Сиэ!*
200. Больше со своего *дэрсуна* [со своей шаманской дороги в духовном мире] на людей
201. челюсти свои не разевай!
202. К *сона* [к связке духов] привяжите [*панян* Аллы],
203. под мышками ее обмотайте,
204. девять раз обмотайте!
205. Человека, которого я раскрыла, разворошила [покойницу],
206. хорошенько укутайте!

207. Хэи, соли сусугуэсу ичэдерэ,
208. хойлампова ходягогои тамадяра,
209. тактолахамбани таосаӈгодяра
210. уй-дэ дэпчэӈкуни будэлэ налаханда!
211. Сиэ, сиэ, сиэ!
212. Сиэ, сиэ, сиэ, сиэ, сиэ, сиэ, сиэ!
213. Эниэ, мама, улэн боава буктэӈгу! Буктэӈгу!
214. Пэрхи тэӈне бароани буктэӈгу!
215. Хай-да хэм палгани дэгбэгухэндуэни ӈэлэпси!
216. Хумун дяка эди сукчуэндэ!
217. Боли-боли вэюнду!
218. Сиэ, сиэ, сиэ, сиэ, сиэ!
219. Улэн боала маня буктэӈгу!
220. Пэрхинэху боани,
221. амбанахо боанилби,
222. дёкан далани элкэлэ дёсоанду!
223. Хэдиэ калтадиа
224. гилтади маня гиасаӈга,
225. хороӈколади маня ходиӈга!
226. Дои дока бароани!
227. Эниэ! Сибиава ачору!
228. Сиэ, сиэ, сиэ, сиэ, сиэ!
229. Алдои сибиава ачопсинду!
230. Дои сибиава дэчимбуру!
231. Мокто даня! Кинда даня!
232. Эй-дэ буэ пиктэпу!
233. Алисами синчи апорамби!
234. Хайва-да эди хоасиланда!
235. Хэркэчэни чуӈну хэркэлигусу!
236. Сэлэмэ сэӈпэси оничи, чиӈки они дочиани тэгугуэни,
237. кэлтэрэси кэйрэмэ они кэӈгэмсэ анару!
238. Они дочиани огогоари,
239. эниэ, мама, пиктэвэ,
240. асиа пиктэ эрумбэни
241. сэӈпэси сэлэмэ онила
242. кэтэндулэни кэӈкэлэпсинду!
243. Докандола ороапсинду!
244. Билкум-билкум тэвэнду,
245. тэрэмди тэуриру,
246. ходиа-ходиа, чилка-чилка, ходиани-ну, хайни-ну!

207. Туда-сюда посмотри, чтобы идти по нашим следам,
208. [кто-то] оставленные [нами] следы будет искать, наши следы будет собирать,
209. там, где мы ступали, [наши следы] собирать будут
210. те [духи], которые съели [покойницу], умертвив ее!
211. *Сиэ, сиэ, сиэ!*
212. *Сиэ, сиэ, сиэ, сиэ, сиэ, сиэ, сиэ!*
213. Мать, старуха, на хорошую землю возвращайся! Возвращайся!
214. На западный уровень [в мир духов] возвращайся!
215. Всякие следы открылись [многое скрытое открылось], страшно!
216. Могильные *дяка*, [вслед за нами] дыбом не вставайте!
217. Крепко-крепко к *вэю!*
218. *Сиэ, сиэ, сиэ, сиэ, сиэ!*
219. Только на хорошую землю возвращайтесь!
220. На западный уровень [в мир духов],
221. на землю *амбанов*,
222. к основанию моего *дёкана* [хранилища душ] осторожно опускайтесь!
223. С северной стороны
224. из валежника забор,
225. из дуба изгородь!
226. [Направляйтесь] к внутренним воротам!
227. Мать! Засов сними!
228. *Сиэ, сиэ, сиэ, сиэ, сиэ, сиэ!*
229. Средний засов сними!
230. И внутренний засов откинь!
231. Бабушка Мокто! Бабушка Кинда!
232. [Алла] – это тоже наша дочь!
233. Замучившись, к тебе обращаюсь!
234. Пусть никто ее не уведет!
235. Замотанную ее всю еще обмотайте!
236. В железное *сэнгпэ*, в *они,* точно внутрь *они* ее усадите,
237. в небьющееся чугунное *они* с шумом ее толкните!
238. Чтобы внутрь *они* посадить,
239. мать, старушка, эту дочь [Аллу],
240. мучающуюся дочь
241. в твой железный *сэнгпэ*, в *они,*
242. возле кормы[1] *они* кланяйся, поклонись [касаясь лбом пола]!
243. Внутрь ее усадите!
244. Туда-сюда ее покачай, чтобы ровно ее посадить,
245. прямо посади,
246. туда-сюда чтобы ничто не выплескивалось, чтобы ничто не плеснулось!

---

1 Сосуд, в который шаманка усаживает душу-тень пациентки может представляться в виде лодки.

247. Сиэ, са!
248. Хони така, хони така, хони така!
249. Хони-да бигиливэни улэңгудиэни
250. бали насалди чомиандо!
251. Эниэ, мама!
252. Хай-да тэрэмди тэпсиникэ-мэ
253. няңга-ка туй биди-кэ
254. лопто лоптока асиа пиктэ
255. элкэ-лэ хао-да биэм-дэ, гудиэлэ хай-да.
256. дэрэ бароани дочи-гда, дочи-гда!
257. Хуюн кинчиало-гоани киаңкипи сидоанду
258. хэи соли гандяладяра!
259. Эниэ Саптаңги солбоачиру!
260. Хуюлтэду солбоачиу, кэку дидя!
261. Сиэ!
262. Они муэдиэни анчиоли, кэку дидя!
263. Гэңгиэ муэди гэлчиули, кэку дидя!
264. Харпиндолани хатан сиумбэ халипсоанду дэрэгдулэни!
265. Дэрэгдулэни хатан сиумбэ дэктулими дэкэңгуйдиэни,
266. урэктэңгуэни урэндэ улэңгудиэни,
267. буэпсиңгуэни эди боялианда,
268. туйгэвэни эди туйңкуэндэ-мэ,
269. моңговани эди мойкоанда-ма!
270. Дяолима ңалади дяпалачиосу улэңгудиэни!
271. Эдэдэ! Хамача огда ңасойси-ну, хайва-гда яңкойси-ну?
272. Эйду буэ пиктэпу, Моктаи даня,
273. Кинда даня, маси киаоро, гудиэлу!
274. Эниэ-лэ, пуригби, пэдэмэри дэрэдиусу!
275. Эниэ-лэ, пуригби,
276. доваи дёкаи додимбогоро улэңгудиэни!
277. Сибиаи анопсигоро,
278. алдой дёкаи сибиаи,
279. довой сибиаи улэңгудиэни!
280. Хэи, соли хэдундулэни
281. хуюн диакта модандолани сукчумди,
282. дарами гаонянду кумурэ би купчиэнду.
283. Сиэ!

247. *Сиэ, са!*
248. Что сделала, что сделала, что сделала![1]
249. Чтобы она жила хорошо,
250. слепыми глазами провидь [ее будущее]!
251. Мать, старушка!
252. Чтобы она прямо уселась,
253. чтобы какое-то время так пребывала,
254. чтобы не оторвалась женщина,
255. устойчиво чтобы она так сидела, жалко ее,
256. на стол [этот сосуд *они*] внутрь, внутрь [дома помести]!
257. Девять стрижей, прикройте это место,
258. чтобы ни с севера, ни с юга [никто его не видел]!
259. Мать *Саптанги*, пропускай ее [*панян*] через обруч *солбо!*
260. Девять раз пропускай через *солбо, кэку дидя!*
261. *Сиэ!*
262. Окуни ее в воду горной речки, *кэку дидя!*
263. Прозрачной водой окати, *кэку дидя!*
264. Поверни ее так, чтобы на ее *харпин*, на узор на груди ее халата и прямо ей в лицо яркое солнце светило!
265. Чтобы лицо ее яркое восходящее солнце согревало,
266. чтобы ее живой тальник [в котором ее жизненная сила] хорошо рос,
267. и не ломался,
268. чтобы ее *туйгэ* [ее дерево] никто не трогал,
269. чтобы ее дерево не скривилось!
270. Перепончатой рукой держи ее хорошенько!
271. Ох, на какой лодке ты [за кем-то] ходишь, что [в ней] возишь?[2]
272. Здесь за нашей дочерью [за Аллой], бабушка Мокто,
273. бабушка Кинда, крепко присмотри, пожалей ее!
274. Матери, дети, счастливо оставаться!
275. Матери, дети,
276. хорошенько делайте так, чтобы [Алла] внутри дома [в хранилище душ] оставалась!
277. Начинай запирать засовы,
278. средний *дёкан* запри на задвижку,
279. внутри запри хорошенько!
280. На север, на юг ветром
281. сделай так, чтобы девять слоев дерна встопорщились,
282. широкие рёлки чтобы возвысились холмами.
283. *Сиэ!*

---

1 Неясно, что имеет в виду шаманка, повторяя фразу «что сделала».
2 Неясное место.

284. Балдихамби боанилби,
285. балдихамби сусуи.
286. Боачаӈгои бусиэи,
287. подяӈгои чиаӈкамби,
288. ӈэвэӈгуи боанилби.
289. Ама, мапа Сосида Солгода!
290. Порон дабал даргианду!
291. Хэи, соли гурун хэйкудерэ
292. сокамди, дерумди майтоло!
293. Буэ хойлампова, талампова таосали одяма!
294. Эси-тэни хай тэдени, хамиа калта
295. покто улэн таосалиго!
296. Эниэ, мамаи!
297. Коаи балдихамби,
298. коаи балдихамби, ятаи, сугбинду, тамняго,
299. хасасидяра!
300. Сиэ!
301. Ниокаӈгои тоии,
302. дамана, даняна сусуни.
303. Эктэ, аси балдикаи-мда эчиэ аболиаи.
304. Каӈгорини гидава, каӈгорини сомдондии
305. тутухэмби боа.
306. Сиэ!
307. Боаӈгои, наӈгои!
308. Мачалталани мадалахамби.
309. Мумули муӈгу!
310. Гэмулиэ гэлчэгу!
311. Тулиэ тадямби эрулэми балдии,
312. дёконду дёлбигосу!
313. Сиргэчэнду симнэгусу!
314. Хумулиэ, хумулиэ
315. хачин дяка хачин боава кэндэлихэивэ!
316. Сайканди ама,
317. салгаи солбоачигу асиа пиктэи!

284. Место, где я живу,
285. где я родилась – это [сейчас] *сусу* [покинутое людьми место].
286. На моем острове мои [духи] *бусиэ*,
287. за ним место, где мои [духи] *подя*,
288. земля, где мои [духи] *нгэвэны*.
289. Отец, старик Сосида Солгода!
290. Выше головы замахнись [своей кувалдой]!
291. С севера и юга заезжающих людей [духов]
292. бей своей кувалдой так, чтобы они в беспамятство впадали!
293. [Иначе] они нашу пену, наши следы будут собирать!
294. Теперь что толку после всего,
295. дорогу хорошенько собери [просмотри]!
296. Мать, старушка!
297. Для меня, родившейся в «рубашке»,
298. для меня, родившейся в «рубашке», выпусти мглу, туман,
299. [чтобы] за нами следом не пошли!
300. *Сиэ!*
301. Это берег Ниока,[1]
302. это *сусу* [покинутое людьми место] дедов и бабок.
303. Я хоть женщиной и родилась, но не пасовала [перед трудностями].
304. Это земля, где я с копьем гремящим и с *сомдо* гремящим
305. бегала.
306. *Сиэ!*
307. Моя земля, мой край!
308. Я ходила по разным местам.
309. Утихомирьтесь!
310. [Расходитесь], постепенно исчезая [из виду]!
311. На протоптанных дорожках моего двора, где я, мучаясь, живу,
312. в углу моем скройтесь!
313. На завалинке замолкните!
314. Затаитесь, затаитесь [под буграми в земле],
315. разные *дяка*, которые по разным местам летали!
316. Отец Сайканди,
317. пропусти эту женщину [*панян* этой пациентки] через свой пах!

---

1 Ниока – это, по-видимому, название протоки, точнее выяснить это, к сожалению, не удалось.

Глава 9.
Результаты шаманского лечения

Сильнее уколов и таблеток

Анализ публикуемых в настоящей книге камланий и сопутствующей информации позволяют высказать несколько общих суждений о целях, методах и последствиях шаманских действий. Популярность шаманства основана на прагматических ориентациях шаманистов, на стремлении к материальному благополучию, на их потребности как можно лучше устроить свою жизнь и защититься от возможных опасностей. Шаманят, как говорят шаманисты, потому, что «ищут счастья любым способом» (Смоляк 1991: 96), «чтобы счастья было больше» (Н. П. Бельды). Толки о положительных результатах вмешательства шаманов в решение тех или иных конкретных проблем, и прежде всего об успешных результатах шаманского лечения составляют необходимый компонент шаманской практики. «Как-то же помогает шаман! Поболтает что-то, и болезнь проходит. Поболтает, и почти умиравший уже человек поправляется!» (Л. И. Бельды). «Шаман имеет духов для того, чтобы убивать людей, что ли? — говорит Л. И. Бельды. — Такого у нас нет! Шаман работает, только спасая людей! Люди, устав от своих болезней, сами приходят к шаману. Спасая их, [шаманы] жили. Изнемогая от болезней, будучи не в состоянии дальше жить, люди сами приходят к шаману и уговаривают его вылечить их». Шаманка М. Ч. Гейкер говорит: «Я не делаю ничего плохого! Если я плохо буду шаманить, никто ко мне ходить не будет, чтобы лечиться. <...> Нанайский шаман никогда людей не обижает, такой закон! До самой его смерти будет [своего пациента] спасать».

Действительно, в ряде случаев успехи шаманского лечения были впечатляющими. Так, до тех пор, пока *панян* человека удерживался в шаманском *дёкасо*, человек был абсолютно здоров. «Допустим, меня [мой *панян*], — говорит Н. П. Бельды, — доставили, и я остался в *дёкасо*. Я должен жить до смерти, не зная ни болезней, ничего! Если я [мой *панян*] остался в *дёкасо*, то я до ста лет, а может, и до ста двадцати буду жить и не болеть, ничего, и не знать ничего и так и умереть!». Шаманские манипуляции с духами и с *панянами* казались сильнее любых физиологических воздействий на человека, и их эффективность проявлялась не только независимо от любых физических факторов, но часто вопреки им. Мои информанты-шаманы и их пациенты пользовались услугами современной медицины, признавали первенство врачей в лечении некоторых болезней и применяли медицинскую терминологию. Часто случалось, что больного клали в больницу и тут же начинали на него шаманить. Но в ряде случаев шаманы все же решали, что медицинское вмешательство нужно исключить, так как оно может вызвать неудовольствие духов. Шаманка Ольга Егоровна Киле вынуждена была пить выписанные врачом таблетки, но при этом она жаловалась, что ее духам-помощникам это не нравится. Во сне она видела, как духи давятся этими таблетками и извергают их. Согласно объяснению Ивана Тороковича, духи не любят таблеток, и если выпьешь таблетку, болезнетворный *сэвэн* быстро уйдет, но, уходя, он может отомстить человеку, так что ему станет еще хуже. По данным Смоляк некоторые шаманы (Байдяка Удял, Алтаки Ольчи, А. Коткин) во время болезни «не разрешали медработникам делать себе уколы, считая, что они убьют духов, <...> и шаман непременно умрет» (1991: 150). Б. Э. Петри упоминает о том, что некий бурят отказался смазать свое опухшее колено йодом, решив, что «йод будет жечь, и ему (т. е. демону болезни) будет неприятно: "он (демон) может действительно выйти из колена, но может в таком случае перебросится на жену (бурята), его ребенка или скотину" и бурят предпочел обратиться за лечением к шаману» (Цит. по: Зеленин 1936: 360).

Степень доминирования духовных манипуляций не только над медицинским вмешательством, но также и над любыми как благоприятными, так и самыми неблагоприятными физическими факторами могла быть в некоторых случаях поразительной. Например, Валентина Сергеевна Киле рассказывала, как однажды ранней весной во время ледохода на Амуре она в тяжелой одежде, в телогрейке и сапогах провалилась в воду, и держалась в холодной воде, ухватившись за веревку от лодки. «Плыву и думаю, – говорит Валентина Сергеевна, – все, я утону! Никто не спасает! Я думаю, пока силы есть, привяжусь веревкой [к лодке]. Лодку найдут и меня найдут. В это время бригадир с берега кричит: "Валя, держись!" Течение сзади. Лодку мою прибило к торосам, вот-вот под лед затянет. Но он успел все-таки добежать по торосам до лодки и вытащил меня. Ой, думаю, хоть бы заболеть! Я думала, люди болеют – отдыхают. Хоть бы заболеть, думаю, отдохнуть! Тогда же без отдыха работали, никаких выходных. <...> Не заболела! Я не знала болезней! Осушилась и все!». *Панян* Валентины Сергеевны находился в это время в шаманском *дёкасо*, и потому, как она считает, ничто не могло повредить ее физическому здоровью.

Душа в кармане

Сопутствующим результатом шаманского лечения было сближение пациента со способствовавшими его исцелению духами. Такое сближение могло проявляться в изменении пристрастий человека и в его поведении. Вылечившаяся активная прежде девочка могла стать безразличной и молчаливой («не плачет и на улицу не выходит» – Ч. Д. Пассар). Если в хранилище душ *панян* человека привязывали к духу-дракону, человек становился, как утверждает шаманка К. И. Киле, «таким же сильным, как дракон», но, когда в духовном мире этот дракон, с привязанными к его лапам *панянами* «шевелился и сильно дергал», без каких-либо видимых причин непроизвольно дергались и физические тела исцелившихся пациентов. Иной человек, *панян* которого затворялся в «тюрьме»-хранилище душ, хоть и излечивал свое тело, но мог, по словам Алексея Кисовича Оненко, даже «сойти с ума».

Особенно заметным было духовное воздействие на тех пациентов, *паняны* которых шаманы оставляли не в *дёкасо*, а под опекой «старших» духов, стоящих по сравнению с шаманскими духами-помощниками на более высоких ступенях иерархии. После такого радикального шаманского лечения у пациента могли появиться необычные способности, видения и галлюцинации. Когда Лиля, дочь Чапаки Даниловны Пассар, была еще ребенком, шаман «отнес» ее *панян* на сохранение к одному из старших духов в особое хранилище – в корчагу *саола* в селе Эморон, и оставил рядом с помещавшимися там фигурками *сэвэнов*, принадлежавших умершему шаману Ходжеру, «главному нанайскому духу». Несмотря на то, что пребывание *паняна* девочки в таком месте было относительно недолгим, даже много лет спустя повзрослевшая уже Лиля сохраняла полученную тогда способность «все знать и видеть». Соседка Лили Ирина Торомбовна Пассар рассказывает, например, что однажды, Лиля пошла к сестре, не зная, что той нет дома, и что пустой дом заперт. Со слов Ирины Торомбовны, сама Лиля рассказывала об этом так: «"Стучу я, говорит, стучу, и никто не открывает. Дома что ли никого нет? Пошла в окно постучать." – Подходит, а штора у окна поднимается. – "И какая-то женщина на меня, – говорит, – из окна смотрит. Я, – говорит, – подумала, что чужие люди там. Удивилась, почему не открывают. Так подумала и даже не испугалась. Потом я спрашивала сестру: "Кто у вас тогда был?" – "Никого, – говорит, – не было! Дом был заперт!"». «В другой раз, – продолжает Ирина Торомбовна, – ночью вышла она <...> из дома, чтобы вылить ведро. Темно, луны нет. "Только калитку открываю, – говорит, – вижу, мужчина стоит. Большой как великан. Лица не видно, только фигура такая! Мне, говорит, что-то неприятно стало." Все равно она быстренько вылила ведро и в дом побежала. Не по себе ей стало! Вбежала в дом и закрылась» (И. Т. Пассар). Подобное случается с Лилей постоянно. «Ночью она видит [в комнате] то медведя, то собаку, и не боится. Если человек испугается, он заболеть может. Она совсем не боится» (Ч. Д. Пассар). Способность видеть духов – это результат пребывания ее *паняна* в тесном общении с могущественным духом, охранявшим ее какое-то время от болезней. Но и в тех случаях, когда это не проявлялось столь ярко, как у Лили, побывав однажды под опекой тех или иных духов, человек оставался на долгое время, практически пожизненно, под таинственным их воздействием.

Если до лечения пациент мог зависеть только от своих родовых духов,[1] то в результате лечения он получал дополнительную духовную связь, и прежде всего, связь с духами того рода, к которому относились духи-помощники лечившего его шамана.[2] Шаман же, в свою очередь, присоединял пациента к тем лицам, которые, помимо членов его рода, обязанными были почитать его родовых духов. В некоторых случаях шаманы совершали специальные действия, нацеленные на укрепление зависимости чужеродного пациента от духов своего рода. Например, шаман мог поместить полученную в результате лечения душу-тень своего пациента не в *дёкасо*, а в какую-либо расположенную в непосредственной близости к тем или иным предметам шаманского реквизита вещь, поближе к обитающим в таких предметах духам. Так, П. П. Шимкевичу нанайцы говорили о том, что шаман прятал душу ребенка в мешочек *фатача*, а затем вешал этот мешочек на шею фигурки духа *аями* Майдя Мама (Шимкевич 1897: 2). Мне приходилось видеть, как во время камлания шаманка Г.К. Гейкер делала некоторые манипуляции с пустым мешочком, а затем, завязав этот мешочек, прикрепляла его к обечайке своего бубна с вну-

---

[1] Напомним, что, если не принимать самый первый опыт начинающего неофита, шаман не мог лечить своих сородичей. Его пациентами были представители разноименных с ним родов.

[2] О том, что шаман «может вдохнуть в пациента часть своего духа, превращающегося в "душу", или может дать одного из своих духов-помощников взамен утраченной души», упоминал В. Г. Богораз (2011: 43).

тренней стороны, рядом с другими такими же подвешенными там мешочками. Как она потом объясняла, в такие мешочки она помещает души своих пациентов-детей. Поскольку бубен имеет *эдена* (духа-хозяина), души-тени детей оказывались под опекой этого *эдена*, который должен был, с одной стороны, защищать их от болезней, а с другой – вовлекать во все те камлания, которые в дальнейшем с помощью этого бубна совершались. Смоляк также видела подобные мешочки с душами детей, но прикреплены они были не к бубну, а к футляру от бубна (1991: 115). Иван Торокович рассказывал мне о шамане, который, не утруждаясь изготовлением отдельных мешочков, складывал *паняны* не только детей, но и взрослых своих пациентов непосредственно в чехол от своего бубна. «Завязывает и там держит. Вот это шаман держит [*паняны* пациентов] в своем мешке!» П.П. Шимкевичу нанайцы сообщили, что мешочек с душой шаман мог носить при себе, на поясе (Шимкевич 1896: 14). По данным М.Б. Кенин-Лапсана, во время камлания тувинский шаман «держит кусок белой ткани, на которую совершает посадку душа, оставляя на ней след. Потом шаман переворачивает кусок ткани и крепко завязывает в узел. Душа после этого не может никуда уйти, и становится пленницей шамана» (2008: 119). Г.Н. Грачева сообщает, что на одежде шамана Тубяку была подвеска, «представлявшая собой полосу ровдуги, окрашенную красной краской и прикрепленную своей верхней частью к кольцу, пришитому к спинке парки под металлическим изображением солнца и луны. <...> Вся подвеска изображала мать, детей, их возможное потомство и была специально сделанной долганской женщиной, у которой умирали дети. Так она изобразила жизни оставшихся и вручила их для сохранения» (1983: 139). На эвенкийском материале С.М. Широкогоров отмечал, что, взяв под свою защиту (под защиту своих духов) душу пациента (ребенка до 13–14 лет), «шаман оставлял с ребенком колокольчик, латунный диск-зеркало или иногда что-то другое из своего костюма. Эти вместилища для шаманских духов нужны были до тех пор, пока душа хранилась у шамана. <...> В такой функции шаманский дух является духом-охранителем ребенка» (Shirokogoroff 1935: 377). Любопытный вариант сближения *паняна* с шаманским духом представлен в записанном А.А. Поповым камлании якутского шамана, который, обращаясь к духу, поет так: «Стоя перед тобою, прошу: воспитанного тобою ребенка запрячь [спрячь] в [свои] теплые пахи и подмышки, не выпускай имеющего теплое дыхание, не впускай имеющего холодное дыхание!» (Попов 2008: 209). В конце приведенного в этой книге нанайского камлания «В плену у умершей сестры» шаманка также велит своему духу-помощнику пропустить *панян* вылеченной ею пациентки через его пах.

Сближение пациента с духами лечащего его шамана происходит также в момент хватания и глотания (*сэкпэнгури*) найденного *паняна* его пациента в кульминационный момент камлания *таочи*. О том, что нанайский шаман, а чаще его дух-помощник, найдя душу больного, «непременно "глотал", "хватал" ее ртом», писала Смоляк. (1991: 151). По уверению шаманов, для того чтобы им удобно было глотать душу-тень, их духи-помощники делают в этот момент *панян* очень маленьким, но поскольку действие происходит в духовном мире, фактически духи сами и хватают, и глотают найденную душу пациента. Сразу за таким «поглощением», сопровождающимся сильными криками, шаман всегда выпивает заранее приготовленную настойку багульника. Можно было бы предположить, что эта настойка является приношением-наградой, которую шаман дает своим духам за удачно выполненную задачу, но мои информанты-шаманы уверяли меня, что таким образом шаман запивает душу пациента с тем, чтобы получше ее проглотить.

Установившаяся в результате всех этих манипуляций близость и доступность души пациента давала лечившему его шаману власть распоряжаться ею по своему усмотрению. В некоторых случаях шаман мог использовать эту власть в корыстных целях, и тогда оберегающая опека шаманских духов-помощников могла обернуться для его пациента внезапной опасностью. Находившиеся далеко друг от друга шаманы часто с помощью своих духов атаковали один другого в своих сновидениях, а иногда и в появлявшихся у них наяву видениях. Последствия таких атак могли быть самыми серьезными: не готовый к нападению шаман погибал. Но накопленный в *дёкасо* и состоящий из душ пациентов капитал мог стать одним из важных ресурсов обороны шамана, средством его защиты от нападения врагов. Шаман мог защищаться от нападения и спасать свою жизнь, негласно, тайно от окружающих, отдавая врагу вместо себя *паняны*, а значит, и жизни кого-либо из заключенных в *дёкасо* своих бывших пациентов. Для того чтобы в критической ситуации, в случае нападения чужого шамана сэкономить время на доставку из *дёкасо* нужного им *паняна*, некоторые шаманы прибегали к следующему приему. Они держали при себе особые пустые кошельки, в которые во время камланий *таочи* тайком от аудитории «складывали» души-тени своих пациентов вместо того, чтобы уносить их в *дёкасо*. Делая обряд *таочи*, шаман заберет *панян* пациента «и хранит этот *панян* [в кошельке] в кармане у себя! – Не в *дёкасо*? – В кошельке!» (И. Т. Бельды). Пытаясь ввести публику в заблуждение, шаман, камлая, упоминает *дёкасо*, и даже говорит [духам-хозяевам *дёкасо*]: "Открывайте двери! Я привез [*панян* человека]!" <...> А на самом деле у шамана [в кармане] этот [*панян*] находится. Вот, когда противник идет, враг [нападает] на него, и он сам ничего не может [поделать] <...> шаман-то себя защищает! Вот раз! Возьмет [*панян* из кошелька] и сунет [его своему врагу]! <...> Мы не видим! <...> Это как сон! Такой же самый сон! Его же не видать, как он это дело делает <...> а он женщину [ее *панян*] берет [и отдает врагу вместо себя] <...>. Тот [нападающий на него чужой] шаман думает: "Я уже взял [душу этого шамана]!" – а на следующий день умерла она [одна из бывших пациенток подвергшегося нападению шамана] <...>. Другой человек умирает, а сам шаман живой!» (И. Т. Бельды).

Отчего души-тени стремятся уйти прочь из надежного шаманского хранилища

Внезапное обострение, казалось бы, надежно вылеченной болезни и даже не зависящая от каких-либо соматических причин гибель пациента, могла быть обусловлена непредсказуемыми и неподконтрольными шаману прихотями духов. По неясным причинам вдруг переставали помогать фигурки духов и другие казавшиеся ранее надежными средства исцеления. Если в начале пациенту достаточно было только следить за своими сновидениями, вовремя обращаться к шаману, делать фигурки для вселения в них беспокоящих его духов и приносить им жертвы, то потом вдруг наступал такой период, что «сколько ни делай *сэвэнов*, хоть полный дом, хоть полный амбар, хоть полный двор <...> не выживешь!» (Л. И. Бельды). Раньше достаточно было отнести душу человека в надежную «тюрьму-ясли» *дёкасо*, и не забывать совершать жертвы караулящим там ее духам с тем, чтобы быть уверенным, что теперь до самой смерти не заболеешь. Но спустя какое-то время вдруг выяснялось, что душа больного, которую доставили в *дёкасо*, почему-то никак там не держится, что каждый раз после того, как шаманские духи крепко-накрепко ее запрут за тремя рядами заборов и велят местным духам тщательно караулить пленницу, все запоры почему-то вдруг сами отворяются и сторожащие душу *сэвэны* отпускают ее на волю, несмотря на все жертвы, которые по всем правилам им приносятся. «Бывает, и кричишь, и плачешь, а человеку, который к тебе пришел, только на один или два дня легче становится» (Л. И. Бельды). О том, что души взрослых людей сами уходили из *дёкасо* «как пар», «удержать их было невозможно» говорили также информанты Смоляк (1991: 114). *Панян* одного человека может оставаться в *дёкасо* годами, и значит, годами он не будет болеть, но у других пациентов *паняны* вскоре оставляют *дёкасо*, и человек вновь заболевает. Об одной пациентке, которая лечилась у трех разных шаманок, М. В. Бельды рассказывает, что, когда ее *панян* поместят в душехранилище, «ей вроде легче. Неделю, месяц ей легче. А потом опять начинает болеть <...>. Когда [снова] заболеет, она и плачет, и дергается <...>. И каждый раз так <...>. Ее *панян* никогда не держался в *дёкасо* <...>. Что толку [шаманить]! Если б забрать, насовсем забрать, хорошо было бы, да?». Шаманка О. Е. Киле считает, что большая часть доставленных ею в душехранилище *панянов* остаются там недолго: «Что толку эти *паняны* хранить? Два, три дня — и они уже уходят». Вспоминая одну свою пациентку, шаманка Л. И. Бельды говорит, что ее *панян* увели из душехранилища через два дня. Шаманка видела во сне, как *панян* этой пациентки «затолкали в кувшин и унесли [из *дёкасо*], и долго она не прожила, недели через две после этого умерла». Особенно трудно бывает шаману удерживать в *дёкасо* души умирающих пациентов: «Если пойдешь за *паняном* умирающего, этот *панян* тут же, иногда в ту же ночь снова уходит. В таких случаях помочь невозможно! Выведешь такой *панян* из плохих мест, положишь его в хорошее место, но это ненадолго, вскоре он опять уходит. Какой бы большой шаман ни лечил, люди не умирают разве? <...> Как удержать умирающего человека, только *таочи* делая [душу-тень его разыскивая]? Бывало, делают *таочи*, шаман с бубном посредине [комнаты] еще стоит, а человек уже умирает» (Л. И. Бельды).

Одной из причин, по которым души-тени покидают надежное и благополучное хранилище считается то обстоятельство, что для человека пребывание его души в таком хранилище тягостно. Все то время, пока *панян* человека находится в *дёкасо*, он либо не видит никаких снов, либо постоянно видит во сне одно и то же помещение, в котором пребывает его запертая душа, потерявшая возможность свободно передвигаться по пространству духовного мира. Ульчская шаманка говорила Смоляк, что ее душу до 18 лет держали в горе Гидяли. Как она сама говорит об этом, она постоянно «видела во сне большой дом, окна и двери закрыты, хочу уйти — оттуда не пускают» (Смоляк

1991: 120). Когда я спрашиваю Евдокию Чубовну Бельды, почему *паняны* так быстро уходят из *дёкасо*, она отвечает: «Как в тюрьме сидеть? Конечно, уходят! Лежат в шаманском закутке, и что? Постепенно они уходят. Скучно там!».

О. Е. Киле полагает, что человек, *панян* которого заперт в хранилище, должен стараться вести себя сдержанно. Например, дети «играют, бегают, лезут везде, и, когда падают, обрывают веревку, которой привязаны [их души в *дёкасо*]. Тогда они [их души из *дёкасо*] уходят. В таком случае шаман должен почаще проверять их и спрашивать сторожащего души "дедушку", на месте ли ребенок, не оборвалась ли веревка, не нужно ли снова усадить его на место и снова привязать веревкой?» "Дедушке"-хозяину *дёкасо* не нравится, когда люди, чьи *паняны* он хранит, «топором работают, рубят. Он ["дедушка"] тоже топора, ножа боится! Духом-то многое летит туда [из физического мира в духовный мир *дёкасо*]». Не желая иметь у себя души-тени непоседливых клиентов, духи-хозяева отправляют их прочь из *дёкасо* навстречу опасностям и риску вновь заболеть. М. В. Бельды считает также, что духи-хозяева *дёкасо* могут быть недостаточно усердными, что дух «хранительница-бабка не справляется со своими обязанностями. Если справлялась бы, не пускала бы [внутрь *дёкасо* злых духов]. Шаман ей наказывает: "Держи, хорошо корми, ухаживай!" – а она не справляется!».

Другая причина ненадежности *дёкасо*, которую называют шаманисты, это активность *амбанов*, злых духов, которые как-то проникают сквозь все запоры и забирают *паняны*. «Это *амбаны* забирают! Хотят ее [пациентку] убить! Поэтому! *Амбашки* забирают! *Амбашки* быстро забирают, потому что они хотят ее [пациентку] давить, наверно!» (Мария Васильевна). Рассуждая о причинах такого нелогичного поведения духов-хозяев душехранилища, то охраняющих души исцелившихся пациентов, то по неизвестным причинам отпускающих их и отказывающихся защищать их от *амбанов*, Н. П. Бельды полагает, что как внутри, так и за пределами хранилища духи (охраняющие душу *сэвэны*, и похищающие ее *амбаны*) могут быть заодно и что они намеренно то лечат человека, то вновь заставляют его болеть: «Для них это может быть забава!».

Считается, что особенно трудно приходится в *дёкасо* душам пациентов после смерти лечившего их шамана. Те пациенты умершего шамана, запертые души которых не в состоянии выбраться из *дёкасо* на свободу, неизбежно заболевают и могут умереть. «Когда я умру, – объясняет шаманка О. Е. Киле, – некоторые [*паняны*] не смогут выйти [из моего *дёкасо*], так там и умрут. Шаман умирает, а люди, которых он лечил, там [в *дёкасо*] остаются. Шаман умирает, и люди, которых он лечил, тоже умирают». Мария Иннокентьевна Тумали рассказывает, что, когда шаман Чонги был жив, люди не умирали. До старости жили. Как только он умер <...> умирать стали. <...> При нем умирали, дожив до глубокой старости, а перед его смертью и после его смерти много [молодых] людей умерло. Когда он умирал, кого трактором задавило, кто от водки отравился». Лишь в исключительных случаях, когда человек сильно заболеет, его *паняну* удается самостоятельно выбраться из *дёкасо*, и несмотря на тяжелую болезнь, он «все же живой остается» (О. Е. Киле). Для того чтобы снизить риски для бывших пациентов умершего шамана, при похоронах выполняют некоторые действия, с помощью которых «ломают дверь в *дёкасо*», тогда бо́льшая часть *панянов* из него выходят, а те, которые в нем остаются, заболевают. «Если кто не вылезет на улицу, на свободу, так и умрет!» (О. Е. Киле). О том, что смерть шамана может повлечь за собой смерть его пациентов, упоминал также С. М. Широкогоров. Из опасения пострадать в результате смерти шамана тунгусы (эвенки) «воздерживаются от того, чтобы обращаться к очень старым шаманам, и разумеется они не просят помощи у злых шаманов, которые в своей борьбе с другими шаманами могут погибнуть в любой момент. Когда шаман собирает души детей, эти дети становятся в большой степени зависимыми от него, и таким образом формируется сильная связь между шаманом и его клиентами. Все они желают благополучия шаману и сохранения добрых с ним отношений. В случае каких-либо проблем они составляют группу сочувствующих ему иногда даже наперекор своей собственной воле» (Широкогоров 1935: 377).

Здоровье, от которого спешат избавиться

Передача *панянов* на сохранение «старшим» могущественным духам применялась как крайнее средство в тех случаях, когда ничто другое пациенту уже не помогало. Об этом, в частности, писала Смоляк: «Душу очень больного человека после камлания шаман мог помещать в черную тучу, где о ней заботились верхние боги Лаои и Саньси» (1991: 114). «Некоторые нанайские шаманы отдавали души очень больных людей (чаще детей) на хранение не земным, подводным или подземным, а верхним духам – Сангия Мапа или Саяка Энин, Маг'лиа Мапа. <...> У верховых нанайцев в семьях, где часто умирали дети, родители иногда прибегали к помощи родовых духов *Сагди Ама* (Ходжер Ама), Онинка Ама и других верховных хранителей каждого рода (Смоляк 1991: 120–121). Шаман Илдэнгэ поместил *панян* упоминавшейся уже маленькой девочки Лили не в *дёкасо*, а в хранившуюся в Звороне[1] корчагу *саола* под опеку к «старшему» родовому духу потому, что устал от бесполезного повторения одних и тех же обрядов: в *дёкасо* дольше месяца ее душа-тень не держалась.[2] Когда шаман «повез» душу Лили, которой было в то время два с половиной года, к этому *саола*, «она стала, – рассказывает ее мать, – "с ума сходить". Люди едва могли удержать ее вдвоем. Откуда сила была у такого маленького ребенка?». Не выдержавшая этого зрелища жена шамана стала просить своего мужа: «"Зачем ты так делаешь, что этот ребенок с ума сходит?"– "Пусть с ума сходит! Пусть знает, как с ума сходить!"» Но как только духи шамана «доехали» в духовном пространстве до Эворона, как только они «открыли» корчагу *саола* и «бросили» туда *панян* Лили, бесновавшаяся перед этим девочка упала на спину и заснула. Она спала весь следующий день и с тех пор перестала болеть. «Никакие болезни ее не задевали! Ни грипп, ни что другое!»

Несмотря на всю эффективность такого способа лечения, оно не было среди нанайцев популярным и использовалось лишь в самых крайних случаях. Кроме того, через какое-то время (по данным Смоляк через один-два месяца), несмотря на полное благополучие своих вылечившихся, абсолютно

---

[1] Эворон – село в Солнечном районе Хабаровского края.
[2] Как ни шаманил на нее Илдэнгэ, дней на десять ей станет лучше, а потом она опять заболевает, «никак он не мог ее надолго вылечить» (Ч. Д. Пассар).

здоровых пациентов, шаман забирал их души, отданные на сохранение «старшим духам», рискуя сделать их вновь беззащитными перед другими болезнетворными духами. (Кстати говоря, именно в этих случаях камлание всегда завершалось тем, что шаман возвращал душу хозяину, вдувая ее ему в затылок). Так же закончилось и лечение Лили. Сильный дух, которому шаман отдал на сохранение Лилин *панян*, с одной стороны, покровительствовал девочке, ограждая ее от болезней, но, с другой стороны, он сам в какой-то момент мог стать для нее настолько опасным, что никакой шаман уже не смог бы ей помочь. Это значит, что в любой момент на фоне приобретенного после лечения здоровья она могла внезапно тяжело заболеть и погибнуть. Зная это, через год после помещения в *саола* души-тени своей дочери Чапака Даниловна Пассар попросила шамана совершить еще один обряд с тем, чтобы забрать ее *панян* обратно. «Лилька могла бы заболеть и не спастись, если б ее *панян* оставался там, в *саола*. Поэтому я попросила, чтоб ее *панян* оттуда забрали», – объясняет Чапака Даниловна.

Вместо заключения

Работа с текстами камланий дает исследователю возможность обратить внимание на такие значимые для понимания сущности шаманизма детали, которые при других методах работы могут оставаться незамеченными. Перечисление реальных знакомых всем мест в физическом пространстве, начиная от исхоженных пациентом тропинок во дворе его дома и до известных географических объектов, являющихся одновременно пунктами духовных территорий, по которым родовые духи уводят душу-тень, помогает представить, каким именно представляется шаману духовное пространство, «другое измерение физического мира», согласно определению В. Г. Богораза-Тана, (Богораз-Тан 1923: 114). Настойчивая, в каждом камлании *таочи* повторяющаяся доставка найденных душ-теней пациентов, представителей разноименных с шаманом родов, в специальное душехранилище *дёкасо* (*дёгдян, дёкан*) говорит о значимости малоизученной шаманской практики обмена, агентами которого оказываются не только люди, но и духи, а ресурсами могут быть не только материальные и социальные ценности, но и «души-тени» и поклонение, служение духам.[1]

Изучение текстов камланий и тех комментариев, которые давали к ним шаманы-исполнители, может также способствовать уяснению принципов формирования шаманского пантеона. Можно обратить внимание на то, что почти в каждом камлании шаманки созывают неких духов-«детей». Такие «дети» не входят в «общий, древний, устоявшийся "фонд" духов» (Смоляк 1991: 70), так как они, как правило, не наследуются, но возникают в процессе индивидуальной практики данного конкретного шамана. Как правило, такие духи появляются в результате явления, называемого *солби*, то есть, при извержении неких предметов или существ изо рта шамана или о рождении им их,[2]

---

[1] Концепция обмена, открывающая новые перспективы для развития используемой в шамановедении методологии, впервые была разработана французской исследовательницей Робертой Амайон (1990).

[2] В. Л. Серошевский сообщает, что согласно общему поверью якутов, «всякий более вы-

что совершается не только в сновидениях, но, как утверждают это шаманы, иногда и наяву.[1] «Детьми» называются именно те духи, которые связаны с появившимися из тела шамана предметами. При этом каждый из них представляет собой обычно нового не известного никому ранее индивидуального духа. Шаманка Г. К. Гейкер призывает в своих камланиях дитя Сэрумэ (букв., красноватый), называющегося так потому, что он имеет вид голого красноватого новорожденного младенца. Она зовет также детей-драконов Мудуров, детей-змеев Симура и Япоро, кроме того, некое дитя, подобное *эндуру*, разъезжающее в дребезжащей повозке, дитя, подобное водяному *эндуру*, передвигающееся по воде в маленькой лодочке-жертвеннике *норианди*, а также детей Эйнгэ, Гэрхэ и Хасоанга. Другая шаманка М. Ч. Гейкер зовет, кроме того, некое маньчжурское дитя, но в то же время у нее, как так же, как и у Г. К. Гейкер, есть и красноватый Сэрумэ, и змей Симур, и дракон Мудур. Казалось бы, обе шаманки обращаются к одним и тем же духам. Но в действительности, согласно их разъяснениям, Сэрумэ, «дети-змеи» и «драконы» у них совершенно разные. Так, одна шаманка рассказывает, что она была беременна, рожала дома и родила странного ребенка, он был «с орнаментом на коже, с хвостом, рта нет, глаз нет», «красный был как кровь и с белым узором», «на пол упал и не двигается», вскоре после того, как она завернула его в сверток, он исчез («сверток целый, как я завернула, а там [ничего] нет!»). Другие шаманы решили, что это было ее дитя Сэрумэ. Другая шаманка родила свое дитя Сэрумэ иначе. Это было в ее сновидении: «оно было как лента», шаманка стала наматывать его на руку, «а конца все нет и нет» (Г. К. Гейкер). Это другое дитя Сэрумэ. Как говорит М. Ч. Гейкер, «у каждой шаманки свой [Сэрумэ]». Имя духа в данном случае – это лишь некий классификационный код, указывающий на определенные внешние его признаки, какими они видятся шаманкам, но при этом каждый дух сугубо индивидуален.

Вместе с тем не наследуемые, но впервые появляющиеся духи-дети с полным основанием могут быт отнесены к родовым духам, поскольку появление их хоть и косвенным образом, но связано с наличием у шаманов другой категории духов – духов-сожителей и духов отцов и матерей. В процессе работы с текстами камланий выяснялось, что шаманки созывают и перечисляют в начале камлания далеко не всех своих духов. Более того, некоторые из тех духов, которых они вовсе не называют, являются сами и самостоятельно присоединяются к камланию. Поэтому комментарии исполнительниц, касающиеся сути того, что происходило во время камлания, выходили обычно за пределы конкретного текста, с которым мы работали. Разъясния относительно духов-детей были связаны с любопытными откровениями шаманов о духах-сожителях. Выяснялось, в частности, что у каждой шаманки

дающийся шаман-мужчина способен рожать наравне с женщинами <...> рожают <...> чаек, утят, щенят и т. д.» (2006: 108). У женщин рождение духа ребенка может связываться с самопроизвольными выкидышами, но может представляться им как действительное рождение неких странных существ, которых они либо выбрасывают, либо эти существа исчезают сами. В процессе расшифровки камланий шаманки говорили мне так: «Я родила несколько таких существ». «Само рождается. Как человек рождается, так и это».

[1] О явлении *солби* см. Смоляк 1991: 91.

есть не только «муж *хоралико*» и еще какой-нибудь «муж», например, «морской муж-косатка», которого она призывает, камлая, но и несколько других «мужей». Н. П. Бельды говорил, что у его жены-шаманки «много духов-мужей, и на сопке есть, и в тайге есть. У нее много!». У него самого в процессе шаманской болезни также было несколько духов-жен, «некоторые такие [духи] жены были, что жить не давали! И сами не живут, и мне не дают. Тревожат каждый раз ночью. Во сне их видишь». Он лишь удивлялся, как это они друг друга не ревнуют. «Когда их зовешь всех вместе, они все вместе на *сона* [в одну связку духов] становятся одна за другой. Все идут, значит, не ревнуют. Не одну жену зовешь, а всех. А их может быть пять или даже десять». Данная информация, а также множество дополнительных комментариев, которые мы здесь опускаем, подтверждают верность теории сексуального избранничества Л. Я. Штернберга (1927) и позволяют присоединиться к словам В. Л. Серошевского, утверждавшего, что весь ход шаманства «носит какой-то любострастный характер» (2006: 109).

Некоторые из духов-сожителей могли быть обретены шаманом впервые, но в последующих поколениях они могли уже наследоваться либо опять как сожители, либо уже как отцы или матери. Так же по наследству могли передаваться и вновь обретенные шаманом духи-дети, представляющиеся наследникам уже либо братьями/сестрами, либо отцами/матерями.[1] Мои информанты подтверждали зафиксированное Смоляк свидетельство шаманки Г. К. Гейкер о том, что унаследованные духи умерших предков отнюдь не более могущественны, чем духи «голые дети», пополняющие пантеон многочисленных защитников и помощников шаманов спустя несколько лет после начала их деятельности (1991: 87–88). Сведения о множестве индивидуальных духов, связанных со специфическими особенностями шаманской личности и не имеющих никакого отношения ни к предкам, ни к каким-либо объектам природы, могут дать исследователю возможность пересмотреть роль культа предков в шаманской практике, а также усомниться в том, что шаманизм основан преимущественно «на способности чувствовать природные процессы и объяснять их с точки зрения религиозных представлений» (Егорова 2000: 324).

Исследование текстов камланий позволяет также выяснить некоторые особенности аутентичной терминологии, касающейся классификации духов. Так, *эндуры* считаются наиболее могущественными доминирующими духами, имеющими у себя в подчинении *сэвэнов* и *амбанов*. При этом *сэвэны* – это те духи, с которыми человек может договориться и, в частности, сделать их своими шаманскими помощниками, а *амбаны* – духи вредоносные и опасные. Но конкретное использование этих терминов в речи далеко не всегда указывает на отнесение духа к какой-то из этих групп, скорее, оно ситуативно. Так, в камлании «Лечение женщины из дома, построенного на месте жертвенника» (строка 91 на страницах 130–131) шаманка называет духа рода Ходжер *эндуром*. Согласно ее собственному объяснению, она использует слово *эндур*, подольщаясь к духу, так как ей в этот момент очень хочется, чтобы он исполнил ее просьбу, тогда как в действительности *эндуром* он не является. Из лести шаманки часто называют *эндурами* даже своих духов-«детей», конфиденциально признаваясь при этом, что на самом деле *эндурами* они их также не считают.

---

[1] При этом часть других духов могла забываться и по наследству не переходить.

Путаница с названиями связана и с тем, что те духи, с которыми имеют дело шаманисты, амбивалентны. В зависимости от меняющихся обстоятельств они могут становиться то полезными, то опасными. Когда шаманка Лингдзе Бельды говорит о том, что «Иван Торокович родился, чтобы тоже петь по-шамански», она в числе тех духов, которые хотят стать его помощниками и вынуждают его принять шаманское призвание, называет одновременно и *сэвэнов*, и *амбанов*. «Его *сэвэны* и *амбаны* встали, [ведь] он родился, чтобы шаманить. Его *сэвэны* и *амбаны* поднялись» (Камлание «Из-за дедовских дел нас лихорадить стало», строки 17–18 на страницах 53–54). Обращаясь к своим духам помощникам (казалось бы, к *сэвэнам*), шаманка может назвать их *амбанами* (имея в виду, что для других шаманов они опасны): «Все мои *амбаны*, все твари, с помощью которых я сражаюсь, тело мое немощное [стаями] *вэю* окружайте!» (Камлание «Ногу женщины держат закованной в камень», строка 35 на страницах 144–145). В первой строке на страницах 100–101 «Заклинания ревнующего духа» шаманка, обращаясь к своему духу, и вовсе использует слова *амбан* и *сэвэн* одно за другим: «[Вселившийся] в меня *амбан сэвэн хоралико*».

Было бы упрощением представлять, что *сэвэны* – это добрые духи, а *амбаны* – злые. Шаманисты различают скорее не добрых и злых, но полезных для достижения какой-то определенной цели и опасных духов. При этом при изменении ситуации тот дух, который до этого приносил пользу (*сэвэн*), может вдруг причинить вред, и тогда его назовут *амбаном*. Те же самые духи, которые способствовали исцелению человека, спустя какое-то время могут снова (словно бы «забавляясь», по выражению Н.П. Бельды) наслать на него недуги с тем, как говорили информанты Смоляк, чтобы «заставить его заботиться о себе», и тогда их тоже будут называть *амбанами*. Информанты Смоляк утверждали, что духи «"касались" людей, "трогали" их, отчего те заболевали» именно для того, «чтобы принудить людей кормить их» (1991: 68). Мои информанты также говорили, что духи насылают на людей болезни для того, «чтобы заставить их интересоваться ими, молиться им». Желая вынудить того или иного человека обратить на себя внимание, духи, как говорит шаманка Ольга Егоровна Киле, «посылают *сэвэна* [какого-нибудь подчиненного им духа]: "Идите, захватите душу этого человека!" Вот они [*сэвэны*] идут и словно милиционеры арестовывают людей. Все одинаково!» Я спрашиваю Ольгу Егоровну, куда духи помещают «арестованных». «Они их у себя кладут, – отвечает она – это самое плохое! Положат, и будешь годами болеть и мучиться. В плохое место положат. Есть жаркое место, есть место холодное. Мы здесь сейчас живем, и духом [в духовном мире] тоже есть такая же жизнь. Возьмут *панян* [душу человека] и мучают его, а человек болеет». Если человек «долго болеет, со всякими мучениями, – говорит Тоё Петровна Бельды, – это наш бог посылает своих работников, чтобы *панян* вот этого мальчика или девочки забрать. <...> Он забирает *панян* [насылает болезнь] для того, чтобы, когда человек выздоровеет, угощение ему дал».

Если следовать этой логике, получается, что чем больше пациенты лечатся, тем больше они сближаются с духами, но не всегда при этом они меньше болеют. В качестве платы за исцеление человек должен жертвовать духам и поклоняться им, что вовсе не гарантирует того, что вредить человеку они больше не будут. Чередуя ухудшение и облегчение состояния человека, с каждым новым ритуалом духи все больше подчиняют его себе, а он, в свою очередь, все больше им, как говорят шаманисты, «открывается». Неизбежное сближение пациента с духами в результате каждого лечебного обряда, изменение его духовного статуса можно сравнить с шаманской инициацией и даже определить его как некую мини-инициацию, хоть и не делающую человека шаманом, но приближающую его к миру духов (Bulgakova 2013: 59–81). Но если следствием шаманской инициации является коренное и практически необратимое изменение духовного устроения человека, то сближающийся с шаманскими духами пациент делает лишь компромиссный шаг, после которого он, как это часто случается, волен устраниться от дальнейших с ними контактов.

Литература

1. Алексеенко Е.А. 1981. Шаманы у кетов // Проблемы истории общественного сознания аборигенов Сибири. Отв. ред. И.С. Вдовин. Ленинград: Наука, Ленинградское отделение. С. 90–128.
2. Амайон Р. 2007. Покончить с терминами «транс» и «экстаз» в исследованиях шаманизма // Этнографическое обозрение, № 1. С. 8–18.
3. Богораз-Тан В. Г. Эйнштейн и религия: применение концепции относительности к исследованию религиозных явлений. Москва, Петроград: Френкель, 1923.
4. Богораз В.Г. 2006. Шаманский ритуал во внутреннем и внешнем пологе // Шаманизм народов Сибири. Этнографические материалы XVIII-XX вв. Хрестоматия. Сост. Т.Ю. Сем. СПб.: Филологический факультет СПбГУ, С. 283–298.
5. Бравина Р. И., Илларионов В. В. 2008. О шаманских текстах А. А. Попова // Попов А. А. Камлания шаманов бывшего Вилюйского округа. (Тексты). 2-е издание. Отв. ред. Ч.М. Таксами. Новосибирск: Наука, С. 13–24.
6. Булгакова 2013 = T. Bulgakova. Nanai Shamanic Culture in Indigenous Discourse. Kulturstiftung Sibirien. Fürstenberg/Havel.
7. Булгакова 2014 = T. Bulgakova. The Space through which Shamans Journey: A Nanai Case Study \ Пространство, по которому путешествуют шаманы. На примере нанайцев. *Sibirica* Vol. 13, No. 1, Spring. pp. 1–39.
8. Булгакова Т. Д. 1984. Некоторые особенности пения нанайских шаманов. Культура народов Дальнего Востока. Владивосток. С. 134–139.
9. Булгакова 1994 = T. Boulgakova. Captive d'une sœur défunte. (Matériaux sur le chamanisme des Nanaïs). *Études mongoles et sibériennes*, 25. Paris. pp. 17–97.
10. Бутанаев В.Я. 1984. Культ богини Умай у хакасов // Этнография народов Сибири. Новосибирск.
11. Василевич 1969. Г. М. Эвенки. Ленинград.
12. Васильев В. Н. 1910. Изображения якутских и долганских духов как атрибуты шаманства // Живая старина, выпуск 4, год 19. С. 269–288.
13. Васильев В. Н. 1908. Краткий очерк инородцев севера Туруханского края // Ежегодник русского антропологического общества при имп. СПб университете. Под ред. Б. Ф. Адлер. СПб., С. 56–87.

14. Гаер Е. А. 1991. Традиционная бытовая обрядность нанайцев в конце XIX - начале XX в. М.: Мысль.
15. Грачева Г. Н. 1983. Традиционное мировоззрение охотников Таймыра. Отв. ред. Ч. М. Таксами, Ленинград: Наука, Ленинградское отделение.
16. Дьяконова В. Н. 1981. Тувинские шаманы и их социальная роль в обществе // Проблемы истории общественного сознания аборигенов Сибири. Отв. ред. И. С. Вдовин. Ленинград: Наука, Ленинградское отделение. С. 129–164.
17. Егорова Г. М. Шаманизм в народной медицине // Югория. Энциклопедия Ханты-Мансийского автономного округа. Т. 3, 2000. С. 324.
18. Заксор Л. Ж. 2008. Практикум по лексике нанайского языка. Учебное пособие для 9–11 классов общеобразовательных учреждений. Без редактора. Санкт-Петербург: Филиал издательства «Просвещение».
19. Зеленин Д. К. 1936. Культ онгонов в Сибири. Пережитки тотемизма в идеологии сибирских народов. Ред. И. И. Мешаниной. М., Л.: АН СССР.
20. Кенин-Лапсан М. Б. 2008. Дыхание черного неба. Мифологическое наследие тувинского шаманства. М.: Велигор.
21. Киле Н. Б. 1983. Фольклорное наследие нанайцев // Традиции и современность в культуре народов Дальнего Востока. Владивосток. С. 110–116.
22. Козьминский И. 1927. Возникновение нового культа у гольдов. Сборник этнографических материалов. Под ред. В. Г. Богораз-Тана. Вып. 2. Л.
23. Лопатин И. А. 1922. Гольды амурские, уссурийские и сунгарийские. Владивосток: б.и.
24. Мезенцева С. В. 2006. Жанровая типология инструментальной музыки обрядовой культуры тунгусо-маньчжуров Дальнего Востока России. Санкт-Петербург.
25. Новик Е. С. 1984. Обряд и фольклор в Сибирском шаманизме. Отв. ред. Е. М. Мелетинский. Москва: Главная редакция восточной литературы.
26. Оненко С. Н. 1980. Нанайско-русский словарь. Под ред. В. А. Аврорина. Москва: Издательство «Русский язык».
27. Петри Б. Э. 1915. Рецензия на книгу Термена «Среди бурят» // Живая старина, XXIV, № 3.
28. Попов А. А. 2008. Камлания шаманов бывшего Вилюйского округа. (Тексты). 2-е издание. Отв. ред. Ч. М. Таксами. Новосибирск: Наука.
29. Пусть говорят наши старики. Рассказы азиатских эскимосов-юпик. 2000. Записи 1977–1987 гг. Под научн. ред. Крупника И. И. Москва: Институт наследия.
30. Сем Л. И. 1974. Устное народное творчество уссурийских нанайцев // Материалы по истории Дальнего Востока. Владивосток, С. 189–200.
31. Сем Ю. А. 1986. Жанровая классификация фольклора нанайцев // Фольклор и этнография народов Севера. Отв. ред. Ю. А. Сем. Ленинград: ЛГПИ им. А. И. Герцена, С. 30–51.
32. Серошевский В. Л. Видящий духов // Шаманизм народов Сибири. Этнографические материалы XVIII-XX вв. Хрестоматия. Сост. Т.Ю. Сем. СПб.: Филологический факультет СПбГУ, 2006. С. 102–109.
33. Симченко Ю. Б. 1996. Традиционные верования нганасан. Ч. 1–2, Москва.
34. Смоляк А. В. 1991. Шаман: личность, функции, мировоззрение. (Народы Нижнего Амура). Отв. ред. Ю. Б. Симченко, З. П. Соколова. Москва: Наука.

35. Соломонова 1983. Н. А. Музыкальный фольклор нанайцев, ульчей, нивхов. Автореферат канд. Дисс. – М.
36. Shirokogoroff S. M. 1935. Psychomental Complex of the Tungus. London: Kegan Paul, Trench, Trubner.
37. Суслов И. М. 2011. «Кружение духами» // Шаманизм народов Сибири. Том 1. Автор-составитель Т. Ю. Сем. Санкт-Петербург: Филологический факультет государственного университета. Нестор История. С. 287–297.
38. Функ Д. А., Харитонова В. И. 2012. Шаманство или шаманизм? // Избранники духов. Избравшие духов. Традиционное шаманство и неошаманизм. Памяти В. Н. Басилова (1937–1998). Москва: РАН Институт этнологии и антропологии имени Н. Н. Миклухо-Маклая. Отв. ред. В. И. Харитонова. С. 109–137.
39. Харитонова В. И. 2004. Устами шамана глаголет... дух? (К вопросу о шаманской психофизиологии и возможностях экспериментального изучения личности шамана) // Полевые исследования Института этнологии и антропологии РАН. М.: Наука, 2004. С. 24–43.
40. Харитонова В. И. 2007. Исследование феномена или обоснование теорий? Этнографическое обозрение, г., № 1. С. 56–69.
41. Шимкевич П. П. 1896. Материалы для изучения шаманства у гольдов. Хабаровск.
42. Шимкевич П. П. 1897. Некоторые моменты из жизни гольдов и связанные с ними суеверия // Этнографическое обозрение, № 3.
43. Широкогоров С. М. 1919. Опыт исследования основ шаманства у тунгусов. Владивосток.
44. Штернберг Л. Я. Избранничество в религии // Советская этнография, № 1. 1927.
45. Hamayon, Roberte. 1990. La chasse à l'âme. Esquisse d'une théorie du chamanisme sibérien. Nanterre, Société d'ethnologie.
46. Shirokogoroff Sergey M. 2004. The Shaman // Shamanism. Critical Concepts in Sociology. Ed. by Andrei A. Znamenski. Vol. 1. London and New York, pp. 83–123.

Приложение 1.
Камлание Гары Кисовны Гейкер, записанное А. В. Смоляк[1]

Камлание Г. Г. в сел. Даерга в ночь с 16 на 17 августа 1972 г. для больной, родной сестры Г. Г., лежавшей в это время в тяжелом состоянии в районной больнице.

Шаманка начинает, зовет своих аями и сэвэн:

Г. Г.: «Дилу Мама, Алха Мама (жена Хото алха – родового бога Онинка. – *А. С.*], хуодуру – все вместе, с ветром приходите! Сэрумэ пиктэ, мэдур пиктэ, симур пиктэ, япоро пиктэ, заходите ко мне на грудь, в горло своей матери, тэму пиктэ сэвэн [детеныш водяного бога. – *А. С.*], заходи в мой желудок. Чув-

---
[1] Данное камлание было опубликовано в книге А. В. Смоляк (1991: 197–201).

ствую, да, вы пришли. Дадка Мама вызываю с Хунгуна. Наму ама вместе с девятью вэю зову с моря. Сестра болеет, надо пэргэчи (определять, угадывать болезнь). Может быть, болезнь от Сагди Ама? [спрашивает у сэвэн; зовет духа Айкагдян – он живет через девять сопок возле моря, ей помогает. – *А. С.*]».

Комментарий Г. Г.: «Когда я была сумасшедшей, видела всех сэвэн, а теперь не вижу. Наму ама – это не аями, а сэвэн. Он наслал безумие, он меня и избавил. Мои аями – это матери Алха Мама, Дилу Мама, Дадка Мама».

Г. Г.: «Сэвэн, угадывайте, от какой болезни болеет сестра, куда утащили ее панян, какой дорогой, в какую сторону? Может быть, со стороны гуси? [братьев матери. – *А. С.*]. Они жили в Харпон. Не туда ли утащили панян? Умоляю, думайте, в какую сторону ее понесли? Мне нужно понять, нужно знать дорогу. Может быть, из отцовского места Онинка черти ее забрали?».

Комментарий Г. Г.: «Обращение к сэвэн "думайте", "узнавайте" по-нанайски называется пэргэчи – "гадать"».
[Она опять просит сэрумэ пиктэ, дочку, чтобы помогала петь.]

Г. Г.: «Может быть, в тяжелом месте гора панян заболела? А может быть, от мио? От Эндури? От Даи Ама? По-хорошему делай, Наму ама, найди дорогу! [Присутствующие ее подбадривают: «Лучше старайся!»] Если смертная болезнь, как бы ни старалась – не смогу». [«Это она скромничает», – примечание переводчика, мужа Г. Г.] Привязывайтесь к моему поясу, все вместе пойдем: все сэвэн, вэю, кэймэдэ, кэйчэмби [так она зовет щенка и собаку. – *А. С.*]».

Комментарий Г. Г.: «Была и вторая бо́льшая собака, но потерялась; была также и нарта очио, на которой перевозят души в загробный мир, она все это видела во сне; но все потерялось». [Это объяснение Г. Г. – стремление показать, что у нее были потенциальные силы стать вровень с касаты-шаманами, хотя женщин-шаманок этого ранга у нанайцев не было. – *А. С.*]

Г. Г.: «Сэлэмэ симур [железный змей. – *А. С.*], приходи, встань поближе!»

Комментарий Г. Г.: «Я во сне вытащила у себя из живота железную фигурку змеи, хотела ее разрубить топором, в печь бросить, но она исчезла. Проснулась – боль в животе, мучившая раньше, прошла; этот дух стал моим помощником. Подобным образом приходили и многие другие духи-помощники во сне». [Говоря, что она вытащила из живота металлическую фигурку, Г. Г. также намекает на то, что по своим возможностям могла бы стать касаты-шаманкой, ибо подобные признаки были характерны для этой категории шаманов. – *А. С.*]

Г. Г.: «Пурэн амбани – два тигренка, приходите, встаньте около тороан!» [Эти тороан раньше были ее шаманские шесты; там, у основания, живут тигрята, там их норы. Когда она сильно болеет, думает, что у окна лежит тигр – дух, тигрята – его дети. Она опять зовет всех своих сэвэн, вэю, чтобы привязались, шли одним отрядом. Далее она зовет своего сына Толю, а также двух сестер – Аллу и Любу. – *А. С.*]

Г. Г.: «Тяжелая болезнь, все вместе пойдем искать! Надежный отец Наму ама, поедем. У этой женщины сильно болит живот. Ищите то место! Отправляемся! Чтобы я не зря пела, так сделайте – найдите панян! Чтобы мы мимо не

прошли!» [Обращается к сэвэн. – *А. С.*]
[Она сильно бьет в бубен, возбуждает, «гоняет» сэвэн.]

Комментарий Г. Г.: «Их, сэвэн, нужно сильно гонять, а то они едва шевелятся». [Сильно бьет в бубен, кричит, – тогда духи якобы идут быстрее. Когда ударяют подвески на поясе, идут еще быстрее. На мой вопрос она ответила, что не видит, не слышит своих сэвэн, только думает о них. Но во сне видит их постоянно, разговаривает с ними. – *А. С.*]

Г. Г. разъясняет еще: ее больная сестра в больнице райцентра, в Троицком, просила: «Ищи мою панян, помогай». [Она была в очень плохом состоянии, отсюда нотки неуверенности Г.Г. в исходе данного камлания. – *А. С.*].
Сэвэн погнались за чертями, которые потащили панян к западу. Это – очень плохая примета: запад – сторона мертвых. Дорога плохая, но сэвэн ее нашли. Злые духи посадили панян на летающую лодку, дэгдэ огда. «Жалко сестру».

Г. Г.: «Надежный отец Наму эдени, хорошо делай! Амбан летят с душой сестры. Хорошо идите, передовики сэвэны, старайтесь! Отец, иди туда, где солнце садится, чуть-чуть вверх. Поднимаемся, уже деревьев нет. Теперь по реке едем, где везли панян. Эта женщина родилась от Онинка. [Так шаманка называет себя, так же делают и другие шаманы во время камланий: говорят о себе в третьем лице духам, как бы представляясь им. – *А. С.*] Сильнее, быстрее делайте, амала, амана (отцы)!»

Г. Г. просит сэвэн ехать потихоньку: «Вверх по Амуру едем, по тем местам, где лед трогается, шевелится (дёгбор маби). Там сидит Муэ Эндурни – водяной бог. Ничего не скрываю, может быть, она умрет».

Комментарий Г. Г.: «Душа так думает: когда за душой больного едешь, своя душа другой делается, песни уже нет, только крик получается. И никогда не устаешь».

Г. Г.: «Панян сидит в лодке, которую таскает дух – собачья голова ингда дилини. От нее женщина может умереть. По плохой дороге едем. Ама (отец. – *А. С.*), больная женщина просит ей помочь».

Комментарий Г. Г.: «Когда я была сумасшедшая, лодкой ходила к Лаобатору. Делали Дусху Эндур – сэвэн на ткани. Там были изображены девять мудур (драконов. – *А. С.*), девять человек. Это делал шаман Элгинэ (Бельды)».

Г. Г.: «Лаобатора вызываю, помогай! Панян по воздуху в лодке увезли, хорошо иди, отец! По крутым поворотам ее тащат. По большой реке повезли, вниз спустились. Под рекой вроде дом есть. Отец, сильнее, быстрее! Бугры, ямы, болота, туман. С другой стороны густой лес».
[Частые удары в бубен. Едут.]

Г. Г.: «Отец, плохой дорогой идем, быстрее! В лесу немного держали панян, дали отдохнуть, дальше потащили. Отец, скорее иди! Как я ни стараюсь, наверное, умрет. С гор спустились, там в доме держали; плохое место – больной стало еще хуже. Город как в тумане. Там летающая лодка приземлилась. Отец, жми скорее! [Кричит: «душа волнуется».] «Панян в лодке закрыта, ее не видно. Кругом оградили железом, чтобы не видно было. Мать пуймур [дух в виде дракона; Г. Г. о ней говорит: «Она, как машина», – *А. С.*], мукэ эндур пиктэ [дух сэвэн – ребенок, сын водяного бога тэму, – *А. С.*], зову вас!»

Комментарий Г. Г.: «У меня болел пищевод. [Одна из новаций в современном шаманстве: Г. Г., как и другие шаманы, не чужда современной медицины и пользуется ею, как и ее пациенты. Все это – причина появления в камланиях, по существу, медицинских определений, в прошлом, разумеется, отсутствовавших. – *А. С.*] Ночью во сне изо рта вышел человек с лицом рыбы, сэвэн, теперь мой сын. С тех пор поправилась. Сделали фигурку эдэхэ этого духа. Когда болела в разные годы, много духов выходило во сне изо рта, они стали моими помощниками».

[Из ее же комментариев: Ее муж – Наму ама или Эндур эдии. Когда она была сумасшедшей, он (антропоморфное существо с саблей, стоящей на голове) с ней спал. Имеет вид чудовища. Всегда ей помогает. Живет в Приморье. Она зовет его на все камлания. Он часто приходит к ней во сне и всегда требует олгоми – фазана, но у нее нет, и она не дает. Из-за этого болеет, так как он ею недоволен. Однако на зов приходит на каждое камлание, помогает. Мукэ эндур – это не аями, а дух сэвэн, она зовет его на помощь. – *А. С.*] [Подъезжают: тревожные, частые удары в бубен.]

Г. Г.: «Отец, точно подъезжай к этому месту, сестра плачет. Железная городьба – плохое место. Подними флаг, Лаобатор, – черный, красный, белый, чтобы все молились, стали на колени». [Все девять драконов Лаобатора поднимают флаги. – *А. С.*]. «Когда я была сумасшедшей – по небу в огне ходила. Огонь, пожар, земля, – везде ходила по земле вэю. Я сильный человек. Теперь они мне помогут».

Г. Г. молится, обращаясь к небесному хозяину Эндур Ама и к Сагди Ама – главному родовому богу, чтобы открыли: «Эндур Ама, Сагди Ама, дока (ворота. – *А. С.*) откройте. [Они не открывают, она повторяет] Умоляю, открывайте, хочу забрать свою сестру, чтобы моя бедная сестра стала есть, пить, чтобы ей легче стало. Зову Они Ама – ингда дилини [ингда дилини в роде Онинка – «собачья голова», дух сэвэн, он у Онинка «таскает» панян. – *А. С.*], чтобы сестра ходила, чтобы кушала. Если будет лучше, будем мио делать: раньше был мио, теперь будем менять. Если будет хорошо, найдем чушку! Откройте немножко – все сделаем! Спасите! Я плачу, чтобы сестра сама ходила, тогда найдем чушку, петуха.

Все сэвэн, молитесь! Откройте! Эндур Энин, Ама (верховная мать, верховный отец. – *А. С.*), я прошу, помогите ей. Надо открывать. Лучше будет – мио сделаем. Ама, Энин, вы всех видите, открывайте немного, пожалейте!» [Далее Г. Г. поет молитву, молится. Вошли в ограду. Молит открыть дверь, там дух – собачья голова.]

Г. Г.: «Они Ама, вы не смотрите на нас плохими глазами!»

Комментарий Г. Г.: «Дух – собачья голова охраняет плохие места, у него хозяин – Сагди Ама. Собачья голова охраняет смертников, не отдает умирающего шаману».

Г. Г.: «Открывайте среднюю дверь!» Сэвэн открывают.
Вошли внутрь. Там сидят на столе Эндур Ама и Эндур Энин. Просит их, чтобы ее сестра поправилась, ела. Солдаты вэю не пускают собачью голову. Шаманка и ее сэвэн вошли в помещение. Повторяет просьбу, обещает поросенка, петуха, мио.

Далее более десяти минут – молитва к Эндур Ама и Эндур Энин. Все сэвэн вместе с шаманкой при этом стоят на коленях.

Эндур Ама разрешает взять панян. Увидели сэлэмэ хэур – железный гроб, закрытый. Там панян. Все сэвэн начинают открывать гроб, срывают с панян покрышки, путы, сковывающие ее. Г. Г. волнуется, кричит. Открыли. Панян, как мертвец, неподвижна.

«Держите ее, чтобы не упала», – командует Г. Г. сэвэн. [Очень больную панян шаманке забрать трудно. Г.Г. два раза пыталась схватить ее (сэкпэчи), но не смогла. – *А. С.*] Г. Г. опять молит: «Сагди Ама, Эндур Ама...» Наконец схватила. Молчание. Ей дали глоток воды. Ее аями Алха Мама и сэвэн Наму ама взяли панян.

Г. Г.: «Пошли скорее из дома!»
Идут прямой дорогой. Вэю закрывают панян со всех сторон, а тащит Наму ама.
«Делаем кругом, как дым, туман, маскируемся [шаманка пуксин – дует. – *А. С.*], чтобы не было следов». [Так всегда защищаются от погони злых духов: духи «делают ветер» сзади, поднимается вихрь, плотно закрывающий шамана с его помощниками. – *А. С.*]

Г. Г.: «Если бы я была большим шаманом, я бы сменила своих вэю, очень они неповоротливы. Несите осторожно, чтобы душу не уронили, не утонула бы. Наму ама придет к дому, там много плохого: он не любит собак. Наму ама, не брезгуй собаками!». [Она пьет глоток водки для Наму ама, который несет панян. – *А. С.*]

Г. Г. несет панян в дёгдиан [ее хранилище душ. – *А. С.*]. Проехали место Якси между Елабугой и Сарапульским, там много лет назад жили Пассар – мастера, которые выделывали разные вещи из камня. Доехали до Хунгун – на противоположной стороне, недалеко от Сикачи-Аляна.

Г. Г.: «Панян хорошо держите!»
[Дабун – место выше Сикачи-Аляна. Проехали Эри миони – у Хабаровска. – *А. С.*]
От заброшенного стойбища Хэнгуни, от города Эри Миони [Николаевска-на-Амуре] до устья Имана и берега озера Кинка [Ханко].

Г. Г.: «'Хорошенько везите!' Уже проехали Иман, Кеку наму керани (оз. Ханка. – *А. С.*). По этой дороге пестрые калуги ходят. Уже доехали до дёкасон. Тут находится тусу (караульщик. – *А. С.*). Собаки кричат. Тут командует мать Майдя Мама».

Комментарий Г. Г.: «Когда я чуть не умерла – была сумасшедшей, мне помогали Майдя Мама и другие аями мама. От Наму ама чуть не умерла».

Г. Г.: «Открывайте дверь, принимайте панян! В конце дома, подальше положите! Там девять комнат, в одной – малые дети (души. – *А. С.*)». [К духу Харха Мама она носит только души умирающих. – *А. С.*]
Майдя Мама кладет панян в котел оони.

Г. Г.: «Хорошо держите, чтобы кушала, чтобы болезнь ушла».
Прутиком с панян снимают болезни. Делают круги из прутьев с головками духов на концах и снимают болезнь: девять раз душу проносят через эти круги. Потом моют панян водой с головы до пят.

Г.Г.: «Ровно кладите, чтобы солнце на лицо падало, чтобы живая была. Болезнь сними, чтобы за три дня поправилась, кушала, живой осталась. Ухаживай за ней. Дверь закрывай, маскируй, чтобы одна рёлка осталась. Сэвэн, все к дому!» [Конец камлания.]

Приложение 2.
Комментарии к текстам камланий

Толкиндиади най. Человек из сновидений. Зап. Т. Д. Булгакова в 1982 г. от Г. Г. Гейкер, 1914 г. р., в с. Даерга Нанайского р-на Хабаровского края. – Публ. впервые.

Амана байтадиани сиргундими осихапу. Из-за дедовских дел нас лихорадить стало. Зап. Т. Д. Булгакова в 1994 г. в с. Даерга от Лингзы Ильтунгаевны Бельды, 1912 г. р. – Публ. впервые.

Сомдон дэгдэйни. Улетающие травяные фигуры. Зап. Т. Д. Булгакова в 1981 г. от Г. Г. Гейкер, 1914 г. р., в с. Даерга Нанайского р-на Хабаровского края. – Публ. впервые.

Мойгачи дюгбучими эпилини. Воплощение духов в рисунки на нагруднике. Зап. Т. Д. Булгакова в 1982 г. от Г. Г. Гейкер, 1914 г. р., в с. Даерга Нанайского р-на Хабаровского края. – Публ. впервые.

Хоралико бэгуэси аңгодямби. Обещание духу хоралико сделать ему «тело» Зап. Т. Д. Булгакова в 1982 г. от Г. Г. Гейкер, 1914 г. р., в с. Даерга Нанайского р-на Хабаровского края. – Опубликовано как приложение к статье «Эпили – жанр нанайского фольклора // Artes populares. 14. A Folklore Tanszek Evkonyvy. Yearbook of the Department of Folklore. Ed. by V. Voigt. Budapest. pp. 205–227. В настоящей книге публикуется уточненная версия.

Сэвэн хораликочи эпилини. Заклинание ревнующего духа. Зап. Т. Д. Булгакова в 1982 г. от Г. Г. Гейкер, 1914 г.р., в с. Даерга Нанайского р-на Хабаровского края. – Публ. впервые. *Хоралико* – название духа, который снится женщинам как муж и причиняет им болезни. Шаманка называет его одновременно и *сэвэном*, и амбаном, имея в виду, что он может, как помогать, так и причинять зло своей «жене». Считается, что в некоторых случаях *хоралико* ревнует свою хозяйку к ее человеческому мужу, по этой причине он может насылать болезнь не только на женщину, но и на ее мужа, а иногда даже убивать его.

Саман мэпи сэвэнчи эпилини. Заклинание шаманских духов. Зап. Т. Д. Булгакова в 1982 г. от Г. Г. Гейкер, 1914 г. р., в с. Даерга Нанайского р-на Хабаровского края. – Опубликовано как приложение к статье «Эпили – жанр нанайского фольклора // Artes populares. 14. A Folklore Tanszek Evkonyvy. Yearbook of the Department of Folklore. Ed. by V. Voigt. Budapest. pp. 205–227. В настоящей книге публикуется уточненная версия.

Торо бэундуэни бичини дёгду балдихан эктэвэ саман таочини. Лечение женщины из дома, построенного на месте жертвенника. Зап. Т. Д. Булгакова в 1981 г. от Г.Г. Гейкер, 1914 г. р., в с. Даерга Нанайского р-на Хабаровского края. – Публ. впервые.

Асондёан бэгдини дёло довани дяпайни. Ногу женщины держат закованной в камень. Зап. Т. Д. Булгакова в 1982 г. от Г.Г. Гейкер, 1914 г.р., в с. Даерга Нанайского р-на Хабаровского края. – Публ. впервые.

Наондёкан хурэндулэни. Мальчик, спрятанный в горе. Зап. Т. Д. Булгакова в 1992 г. от М. Ч. Гейкер, 1917 г.р., в с. Найхин Нанайского р-на Хабаровского края. – Публ. впервые. Особенностью данного камлания является то, что шаманка находит паняны сразу трех человек, пришедшей к ней пациентки и двух ее сыновей, и в заключении камлания «отвозит» в душехранилище всех сразу.

Уюн эктэ буйкин гурунсэл долани. Живая среди умерших. Зап. Т. Д. Булгакова в 1992 г. от М. Ч. Гейкер, 1917 г.р., в с. Найхин Нанайского р-на Хабаровского края. – Нанайский текст в переводе на французский язык публиковался в Captive d'une soer defunte. Variations chamanisme. V. 1. Paris. 1996. pp. 34–67. Уточненный нанайский текст и перевод на русский язык публ. впервые.

Буйкин эгэду камалихан эктэ. В плену у умершей сестры. Зап. Т. Д. Булгакова в 1992 г. от Л. И. Бельды, 1912 г.р., в с. Найхин Нанайского р-на Хабаровского края. – Нанайский текст в переводе на французский язык публиковался в Captive d'une soer defunte. *Études mongoles et sibériennes,* 25. Paris. 1994. pp. 17–97. Уточненный нанайский текст и перевод на русский язык публ. впервые.

Приложение 3.
Список информантов

Бельды Алла Кисовна (сестра шаманки), 1936–2002, Даерга.
Бельды Владимир Петрович, 1949, Найхин.
Бельды Вячеслав Иванович, 1949, Даерга.
Бельды Евдокия Чубовна, 1931–2006, Лидога.
Бельды Зинаида Николаевна, 1936, Джари.
Бельды Иван Торокович (неоткрытый шаман), 1916–2001, Даерга.
Бельды Константин Мактович, 1930, Джари.
Бельды Лариса Ганзулиевна, 1950, Джари.
Бельды Лингдзе Ильтунгаевна (шаманка), 1912–1994, Дада, Даерга.
Бельды Любовь Кисовна (сестра шаманки), 1944, Лидога.
Бельды Мария Васильевна, 1925–2012, Даерга.
Бельды Мария Петровна (шаманка), 1924–1993. Даерга.
Бельды Николай Петрович (неоткрытый шаман), 1927–1997, Найхин.
Бельды Тоё Петровна (шаманка), 1911–1997, Синда.
Бельды Ульяна Степановна, 1912–1990, Искра, Даерга.
Гейкер Вера Чубовна (неоткрытая шаманка), 1936–2011, Лидога.
Гейкер Гара Кисовна (шаманка), 1914–1985, Даерга.
Гейкер Минго Чусэмбовна (шаманка), 1917–1997, Найхин.
Киле Валентина Сергеевна (дочь шаманки), 1928–2001, Ачан.
Киле Када Ингиривна (шаманка), 1917–2001, Лидога.
Киле Кира Андреевна, 1904–1999, Найхин.
Киле Ольга Егоровна (шаманка), 1920–2013, Верхний Нерген.
Киле Элла Ивановна, 1955, Даерга.
Оненко Алексей Кисович (*тудин*, брат шаманки), 1912–1985, Даерга.
Оненко Тэкчу Иннокентьевич, 1912–1992, Даерга.
Пассар Ирина Торомбовна, 1945, Хаю.
Пассар Михаил Пыкевич, 1937–2015, Даерга.
Пассар Чапака Даниловна, 1916–2002, Хаю.
Ходжер Александр Сергеевич (муж шаманки), 1914–2000. Ачан.

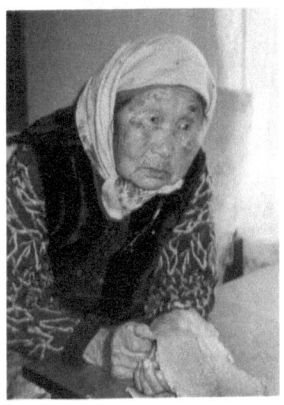

Чапака Даниловна Пассар

шаманка Минго Гейкер

Зинаида Николаевна Бельды
шаманка Када Ингиривна Киле

Алла Кисовна Бельды, Любовь Кисовна Бельды

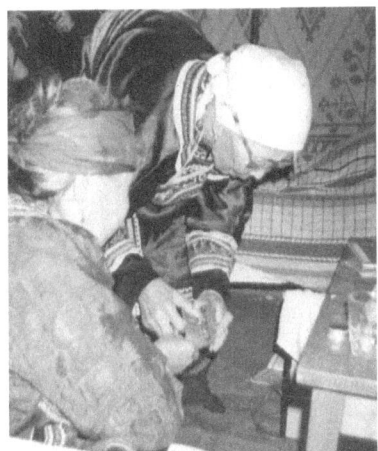

шаманка Лингдзе Бельды

шаманка Ольга Егоровна Киле

шаманка Лингдзе Бельды

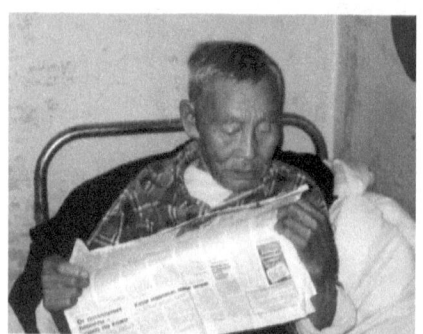

Иван Торокович Бельды

Николай Петрович Бельды, шаманка Минго Чусембовна Гейкер

шаманка Мария Петровна Бельды

Вера Чубовна Гейкер

Валентина Сергеевна Киле, фотография из семейного архива В. С. Киле

Приложение 4.
Словарь непереведенных нанайских слов

адо – 1) близнецы, 2) деревянное изображение в виде человеческой фигуры (делалось вместо одного из умерших в младенчестве близнецов, как напарник живому, чтобы не умер и второй) (Оненко 1980: 29).

амбан – злой дух.

амичони – бранное слово, которое произносится во время камлания в трудных для шамана ситуациях.

аями – дух-помощник шамана, по данным С. Н. Оненко, если шаман мужчина, то дух-покровитель женщина, и наоборот. Шаманы представляют себе, что во сне живут с *аями* «супружеской жизнью» (Оненко 1980: 53).

байта – зависимость человека от духов, возникающая в результате либо собственных действий, либо действий живых и умерших родственников. В словаре С. Н. Оненко данное слово переводится как «дело, интересы», «задача», «задание, поручение», «вина, виновность» (1980: 57). Л. Ж. Заксор определяет *байта* как «дело, интересы, поручение, вина, виновность, событие, происшествие; *байталамди* – обвинитель; *байтало* – предъявлять обвинение, привлекать к ответственности» (2008: 83).

буни – загробный мир.

буниэ – ткань, которую каждый от себя приносит на похороны как жертву духам, забравшим душу умершего.

бусиэ – злой дух, «который губит людей, доводя их до полного истощения» (Оненко 1980: 83).

бэе – тело, фигура. Словом бэе могут называть изображающие духов фигурки, так как жаждущие воплощения духи находят себе в таких фигурках «новое тело».

вэю – группа подчиненных духов сопровождающая одного из старших духов и связанная между собой ремнем; считается, что в каждой такой группе бывает либо девять, либо трижды девять, либо девятью девять духов. Смоляк переводила это слово как «солдаты» (1991: 188).

га – междометие, выкрик.

гарбиачи най – ясновидящий человек.

гиэ – асемантическое слово, используемое для создания определенного ритма в шаманском пении.

гориа – расстройство психики.

гора – шаманская духовная территория.

даи дака – словом дака называют свекра, свекровь, тестя или тещу. *Даи дака* – букв. старший (уважаемый) свекр, тесть и т. п.

дакпочиори – обряд изгнания духов криками.

даро – жертвенное угощение.

дёкан – домик; словом *дёкан* называют также маленькие строения для хранения в них изображений духов.

дёкасо (в транскрипции Смоляк *дёкасон*) – хранилища душ на территории духовного пространства.

дёгдян – то же, что и *дёкасо*.

дёргил (в транскрипции Смоляк *дёргиль*) – территории и дороги духовного мира, на которых расположены *дёкасо*.

дидя – асемантическое слово, встречающееся в обряде *кэкури* в словосочетании кэкуэ дидя.

добочиори – кормление души умершего человека.

доркин – потусторонний подземный или подводный мир.

дорсин – синоним слову *игэ* (мозг).

дэрсун – индивидуальный путь шамана; например, выражение *дэсэмбухэмби дэрсумби* переводится «все, что я "намусорила" в своей жизни – этой мой шаманский путь дэрсу».

дэрэгбэчэ – бранное слово, соответствующее выражению «вот проклятье!».

дю – осевая линия (например, на фигурках и рисунках, изображающих духов.

дюасу – *дёкасо* по-ульчски.

дяка – предмет, вещь, существо; в шаманских текстах это нейтральное слово означает «некий дух».

дямада – дух по-нганасански.

илгэси, илгэсиури – идентифицировать душу пациента по признакам на теле, например, по шрамам; также идентифицировать душу умершего по приметам одежды, в которой он был похоронен, и которую шаман не видел.

илдан – то же, что *илу*.

илу – наземный физический мир, мир людей.

илуду – в наземном, физическом мире, в часы бодрствования.

калаори – жертвоприношение, «кормление» шаманом своих духов-помощников.

каса – большие поминки, проводы душ умерших в загробный мир.

касатай (*касаты* в транскрипции Смоляк) – шаман, делающий обряд *каса*, провожающий души умерших в загробный мир.

като – междометие, бранное слов.

кова – нечто вроде дыма или тумана, которые окутывают шамана и его духов, скрывая их от возможного преследования. Считается, что женщины обладают более плотным *кова*, чем мужчины.

коптора – держась на поверхности воды и слегка покачиваясь.

куни – притягательная сила, способность человека, имеющего *куни*, внушать другим людям желание навестить его.

кут – по-якутски «душа».

кэкуэ и *дидя* – асемантические слова, повторяемые шаманом во время исполнения обряда *кэкуэри*.

кэкуэри (*кэкуури*) – 1) обряд, во время которого шаман говорит (поет) от лица умершего; обряд совершается не с бубном, но с посохом; нижний конец посоха упирается в землю, а верхним концом шаман делает круговые движения. 2) словом *кэкуэри* называются также действия духов шамана, обитающих в душехранилищах и «ухаживающих» за душами-тенями принесенных шаманом пациентов.

кэнгуэнэ – место обитания духов, возникшее на месте покинутого стойбища.

кэсиэ гэлэури (букв. – просить счастья) – принесение жертвы.

лэмпэру – дом-лабиринт, в котором, не находя выхода, блуждают в сновидениях души спящих.

лэргимэ – изготовленная из стружек или из газетной бумаги шапка, в которую во время обряда перемещались духи, вызывающие у пациента головные боли.

малчикика – дух в виде маленькой собачки.

мандойни вэю – группа маньчжурских духов, во время камлания летящих над шаманом.

мио – кусок красной ткани, на котором китайскими иероглифами написаны имена духов.

мойга – предназначенный для пожизненного хранения нагрудник, в который переселены духи, вызывавшие у пациента боли в груди.

мокто пуймур – название духа; букв. сломанный дракон, дракон-половинка.

мэдэучи – обряд предупреждения, оповещения духов о кровавом жертвоприношении, которое предполагается совершить на следующий день.

мэури – плясать по-шамански.

нантара – слово, значение которого выяснить не удалось; с помощью этого слова шаман предотвращает опасность от соприкосновения с покойниками.

нгэвэн – злой дух.

нгэринэ – светящийся дух.

норианди нойна – дух маленькой лодочка, изготавливавшейся из стружек, в которую кладут жертвоприношение для духов воды.

нучи саман – букв. "*маленький шаман*", то есть шаман низшего уровня.

оксоки – теневая сторона полезных духов.

олхома – бескровная жертва.

они – сосуд, емкость в хранилище душ, в которую шаман помещает найденную им душу пациента.

отор – то же, что *панян*.

очики – духи насилия.

панян – душа-тень, одна из душ человека, отличительной особенностью которой является ее способность временно (например, во время сна) отлучаться от человека.

панямба ңаниори – букв. "ходить за душой-тенью".

пиухэ – дерево или короткое бревно с вырезанным на нем треугольным углублением, в которое помещали жертвенное угощение для духов.

подя – дух-хозяин огня.

пудэгу – криками изгонять злых духов.

пуймур – дракон.

пунгкичи – ритуальное окуривание дымом багульника.

пуэ – асемантическое слово, используемое для создания определенного ритма в шаманском пении.

сагди ама – букв. "старый отец"; этими нейтральными словами обычно называют кого-либо из старших родовых духов.

сайка – злой дух, появляющийся в результате инцеста.

сирэн – нить, веревка, луч, представляющийся в виде дороги, по которой шаман идет, путешествуя по пространству духовного мира.

сиэ (са, сиэее) – характерные для камлания асемантические возгласы.

солбо – сплетенный из прутьев обрядовый обруч.

солбочо – обряд, во время которого шаман обрядовый надевает на голову пациента обруч *солбо* и затем опускает его от головы до пят.

солги най (солгини най) – простой человек, не шаман.
сомдо – то же, что *сона*.
сомдолагори – привязываться к *сомдону*.
сона – образующая единую стаю группа духов, связанная одним длинным ремнем.
сугди – угощение для духов.
сулпу – невидимая обувь, которую духи надевают на шамана для путешествий по пространству духовного мира.
сусу – покинутое стойбище или село.
сэвэн – 1) дух, с которым можно договориться о том, чтобы он приносил пользу; 2) фигурка, изображающая духа-*сэвэна*.
сэдэнди – дребезжащая повозка, на которой шаман путешествует по пространству духовного мира.
сэнгпэ – железный сосуд, разновидность сосуда *они* в хранилище душ, в которую шаман усаживает найденную им душу пациента.
сэрумэ – красноватый ребенок, выглядящий как новорожденный, дух-помощник шаманки, которого она якобы "рожает".
таочи – лечебный обряд, во время которого шаман со свитой своих духов путешествует по пространству духовного мира в поисках души-тени своего пациента. Название иносказательное, образовано от слова *таори* – делать что-либо. Другое название этого обряда *панямба ңаниори* – ходить за душой-тенью.
тадян – исхоженные человеком дорожки, с которыми связана его душа-тень.
толкин – сон, сновидение.
толкинду – в сновидении.
торо – жертвенник, обычно состоящий из трех деревьев (чаще лиственниц) или трех вертикально установленных прутьев; иногда на этих деревьях или прутьях изображается человеческое лицо.
тудин – человек, имеющий, как и шаман, духов-помощников, обладающий сверхъестественными способностями, способный лечить без применения бубна.
туйгэ – жертвенник в виде большого дерева, на котором вырезается лик духа
тэлунгу – легенда, предание, былина, сказание.
укур – рыболовная сеть наподобие вентеря; в камланиях представляется сплетенной из железных прутьев и используется для ловли злых духов.
унди – камлания, сопровождающиеся кровавой жертвой для духов шамана, в таком камлании должны участвовать все его пациенты с тем, чтобы "оплатить" услуги духов; камлание устраивалось преимущественно осенью и весной. В 1980-е–1990-е годы исполнялось в сокращённом варианте, но ранее представляло собой «обрядовое шествие шамана со свитой по селу или по близлежащим селам с заходом в дома (в некоторых домах по просьбе хозяев шаман останавливался, отдыхал, а в это время шамана и его свиту угощали <...>, пока шаман отдыхал, несколько мужчин и женщин исполняли шаманский танец)» (Оненко 1980: 431).
хала – род, основанный на патрилинейном счете родства.
халава дэгбэлику – букв., «вскрывающий род, открывающий корни рода».
харпин – левый борт халата, украшенный узором.

хачин – разновидность духов.
хогло – духи, насылающие сумасшествие.
хогого – асемантический возглас, приписываемый духам.
хопан – группа, стая духов; слово *хопан* близко по значению слову *вэю*.
хоралико – дух-сожитель, специфическим шаманским духом не является, так как есть, по мнению шаманистов, у каждой нанайской женщины.
хото – череп, лысина; в шаманстве этим словом называются шаровидные духи, принадлежащие членам рода Оненко.
хэй (хэ, хэи, хэие хэее) – характерные для камланий асемантические возгласы
хэргэн тай (хэргэнты в транскрипции Смоляк) – малые поминки по умершим, совершаемые шаманом на седьмой день после смерти.
хэрэ – характерный для камланий асемантический возглас.
хэхэйс – характерный для камланий асемантический возглас.
хумэгдэ – ритуальные палочки, используемые во время камлания.
эден – хозяин, обладатель, владелец; в шаманстве – дух-хозяин природных объектов.
эдехэ (мн. ч. *эдехэсэл*) – дух, помогающий в камланиях и на охоте, его металлическое изображение носят на шее.
эндур – категория духов, старших по отношению к духам-помощникам; при этом шаман может иногда из лести назвать *эндуром* своего духа-помощника.
энэнэ – междометие ой, ох; больно.
эпили (эпилэури) – заклинание с целью мольбы о чем-либо, о вселение духа в изображение и т. п.
ягоран – маньчжурская игрушка.
ямон – поклажа, предназначенная для перевозки.
янгпан – шаманский пояс с конусообразными металлическими подвесками.

Содержание

Введение 9

Глава 1. Полевые записи и работа с текстами камланий 12

Глава 2. Проблема понимания текста шаманского камлания 20

Глава 3. Возможны ли в шаманстве письменные формы коммуникации 25

Глава 4. Попытка классификации камланий 28

Глава 5. По дороге рода вглубь поколений:
    Пэргэчи / Гадание 31

    – Тексты камланий

    Толкиндиади най 36
    Человек из сновидений

    Амана байтадиани сиргундими осихапу 42
    Из-за дедовских дел нас лихорадить стало

Глава 6. Истребление неистребимых:
    Оксокивани ниэвучи / Изгнание духов 78

    – Тексты камланий

    Сомдон дэгдэйни 84
    Улетающие травяные фигуры

Глава 7. Тело, сданное на прокат:
    Сэвэмбэ эпили / Заклинание изображений духов 94

    – Тексты камланий:

    Мойгачи дюгбучими эпилини 98
    Воплощение духов в рисунки на нагруднике

    Хоралико бэгуэси аӈодямби 100
    Обещание духу хоралико сделать ему «тело»

    Сэвэн хораликочи эпилини 100
    Заклинание ревнующего духа

    Саман мэпи сэвэнчи эпилини 102
    Заклинание шаманских духов

Глава 8. Хранилище для душ
Таочи, панямба ӈаниори / Путешествие за душой-тенью 104
  Следы, оставленные душой в пространстве сновидений 105
  Из одного плена в другой 107
  Накопление капитала из душ пациентов 109
  Камлание-лечение «нанайской болезни» 113
  Два камлания для исцеления болезни,
  насылаемой умершей шаманкой 114

— Тексты камланий:

Торо бэундуэни бичини дёгду балдихан эктэвэ саман таочини 120
Лечение женщины из дома, построенного на месте жертвенника)

Асондёан бэгдини дёло довани дяпайни 142
Ногу женщины держат закованной в камень

Наондёкан хурэндулэни 164
Мальчик, спрятанный в горе

Уюн эктэ буйкин гурунсэл долани 214
Живая среди умерших

Буйкин эгэду камалихан эктэ 256
В плену у умершей сестры

Глава 9. Результаты шаманского лечения 280
  Сильнее уколов и таблеток 280
  Душа в кармане 281
  Отчего души-тени стремятся уйти прочь
  из надежного шаманского хранилища 284
  Здоровье, от которого спешат избавиться 287

Вместо заключения 288

Литература 292

Приложение 1 294
Камлание Гары Кисовны Гейкер, записанное А. В. Смоляк

Приложение 2 299
Комментарии к текстам камланий

Приложение 3 301
Список информантов

Приложение 4 305
Словарь непереведенных нанайских слов

Кастен Э. (отв. редактор), Бельды Р.А., Булгакова Т.Д. (запись, транскрибирование, перевод, составление и комментарий), Заксор Л.Ж., Киле Л.Т. (редакторы нанайского текста):

Нанайские сказки
Nanai tales, in Nanai and Russian language

2012, Fürstenberg/Havel: Kulturstiftung Sibirien
268 pp., 24 colour photos
Euro 26, paperback
ISBN: 978-3-942883-06-1

Languages and Cultures of the Russian Far East
http://www.siberian-studies.org/publications/lc_R.html

Bulgakova, Tatiana

**Nanai Shamanic Culture
in Indigenous Discourse**

2013, Fürstenberg/Havel: Kulturstiftung Sibirien
264 pp., 5 colour photos
Euro 28, paperback
ISBN: 978-3-942883-14-6

Studies in Social and Cultural Anthropology
http://www.siberian-studies.org/publications/studies_R.html

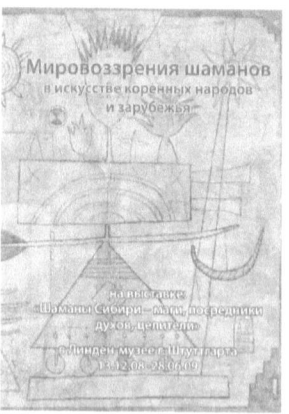

Кастен Э.

**Мировоззрения шаманов
в искусстве коренных народов и зарубежья**
[Shamanic Worldviews in Indigenous and Western Art, with Russian, English and German subtitles]

2009, Fürstenberg/Havel: Kulturstiftung Sibirien
Video DVD, 50 min.
Euro 18

Multimedia ethnographies on DVD
http://www.siberian-studies.org/publications/films_R.html

Эрих Кастен, Михаэль Дюрр (составители)

Ительменские тексты
Itelmen texts

Languages: Itelmen, Russian, English

2015, Fürstenberg/Havel: Kulturstiftung Sibirien
114 pp., Euro 18, paperback,
ISBN: 978-3-942883-22-1

Languages and Cultures of the Russian Far East
www.siberian-studies.org/publications/lc_R.html

Халоймова, К.Н., Дюрр, М., Кастен Э. (ред.)

Ительменские сказки – собранные В.И. Иохельсоном в 1910-1911 гг.
[Itelmen tales, collected by V. I. Jochelson, 1910-1911, in Itelmen and Russian language]

2014, Fürstenberg/Havel: Kulturstiftung Sibirien
207 pp., 5 colour photos
Euro 18; paperback
ISBN: 978-3-942883-19-1

Languages and Cultures of the Russian Far East
http://www.siberian-studies.org/publications/lc_R.html

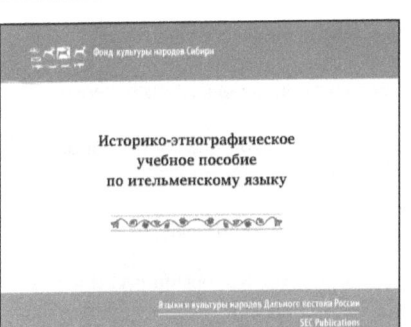

Халоймова К.Н., Дюрр, М., Кастен, Э., Лонгинов, С. (авторы)
Клуб «Камчадалы» с. Мильково (сбор материала мильковских камчадалов)

Историко-этнографическое учебное пособие по ительменскому языку [Historic-ethnographic teaching materials for the Itelmen language]

2012, Fürstenberg: Kulturstiftung Sibirien
164 pp., Euro 18, paperback
ISBN: 978-3-942883-10-8

Languages & Cultures of the Russian Far East – www.siberian-studies.org/publications/lc_R.html

Kasten, Erich and Tjeerd de Graaf (eds.)

Sustaining Indigenous Knowledge:
Learning Tools and Community Initiatives for Preserving Endangered Languages and Local Cultural Heritage.

2013, Fürstenberg/Havel: Kulturstiftung Sibirien
284 pp., 22 colour photos (for the North American edition: black & white)
Euro 26, paperback
ISBN: 978-3-942883-122

Exhibitions & Symposia
http://www.siberian-studies.org/publications/exsym_R.html

Александра Лаврилье, Дэян Матич (составители)
в сотрудничестве с Христиной Михайловной Захаровой

Дарья Михайловна Осенина эвэн нимкарни
Эвенские нимканы Дарьи Михайловны Осениной
[Even tales, in Even and Russian]

2013, Fürstenberg/Havel: Kulturstiftung Sibirien
160 pp., 13 photos, 16 x 22,5 cm
Euro 18, paperback
ISBN: 978-3-942883-15-3

Languages and Cultures of the Russian Far East
http://www.siberian-studies.org/publications/lc_E.html

Эрих Кастен, Раиса Авак (составители)

Духовная культура эвенов Быстринского района
[Even Tales, Songs and Worldviews, Kamchatka, Bystrinski district]

Languages: Even, Russian, English

2014, Fürstenberg/Havel: Kulturstiftung Sibirien
200 pp.. Euro 18; paperback
ISBN: 978-3-942883-20-7

Languages and Cultures of the Russian Far East
http://www.siberian-studies.org/publications/lc_R.html

Сесилия Оде (составитель)

Акулина Иннокентьевна Стручкова
Разные рассказы
Юкагирским детям
[Akulina Innokent'evna Struchkova:
Various Tales, For theYukaghir Children]

Languages: Tundra Yukaghir, Russian, English

2016, Fürstenberg/Havel: Kulturstiftung Sibirien
92 pp., Euro 18; paperback
ISBN: 978-3-942883-27-6

Languages and Cultures of the Russian Far East
http://www.siberian-studies.org/publications/lc_R.html

Сесилия Оде (составитель)

Илья Курилов
Моя жизнь,
песни
[Il'ia Kurilov: My life, songs]

Languages: Tundra Yukaghir, Russian, English

2016, Fürstenberg/Havel: Kulturstiftung Sibirien
56 pp., Euro 18; paperback
ISBN: 978-3-942883-28-3

Languages and Cultures of the Russian Far East
http://www.siberian-studies.org/publications/lc_R.html

Erich Kasten and Michael Dürr (eds.)

Sustaining Indigenous Knowledge
Comparative Views on Indigenous Learning Situations from Russia, Peru and Papua New Guinea

Video DVD, 77 min.
English / Russian / Spanish subtitles

2015, Fürstenberg/Havel: Kulturstiftung Sibirien
Euro 18
ISBN 978-3-942883-21-4

Multimedia ethnographies on DVD
http://www.siberian-studies.org/publications/films_R.html

www.ingramcontent.com/pod-product-compliance
Lightning Source LLC
Chambersburg PA
CBHW021119300426
44113CB00006B/205